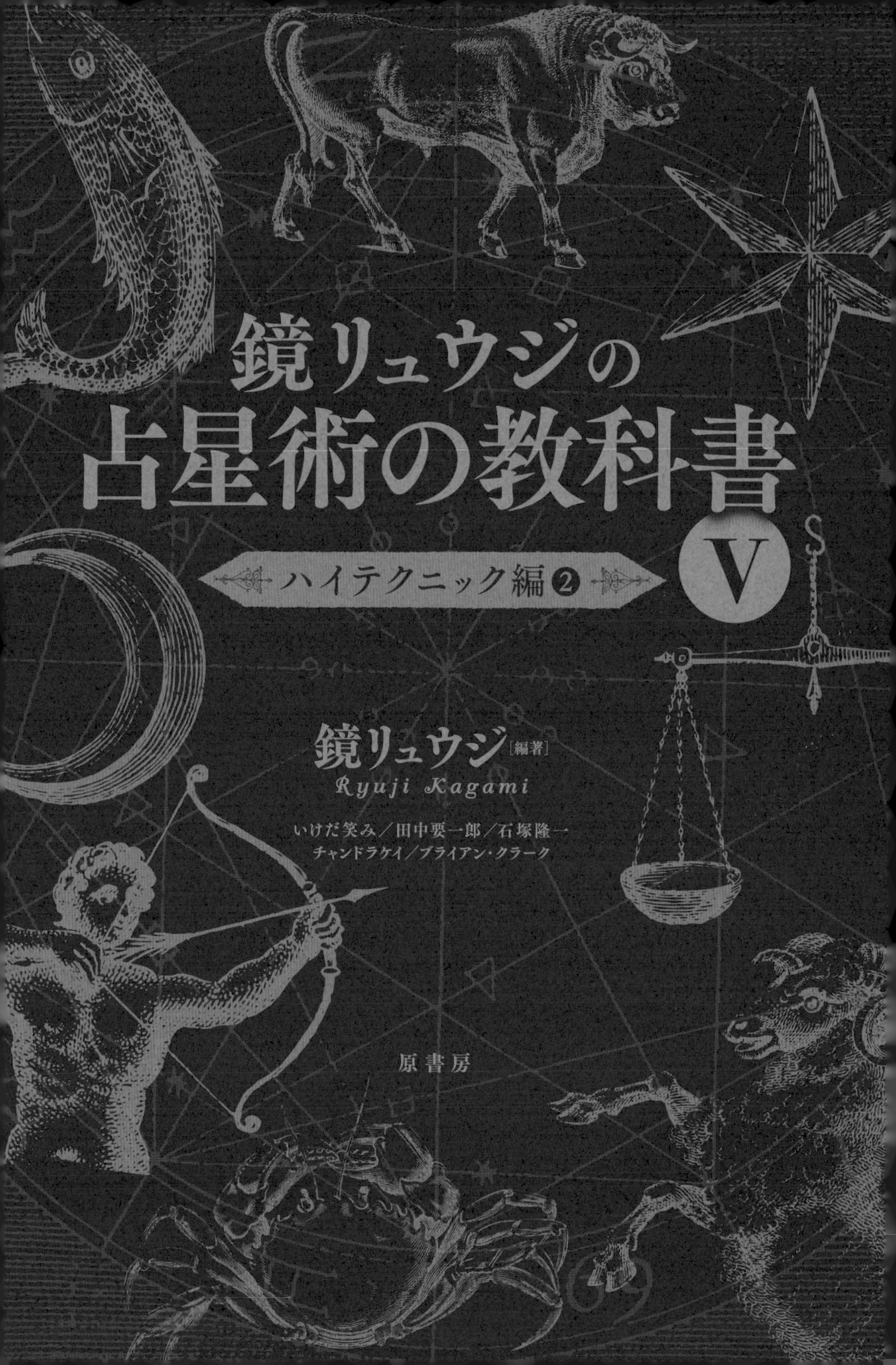

鏡リュウジの
占星術の教科書 V

ハイテクニック編②

鏡リュウジ［編著］
Ryuji Kagami

いけだ笑み／田中要一郎／石塚隆一
チャンドラケイ／ブライアン・クラーク

原書房

鏡リュウジの
占星術の教科書 V

ハイテクニック編②

目次

はじめに

『占星術の教科書Ⅴ　ハイテクニック編②』をお贈りします。

これはホロスコープ占星術の基礎的な技法や中級技法（プログレスやアーク）を学んだ方の次のステップとして、より高等な技法を学んでいただくためのテキストです。占星術の基本や中級技法はこのシリーズのⅠ～Ⅲをご覧ください。

執筆陣は日本を代表する熟練のトップアストロロジャーたち。内容は信頼できるものになっているはずです。

Ⅳと合わせてお手元に置いていただき、実際に手を使って星の動きを追いかけながら実践していくと、プロ級の力が身につくことになると言っていいでしょう。いえ、この本に出てくるテクニックをすべてマスターすることができれば、あなたも日本では相当の力を身に着けた上級クラスの占星術家となっていると言ってもいいと思います。

しかし、それにしても一体占星術にはなぜこんなにさまざまな技法があるのでしょうか。

そのうちどれかひとつでも、いつでも誰にでも当てはまるものであれば、こんなにさまざまな技法は必要ないのではないでしょうか。

これに対する、しばしばひきあいに出される答えが「医学」モデルです。

それは、お医者さまもレントゲンを使ったり、血液検査を用いたり、CTでスキャンしたり、さまざまな方法を併用しながら診断を下すではないか、それと同じように占星術でもさまざまなツールがあって、それらを合わせて総合的に判断しているのだ、といった説明です。

この答えにも一理あるとは思うのですが、僕個人としてはこのモデルはあまり有効ではないと考えています。

医学モデルの背景には、診断すべき客観的な対象があって、そこにさまざまな角度から分析、検査し、その実像を明らかにしよう、解像度を上げていこうという、「客観的リアリティの描写方法」としての占星術観があります。いわば「科学」としての占星術です。

しかし、実際の占星術はこのようなものではないと僕は思うのです。

むしろ、占星術は詩を書いたり絵を描いたりするような営みに近いと僕は思うのです。

人のホロスコープは、そこにあるだけでは、人とは関係のない単なる天文データの集まりに過ぎません。それを「読む」行為は、実は「書く」「描く」行為でもあります。同じ人のことを語っても、詩人が10人いれば10の異なる作品が生まれ、そしてその作品は一つ一つは固有の生命力とリアリティをもつことになります。そこにはその作品にしかない、その人についての「真実」が描かれ、また生まれるのです。「読む」は「詠む」に、そして「創る」と分かちがたくなります。

占星術もきっとそういうものでしょう。一つの事実を暴き立てるのではなく、生命ある占星術家が心を込めて参与することによって、ある技法に深くコミットしたその占星術家によってだけ、星のシンボルがその人についてのある「真実の像《イメージ》」を浮かび上がらせることができるのではないでしょうか。

では、ここで本書にご寄稿くださった占星術家たちをご紹介していきましょう。

いけだ笑みさんはホラリー占星術のエキスパートであり、日本におけるホラリー普及の貢献者の一人。本書ではディグニティをご解説いただきました。ディグニティは、ホロスコープ解読のための基礎をなすものであり、どんな技法を使うにしても無視することができないもの。まずはこの章をお読みになって、ディグニティの感覚をつかんでください。

田中要一郎さんは、東西の占星術の技法や歴史に深く広く通暁した日本トップクラスの占術家です。数々の海外の占星術コースでも資格を取得された学究肌。今回は伝統占星術における代表的な予測技法であるプロフェクションを指南いただきました。

石塚隆一さんとチャンドラケイさんは故ノエル・ティル氏の薫陶を受けた優れた心理学的な占星術家でもありますが、同時に占星術全般、さまざまな技法にも通じておられ、とくに今回は「ビジュアルアストロロジー」という、天球の恒星の星座と惑星がおりなす神話的な世界を地上に重ね合わせる技法をご紹介いただいています。目に見える星空がそのままあなたの人生と重なっていく神秘を感じていただけるはず。

僕はホロスコープを地球に投影する「アストロマップ」の技法を簡単に説明しました。多くの場合、占星術は「いつ」を扱いますが、この技法では「どこ」に焦点を当てます。

さらに世界的に著名な素晴らしい占星術家ブライアン・クラーク先生には特別な許可をいただき、講演録を転載させていただきました。

これは占星術のなかのさまざまな「伝統」についての、大変示唆に富む洞察を与えるものです。僕はリアルタイムでこの講演を聞いてほとんど泣きそうになりました。

さあ、占星術のハイテクニックの世界へ。星の旅の仲間に加わってくださっているあなたが、さらに遠くの景色をみられるように心から祈りつつ、本書への導入とさせていただきます。

鏡リュウジ

ユングのチャートについて

ユングの出生データは、諸説があります。最も有力なものとして彼の娘で占星家でもあるグレーテ・バウマンが用いている時刻が広く使われています（本書、鏡リュウジによるコラムを参照）。

彼女による出生時刻は地方平均時（LMT）で提示されていますので、巻頭のチャートはこの時刻（19:32LMT）で計算しています。なお、多くの占星家が参照するアストロデータバンク(https://www.astro.com/astro-databank/Jung,_Carl）では、この時刻をベルン時間に換算した時刻（19:24BMT）が表記されており、こちらのデータもよく利用されています。

分の単位で丸めて換算しているため秒単位の多少の誤差がありますが、これらは基本的には同じデータに基づいています。ベルン時間とは、1894年以前にスイスで使われていた時間であり、協定世界時（GMT/UT）より29分45・5秒進んでいます。なお、ユングの出生時刻の様々な説についてもこのアストロデータバンクを参照してください。出生時刻のソースの一つとして多くの占星家が依拠する、「沈みゆく太陽の最後の光が部屋に差し込んだとき」というユングの回想とされる言葉もここに引用されています。

ご自身でユングのチャートを作成する際の注意ですが、多くの占星術ソフトでは生年月日と場所を入力することで、その地域で使用されていた標準時を設定するタイムゾーンの自動設定機能が備わっており、ユングの生年月日や場所を入力することで自動的にベルン時間が選択される可能性があります。この場合は、19:24 を入力することで換算チャートを作成することができます。また、手動で設定する必要がある場合、ソフトによってベルン時間の呼び方が異なる可能性があるので、それを調べて設定しなければなりません。なお、多くのソフトでは地方平均時（LMT）を選択できるようになっているので、その場合は LMT を選択し、19:32 を入力してください。

石塚隆一

カール・グスタフ・ユングの出生図

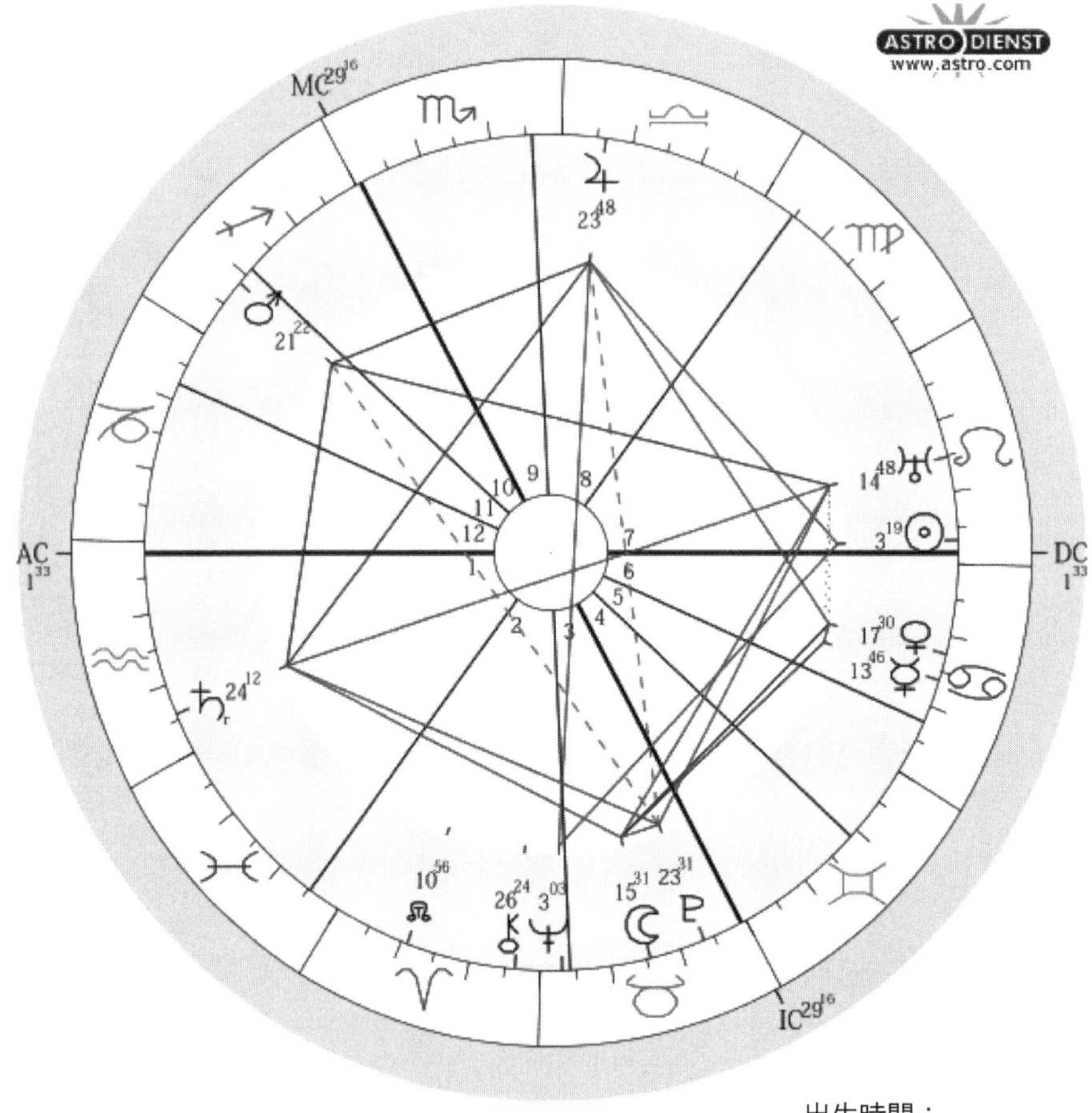

出生時間：
1875年7月26日
19時32分（LMT）
出生地：
スイス、ケスヴィル
使用ソフトウェア：
Astrodienst
www.astro.com

星の力を知る失われた鍵

エッセンシャルディグニティ

いけだ笑み

ディグニティとは何か

ホロスコープで注目すべき惑星を探す二つの視点

この章で扱う「ディグニティ」は、重要なホロスコープ解釈の重要な鍵です。ディグニティとは直訳すると「威厳」「品格」といった意味ですが、ホロスコープの中のそれぞれの惑星がどのように力強く、そしてどのジャンルで、そしてときにはいつ力を発揮するかを測るファクターだからです。このディグニティはほかのどの占星術テクニックを使う場合でも、その惑星の働きがスムーズかどうかを見るための尺度となります。

ホロスコープには多くのシンボルがちりばめられており、そこから引き出せる情報は膨大です。直感に従って目についたところから手あたり次第にひも解くのであれば、読み手の力量やコンディションに解釈が左右され、安定した情報を得ることが難しくなります。

一昔前のホロスコープ解釈の教本では、一つ一つの惑星のサイン（星座）、ハウス、アスペクトを個別に解釈し、それらを「総合的」にまとめ上げよ、などという指導が一般的でしたが、それぞれ個別の情報を一気に一つの矛盾もない解釈に繋げていくことなど現実的ではありません。

実際の占星術ではホロスコープを読むときに、どこに注目すべきかを測る物差しがいくつも存在しています。

かなり雑な分類になりますが、注目ポイントの「物差し」には全く質的に異なる二つがあるのではないかと思います。

一つは、惑星そのものの勢いがあるかどうか、あるいはその惑星が居心地よくその本来の力を発揮できるかどうか、という「出力」に注目する視点でしょう。

もう一つは何を見たいか、質問に応じて注目すべき天体を特定するという視点です。


まず、最初の視点を考えましょう。

MCやASCのすぐそばにある惑星には、占星術の学習者なら自然に目が行かなければ嘘でしょう。

MCと木星が射手座にあり、しかもMCと木星がすぐそばにあってコンジャンクションとなっているなら、どうでしょうか。「おお、この木星は強い！」と即座に感じられるのではないでしょうか。それはMCというアングルに木星があり、しかも、木星は射手座の支配星で、自分の支配する星座に入っているからです。このホロスコープで木星は絶対に無視できません。

「支配星」であることは「ドミサイルにある」と伝統的な占星術では呼びます。これが最も代表的な「ディグニティ」の一つなのです。

ドミサイル（本家、本拠地）にある惑星は「ディグニティ」を得ます。すなわち威厳や品格がよく、強い、あるいはスムーズな働きをすることができると考えるのです。現代ではこのドミサイル（ルーラーシップとも言います）のみが特に重視されていますが、ドミサイルは基本的なディグニティの一つにすぎません。例えば木星は蟹座にあれば、「エグザルテーション」（高揚）というディグニティを得ます。さらに一つのサインを細分化して、どの度数にどの惑星があるかによってディグニティを測るのです。

伝統的には本章で紹介する5種類のディグニティがあり、これが惑星の出力を測る目安として広く用いられるようになりました。中世以降、惑星が得るディグニティを点数化し、機械的に測定するという技法まで作られるようになったほどで、現代の多くのコンピュータソフトやサイトはディグニティの点数を自動的に計算してくれます。

実際にはそれぞれの種類のディグニティには固有の意味やニュアンス、質的な違いがあるのであまりに単純化、平坦化した解釈方法には賛同しかねるのですが、ここではディグニティに慣れるための一つのゲームとしてディグニティの点数計算を用いた判断方法もご紹介しましょう。

またこの考え方の延長として、ある惑星がどのディグニティのエリアにあるかによって、そのサインの意味にさらに特別なニュアンスを加えて詳細な描写を与えるという観点もあります。例えばASCがある位置のディグニティの支配星によって本人の容姿や適性などをより具体的に示す、などの技法です。

そしてもう一つ、占う目的によって惑星を特定する方法です。

これはごく一般的になっている入門書レベルの占星術でもおなじみかと思います。例えば「恋愛のスタイル」を見るには金星を、幼い頃に形成された情緒的動きのパターンを見るには月を、といったものです。

しかし、これはごく初歩的な方法にすぎません。少し学習が進んだ占星術学習者なら、例えばパートナーを見るなら、パートナーを司る第7ハウスのルーラー、第7ハウスにある惑星、第7ハウスのカスプのそばにある惑星に自然と目が行くことでしょう。

日本で特に普及している「年齢域」も、少し角度は異なりますが、占いたいことによって注目すべき惑星を特定する方法の一つだと言えます。幼少期の環境を見るなら月を、青春期から恋愛が盛んな時代の状態は金星を、中年期は木星の状況を見よ、というシンプルな方法は、多くの惑星の中から人生上の時期に応じて注目すべき惑星を定める方法ですね。

伝統的にはこのシンプルな年齢域ばかりではなく、後で見るようにより細かく、あるいはより個別にその年代、年齢を司る惑星を特定する様々な方法があるのです。こうした時期の支配星を「タイムロード」(時間の主人)などと言います(本書で田中要一郎氏が解説されている「プロフェクション」が代表的な技法の一つです)。

ディグニティは一般的に用いられているハウスのルーラーと類似したかたちで、占う目的に応じて重視すべき惑星を絞り込んだり、あるいは時期を表示する惑星を特定する方法としても用いられてきました。これについても後述します。

もちろん、この二つの分類はあくまでも雑で便宜的なものにすぎません。それぞれの見方にはそれぞれの意義や解釈があるわけですが、ディグニティが興味深いのは、上記の二つの視点の両方に関わっており、それほどに広く、多様な情報を与えてくれるからです。

ディグニティーの概念は、惑星を用いる限り、ほかのどんな占星術の技法にも適用することができるので、ぜひとも学習しておくことが望まれます。

注目すべき惑星をあぶり出すテクニックの数々

・ハウスのルーラー

質問に応じて、どの惑星に答えを求めるべきかを示してくれます。例えば、お金について聞きたければ第2ハウスとそのルーラー、第2ハウスにある惑星を検証します。子供について知りたければ第5ハウスとそのルーラー、第5ハウスにある惑星を検証します。

・ハウスにある惑星

知りたいことに関係するハウスにある惑星に注目することで、知りたい情報を得ることができます。例えば、その人の伴侶について知りたければ第7ハウスのルーラーと共に第7ハウスやディセンダントのカスプ近くにある惑星の性質が、ヒントになります。

・アンギュラリティ

どのような場合にあっても、チャートを御するのは、ASC、MC、DSC、ICの近くにある惑星です。特にASCとMCに向かってゆく（日周運動すなわち時計回りにそこに近づいてゆく）惑星に注目します。

・太陽との位置関係

惑星は太陽に近づきすぎると夜空で観測することができなくなり、その力を「かき消される」ことを暗示しているように見えます。また、太陽を軸に西方にあるか東方にあるかによっても、その勢いを測ることができます。太陽から十分に離れていて、光を増す側を移動している惑星は力を持ち、その逆のコンディションである、太陽に接近しながら姿をくらませつつある惑星は影響力を弱めているとみなされます。

・タイムロードシステムによってリリース（解放）される（スポットライトがあたる）惑星

例えばソーラーリターンであれば、リターン図のＡＳＣルーラー。あるいは年齢域によって強調されている惑星。プロフェクション[1]やプライマリーディレクション[2]によってリリース（解放）されている惑星に注目します。

このように、ディグニティは、注目すべき惑星をあぶり出すためのテクニックのうちの一つです。

そしてもう一つ最初に注意喚起を。このディグニティに関する用語には強烈な吉凶のイメージがついているので、用いるのに腰が引けてしまう人がいるようですが、これは誤解です。例えばある惑星がディグニティを得ず、逆に不利に見える状態にあることを伝統的に「デビリタイズ」（衰弱）していると言い、またドミサイルの反対にある状態を「デトリメント」（損傷）などというものですから、「自分は金星がデビリタイズ（衰弱）しているから、美しくない」「火星がデトリメント（損傷）しているから、勝てない」などの単純な解釈に落ち込んでしまいがちです。

しかし、ディグニティは別のチャート（ほかの誰か）と比べるためのテクニックではなく、１枚

1　本書、田中要一郎氏の章を参照。
2　時計回りのハウスの日周運動つまり＝プライマリーモーションに準じた回転ダイヤルを使用するため、この占法はプライマリーディレクションと呼ばれる。

のチャート内において、ほかの惑星を制して優勢を発揮するのはどの惑星なのかを測るものであることを忘れてはなりません。

ディグニティの種類

ディグニティには「エッセンシャルディグニティ」と「アクシデンタルディグニティ」の二種類があります。

エッセンシャルディグニティは、その名の通り本質的かつ一義的なもので、サインと惑星の関係によって判断されます。アクシデンタルディグニティは、惑星が置かれた配置や配列、運行状況などによって強調されたり、見逃されたりする状態を指します。

前者は、格式のよさや由緒正しさを指すのに対して、後者は稼働力を測るもので、ある惑星がほかの惑星を御して目立った動きを見せるかどうかの目安となります。

例えばエッセンシャルディグニティが高い牡牛座金星が、貴族の生まれで大切に育てられた美貌の姫だとして、それが第12ハウスにあって太陽の光に遮られていたら、その姫は幽閉されたラプンツェルのようなもので、表立って民衆を治めたりカリスマ性を発揮したりする機会は少ないでしょう。この状態は、エッセンシャルディグニティが高くてアクシデンタルディグニティが低い状態です。逆に、エッセンシャルディグニティが低い蟹座火星は、臆病で甘え癖のある戦士ですが、天頂に向かいながら幸運の木星から援護を受けていたとしたら、彼は剣闘士として表舞台で活躍しながら人気者になるでしょう。

本書で今回ご紹介するのは、前者のエッセンシャルディグニティの成り立ちと具体的使用方法についてとなります。アクシデンタルディグニティについてはコラムにまとめましたので参考にしてください。

エッセンシャルディグニティ

エッセンシャルディグニティ―には、5種類あります。

① **ドミサイル**
② **エグザルテーション**
③ **トリプリシティ**
④ **ターム（あるいはバウンド）**
⑤ **フェイス（あるいはデカン）**

エッセンシャルディグニティを見定める方法には、これからご紹介するように時代によって変遷があり、使用されてきた表には異同があるのですが、まずは現在最もよく用いられている表を次ページに挙げておきましょう。

このうち、ドミサイル（ルーラー）と、エグザルテーションは現代の占星術でも用いられていますが、残りの3つはほとんど使われなくなってしまいました。特に重視されるドミサイルとエグザルテーションに基づくディグニティを「メジャーディグニティ」、残りを「マイナーディグニティ」と呼ぶこともあります。

古典的品位表

サイン	ドミサイル	エグザルテーション	トリプリシティ（ドロテウスによる）			ターム（バウンド）（エジプシャンによる）					フェイス（デカン）			デトリメント	フォール
			昼	夜	控						1st	2nd	3rd		
♈	♂	☉	☉	♃	♄	♃6	♀12	☿20	♂25	♄30	♂	☉	♀	♀	♄
♉	♀	☽	♀	☽	♂	♀8	☿14	♃22	♄27	♂30	☿	☽	♄	♂	
♊	☿		♄	☿	♃	☿6	♃12	♀17	♂24	♄30	♃	♂	☉	♃	
♋	☽	♃	♀	♂	☽	♂7	♀13	☿19	♃26	♄30	♀	☿	☽	♄	♂
♌	☉		☉	♃	♄	♃6	♀11	♄18	☿24	♂30	♄	♃	♂	♄	
♍	☿	☿	♀	☽	♂	☿7	♀17	♃21	♂28	♄30	☉	♀	☿	♃	♀
♎	♀	♄	♄	☿	♃	♄6	☿14	♃21	♀28	♂30	☽	♄	♃	♂	☉
♏	♂		♀	♂	☽	♂7	♀11	☿19	♃24	♄30	♂	☉	♀	♀	☽
♐	♃		☉	♃	♄	♃12	♀17	☿21	♄26	♂30	☿	☽	♄	☿	
♑	♄	♂	♀	☽	♂	☿7	♃14	♀22	♄26	♂30	♃	♂	☉	☽	♃
♒	♄		♄	☿	♃	☿7	♀13	♃20	♂25	♄30	♀	☿	☽	☉	
♓	♃	♀	♀	♂	☽	♀12	♃16	☿19	♂28	♄30	♄	♃	♂	☿	

まずは、惑星の出力を測るのに特に重視されるメジャーディグニティを見ていきましょう。表①を見てください。これは黄道のどの位置においてどの惑星がメジャーディグニティを得るかをまとめたものです。

2種のディグニティを住み分けるという意味は、例えば牡羊座とドミサイル（本家）が交わるところに火星があります。これは火星が牡羊座にあるときにドミサイルというディグニティ（品格）を得るとし、火星がその本領を発揮しやすいコンディションにあることを示します。

次に、牡羊座とエグザルテーション（友好、高揚）が交わるところに太陽があることを確認してください。これは太陽が牡羊座にあるときにエグザルテーションというディグニティ（品格）を得るとし、太陽が喜び勢いがつくと考えられます。

逆に、対向にあるサインでドミサイルやエグザルテーションの品格を得る惑星があるときは、デトリメントあるいはフォールという力を発揮しにくいコンディションにあるとみなします。

例えば、牡羊座とデトリメントが交わるところに金星がありますが、金星は、天秤座でドミサイル（本家）のディグニティを得る惑星です。天秤座は牡羊座の対向のサインですから、金星が牡羊座にあるときは、対照的性質を帯びたサインに位置するという意味から、惑星の本領を発揮しにくいと解釈します。

牡羊座とフォールが交わるところには土星があります。土星は、天秤座でエグザルテーションというディグニティを得る惑星です。天秤座は牡羊座の対向のサインですから、土星が牡羊座にあるときは、対照的性質を帯びたサインに位置するという意味から、惑星が委縮した状態になると解釈します。

アクシデンタルディグニティ

エッセンシャルディグニティは、サインと惑星との関係だけに基づいた黄道由来のものだったのに対して、アクシデンタルディグニティは、冒頭でリストアップした「注目すべき惑星をあぶり出すテクニックの数々」の一つと言っていいでしょう。そのため、エッセンシャルディグニティのように明確な数値化は難しく、ウィリアム・リリー[1]らがホラリー占星術[2]で数値化したものをそのまま使用することは無理があります。

アクシデンタルな配置で最も影響力を持つのは、惑星と太陽との位置関係によるものです。これは、夜空を観測したときに太陽と近すぎる惑星は目視することができず、太陽と十分に離れている惑星は目視することができるという原始的な理由に由来し、例えば宵の明星と呼ばれる金星は、夕暮れどきの日没直後に西の空低くに観測できます。子供の頃「いちばんぼーし、みぃーつけた！」とうたっていたのはたぶんこの金星のことです。このように、太陽から十分に離れた惑星は、力強く輝くことからその勢力を増すと考え、太陽と近すぎるがゆえに目視できない状態の惑星は「コンバスト」あるいは「アンダーザサンビーム」などと呼ばれ、その勢力を弱めると考えます。

惑星の運行状況、つまり順行や逆行、運行速度や、惑星がどのハウスにあるかも、惑星の勢力に影響します。あるいは、吉星（金星、木星）凶星（火星、土星）との角度、恒星やノードとの会合も考慮します。

参考までにホラリー占星術で考慮される代表的なアクシデンタルディグニティを次ページにまとめておきます。

1　17世紀イギリスで活躍した占星術師
2　出生図を用いずに、質問ごとにチャートを立ててその瞬間の星の配列から事象を読み解く占星術

ホラリー占星術で考慮される代表的なアクシデンタルディグニティ

『ホラリー占星術』いけだ笑み著　説話社　p.149-150 より

天体の稼働力を高める要因		天体を弱体化し動きにくくする要因	
ヘイズ	—	エクストラコンディション	—
ジョイ	—	サインの境界線やルナーマンションの切り替わりポイント	—
太陽と月が吉角度	—	月がバイアコンバスタゾーンを経過	—
1ハウス、10 ハウス	＋5	12 ハウス	－5
4ハウス、7ハウス、11 ハウス	＋4		
2ハウス、5ハウス	＋3		
9ハウス	＋2	6ハウス、8ハウス	－2
3ハウス	＋1		
月が1相～ 15 相（太陽に対して0度～ 180 度）	＋2	月が 16 相～ 28 相（太陽に対して 180 度～ 360 度）	－2
水星、金星がオキシデンタル（太陽に対して0度～ 180 度）	＋2	水星、金星がオリエンタル（太陽に対して 180 度～ 360 度）	－2
火星、木星、土星がオリエンタル（太陽に対して 180 度～ 360 度）	＋2	火星、木星、土星がオキシデンタル（太陽に対して0度～ 180 度）	－2
カジミ（太陽の左右 0.17 度以内）	＋5	コンバスト（同サイン内で太陽の左右 8.5 度以内）	－5
コンバストされていない	＋5	アンダーザサンビーム（太陽の左右 17 度以内）	－4
順行	＋5	逆行	－5
平均速度以上の動き	＋2	平均速度以下の動き	－2
金星、木星とのパーチル*な0度	＋5	火星、土星とのパーチルな0度	－5
金星、木星とのパーチルな 120 度	＋4	火星、土星とのパーチルな 180 度	－4
金星、木星とのパーチルな 60 度	＋3	火星、土星とのパーチルな 90 度	－3
吉星による包囲	＋5	凶星による包囲	－5
ドラゴンヘッドとの合（5 程度のオーブ）	＋4	ドラゴンテイルとの合（5 程度のオーブ）	－4
レグルス（獅子座 29 度）とパーチルな合	＋6	アルゴル（牡牛座 26 度）と合（5度程度のオーブ）	－5
スピカ（天秤座 23 度）とパーチルな合	＋5		

＊パーチル：正確な。同じ度数での合。

まとめ

近代にも受け継がれた知名度の高い品位は、ドミサイルとエグザルテーションの二つで、それらと反対側のサインに惑星が配置されたときは、それぞれデトリメントとフォールとされます。

惑星の品位の歴史を遡るとここに、トリプリシティ、ターム（バウンド）、フェイス（デカン）の3つが加わったものが使用され、使い手によって部分的改良が繰り返されながらおおよそこのようなかたちに落ち着いています。

理解していただきたいのは、ドミサイルとエグザルテーションに続く、トリプリシティ、ターム、フェイスは、グラデーションのように地続きに弱まってゆくディグニティ（品格）ではないという点です。後に個別でその役割を解説しますが、トリプリシティはまず、昼のチャートか夜のチャートかによって注目すべき惑星が入れ替わりますし、ハウスのルーラーとしてどの惑星に注目するかを見極め、様々な具体的な占いをするためのシステムです。ターム（バウンド）は、未来予測のテクニックにおいてその本領を発揮しますし、フェイス（デカン）は、品格というよりは暦としての役割を担うシステムです。

Thema Mundi

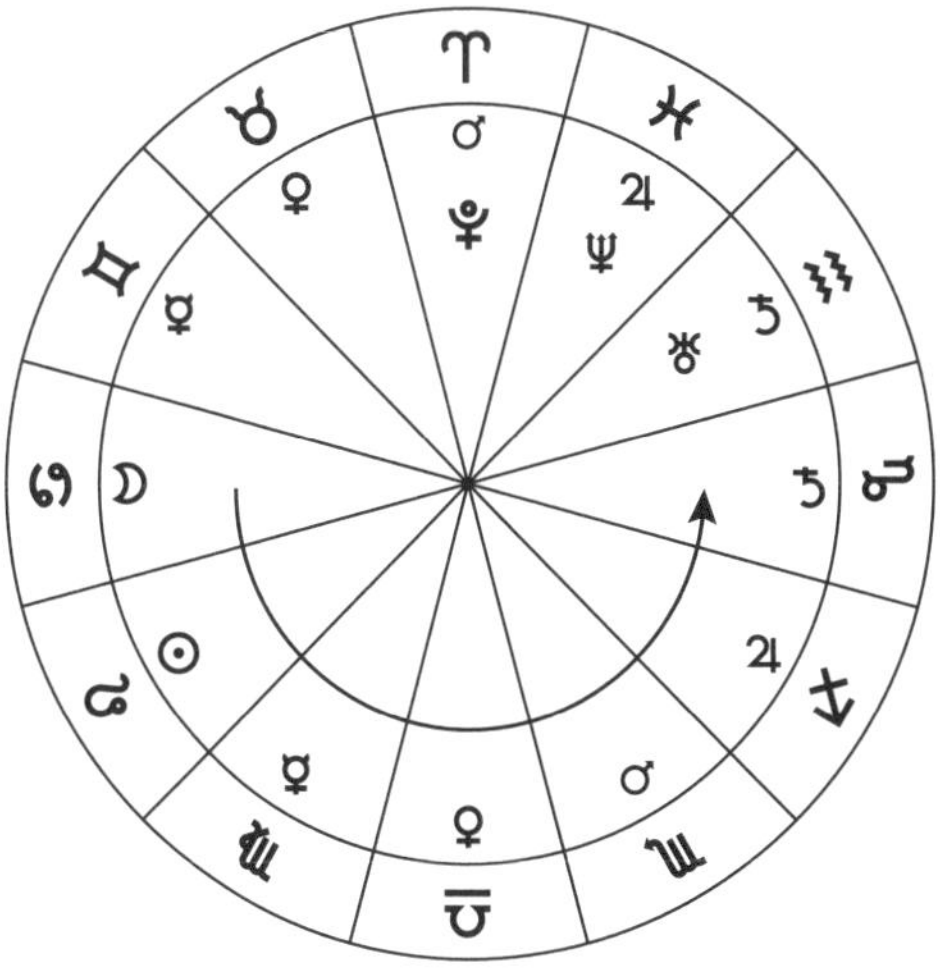

メジャーディグニティ

ドミサイル(サインルーラー)

惑星の品位の中で最も重要視され、数値化したときに最高得点を獲得するサインルーラーはそもそもどのように割り振られたのでしょうか?

ギリシャヘレニズム期に使用された、世界の創始図とされる神話的チャートにおいては、蟹座が上昇し、バグダッドで700~800年頃に活躍したアブー・マーシャルのヘルメステキストによると、牡羊座17度が天頂とされました。

このようなチャートをThema Mundi(“World Theme”ここでのWorldとはチャートの意でもある)とし、ハウスやアスペクトの解釈に大きな影響を与えたものと思われます。このチャートの成り立ちに準ずれば、後に発見された天王星→海王星→冥王星の配置がそれぞれに水瓶座→魚座となることは自然です。近代になって、占星術家の松村潔さんが「冥王星は牡羊座のルーラーであるべきだ」と提案されていますが、彼の主張はThema Mundiの構造と一致しています。

占星術は北半球で発展した体系ですから、太陽がその勢力を最も発揮し猛威を振るう時期が7月~8月となり、その時期の星座に割り振られることもまた自然です。ではなぜ太陽は蟹座ではなく獅子座のル

惑星とサインの属性

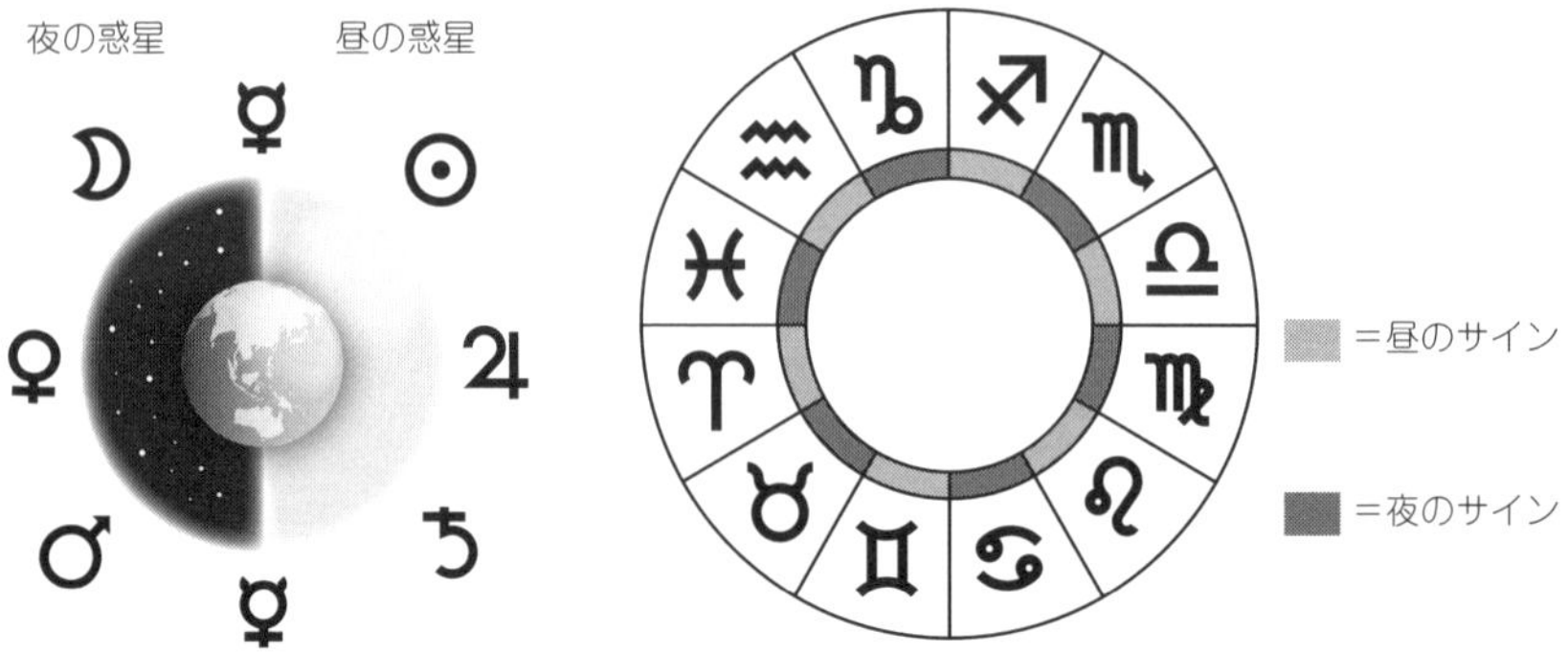

ドミサイル	⇔	デトリメント　が意味しそうなところ
本家本元	⇔	もぐり
王道	⇔	邪道
らしさ	⇔	らしくなさ
素直さ	⇔	ひねくれた（逆張り）
ヒーロー	⇔	ダークヒーロー
文化的	⇔	サブカル的
統制のとれた	⇔	バラバラな（ベンジャミン・ダイクス解釈）

ーラーなのか。理由は、惑星とサインにはそれぞれに昼と夜の属性があり、属性が一致するもの同士が結びつけられたと考えられます。太陽は昼のサインである獅子座に、月は夜のサインである蟹座にという具合です。

解釈

ドミサイルは「住所」「本拠地」を意味し、dom-：L.dominus＝lord（主人）；サンスクリット語.dam＝to tame（馴らす）、rule（支配する）を語源とします。ホラリー占星術では、自分が統治する国にいる王の状態とされ、反対側のサインに惑星があるときは、敵国を訪問中の王と比喩されることもあります。惑星が水を得た魚のように、最もその本領をのびのびと発揮できるサインにある状態と考えてよいでしょう。

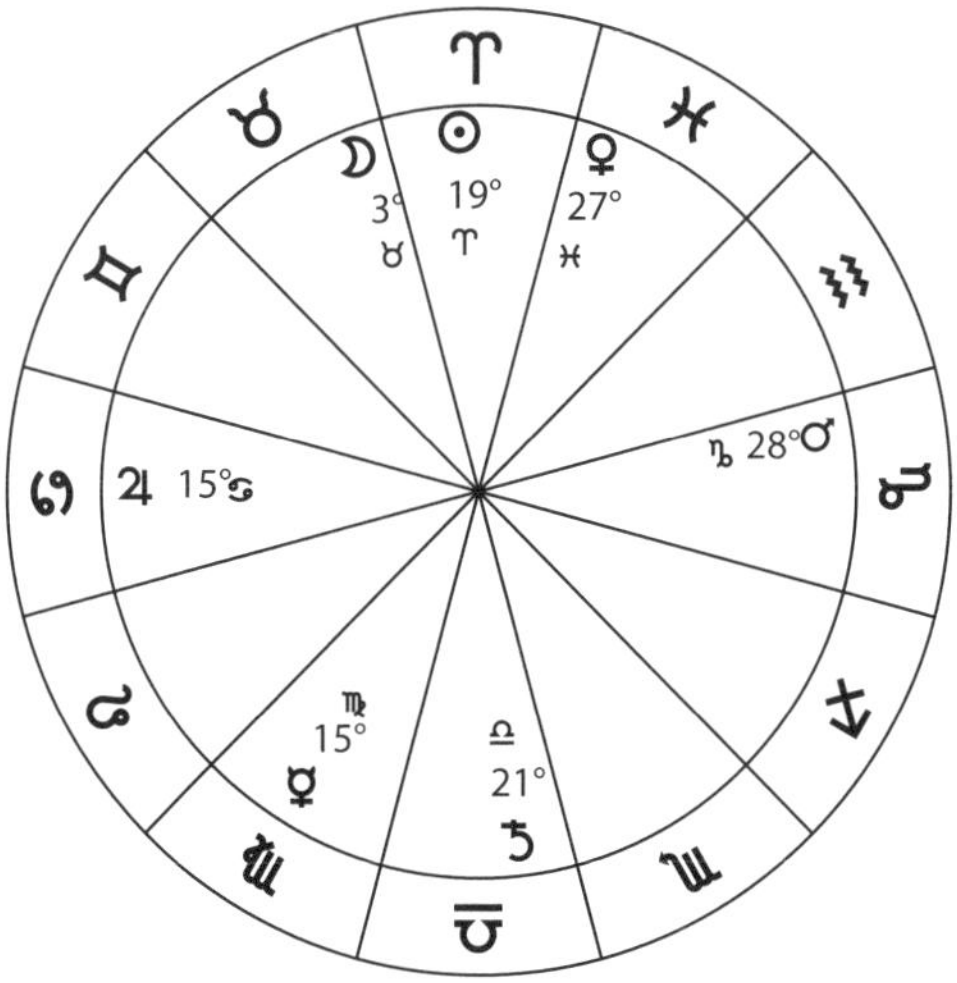

エグザルテーション

エグザルテーション

エグザルテーションの起源は古く、そのルーツは紀元前２０００年頃にまで遡る可能性があります。古代バビロニア時代の粘土板や、エジプトの神殿遺跡（デンデラ星座）にそれが描かれているとされています。

エグザルテーションは、すべてのサインを埋めるものではないことに違和感を抱く研究者は多いのですが、エグザルテーションもまた、Thema Mundi で蟹座を軸に配列することである程度の説明がつきそうです。

蟹座を軸に配列された図を見ると、よい意味が与えられたハウスによい惑星があてはめられており、ＡＳＣから見えない位置（30度、150度）にあたる2－5－6－8－12番目の部屋は空っぽです。アラビアの占星術における最良の位置は、1－10－11ハウスとされ、そこには吉星である木星、太陽、月が配置されています。

双子座と射手座にノードがあてはめられたのは、11世紀（初期アラビア）の占星術[3]あたりと言われています。

3　Al-Biruni, translated by R Ramsay Wright, *Book of Instruction in the Elements of the Art of Astrology*

エグザルテーション	⇔	フォール　が意味しそうなところ
高揚	⇔	衰退
上昇	⇔	下降
パリピ	⇔	陰キャ
リア充	⇔	オタ充
注目された	⇔	無視された（ベンジャミン・ダイクス解釈）

特定の度数において、特に高揚する[4]という考えは、ギリシャヘレニズム期の占星術からで、牡羊座17度をMCとした場合、そこに向かってゆく（登ってゆく）には、その度数を17度よりも進める必要があり、19度になったのではと言われています。

また、昼の属性を持つ（Diurnal）太陽と木星と土星は、ドミサイルの位置から見てトラインの場所に、夜の属性を持つ（Nocturnal）月と金星と火星は、ドミサイルの位置から見てセクスタイルの場所に配置されている点にも法則性を見出すことができるでしょう。

解釈

エグザルテーションの語源は、ギリシャ語で"Hupsoma"とされ、引き上げられた、高み、登る、などの意味を持ち、すでに位を得てそこにあぐらをかいているというよりは、駆け上がってゆくイメージを含みます。太陽は獅子座にあるとき頂点にいますが、牡羊座が示す春分のポイントを起点として昼間の長さは次第に伸び太陽が力を増してゆく一陽来復のイメージがまさにエグザルテーションです。対するフォールはギリシャ語で"Tapinoma"とされ、落ちくぼんだ、落ち込んだ、という意味を持ちます。

4　Valens, *Anthology*3,4

ミューチュアルレセプション（ＭＲ）

ミューチュアルレセプションとは、惑星同士が光を交換している状態を指します。つまり、ある惑星がドミサイルではない場所にあったとしても、ルーラー同士が互いのサインにある状態においては、どちらの惑星もまるでドミサイルのように本領を発揮できるとみなすのです。惑星がドミサイルにある状態を自国にいる王に喩えると、他国を訪れていたとしても、相手国の王がやはり自国を訪れている場合、互いの安全は保障されているイメージです。

例えば、蟹座の支配星である月が天秤座にあり、天秤座の支配星である金星が蟹座にあれば、これはミューチュアルレセプションです。天秤座の月は品格を得ませんが、蟹座の金星と互いのルーラーを交換しているため、ドミサイルにあるように力を発揮できます。蟹座にある金星も同じくドミサイルにあるように力を発揮すると考えます。

ミューチュアルレセプションは、ドミサイルだけではなく、エグザルテーションのルーラー同士、その他のシステム（トリプリシティ、ターム、フェイス）同士においても考慮されます。

実例

ユングのチャート[5]において、どの惑星が代表的な品格（ドミサイル、エグザルテーション）を得ているかを見てみましょう。

5　出生データ＝1875年7月26日19時32分（LMT）、スイス、ケスヴィル生まれ　使用ソフトウェア＝Astrodienst（ＡＳＣは水瓶座1度33分）

最も注目すべきは、ＡＳＣに向かっている**ドミサイルの土星**でしょう。この土星は、後に出てくる「昼のトリプリシティ」も得ていて、木星の援護（吉角度）もある文句なしのコンディションにあります。

鏡リュウジさんはその著書『魂の西洋占星術』で、ＡＳＣをペルソナ（仮面）に喩えました。もちろん、「ペルソナ」という概念の生みの親はユングです。ＡＳＣ近くで高い品格を得る土星を持つユングがいかに、対外的に分厚い仮面を被っていたかが伺い知れる配置ですね。仮面が鉄仮面であったが故にその概念を明文化し、世界に定着させることに成功したのだと思います。

そして、月です！　**月は牡牛座でエグザルトしながら、**蟹座の金星とドミサイル間のミューチュアルレセプション。そして古来から月が喜ぶ[6]とされている女神の部屋第3ハウスにあります。ユングにとっていかに母的存在（グレートマザー）が大きかったのかがうかがい知れます。後のトリプリシティの章でも、この月については解読したいと思いますので、ドミサイル、エグザルテーションではさわりの部分だけに留めておきます。

太陽もドミサイルで、アングル（ＤＳＣ）に向かっています。日没の位置にある力強い太陽は、ユングがユングたらしめるために、いかにそれを映す鏡である伴侶を必要としていたかを物語るかのようです。ユングが大きな気づきやある種の概念を提唱するとき、そこには常にそれを完成させるための相談相手（ミューズ）がいたのだと思います。ユングの人生に大きく関わった女性たちについては、トリプリシティの章で詳しく説明します。

蟹座の金星は、牡牛座の月とミューチュアルレセプションの関係にありますから、ドミサ

Joy of Planet

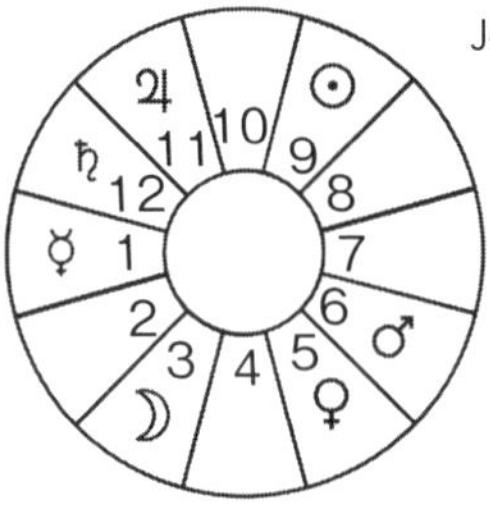

6　Joy of Planet という概念では、惑星がそれぞれ喜ぶ部屋があるとされます。

イルにあるかのように力強く輝きます。さらに昼のトリプリシティも獲得しているため、この金星も見逃すことはできません。金星は、ＡＳＣからも太陽からも見ることができない位置[7]にあり、チャート全体からやや孤立。金星はユングのＩＣと第８ハウスの支配星ですから、死と終末のイメージを担うかもしれず、重要だがなかなか摑めない何かがそこにあるはずです。ＩＣは終末のイメージであると同時に集合意識に至る場所でもあり、金星は水星と共にありますから、ユングはそれについて多くを語ろうとしたはずです。

マイナーディグニティ

トリプリシティ

ドミサイル、エグザルテーション以降の３種類のディグニティは、最近は「マイナーディグニティ」と呼ばれることがありますが、けっして重要性が低いわけではありません。

トリプリシティは近代の占星術ではほぼ消失してしまっていますが、やはり重要なのです。１世紀に活躍したギリシャの占星術師ドロテウスは、「すべての事象や予言はトリプリシティのロード（支配星）によって説明され、決定される」と言ったほどに、このシステムは重視されていたのです。

トリプリシティ（トリゴン）とは「三角」といった意味で、よく知られた４つのエレメントのサインが作る三角形のことです。このトリプリシティの概念は、この４つのエレメントに加えて、昼

7　主軸となるサインの両隣（セミセクスタイル）と、反対側の両隣（クインカンクス）の位置にあるサインは、アバージョン（見えない状態）とされ、コントロールできない要素をはらみます。これは古典的ハウスの意味の大本となった概念です。

と夜のホロスコープの使い分けという二つの要素からなっています。

　近代になってトリプリシティが脱落したのは、ホロスコープを「昼のチャート」「夜のチャート」で読み分けるという古代の重要な概念が失われてしまったためだと思われます。しかし昼と夜の違いの概念は西洋占星術の根幹をなすものであり、サインも惑星も昼と夜の属性によって分類されています（これについては拙著『ホラリー占星術』（説話社）113～115ページをご覧ください）。

　トリプリシティのディグニティとそのルーラーを見定めるには、まず昼のチャートと夜のチャートのいずれかであることをチェックしなければなりません。これは基本的にはチャート内において太陽がＡＳＣ－ＤＥＳの軸（地平線）の上にあるか下にあるかで判断します。

　太陽が地平線上にあるチャートは、昼のチャート。太陽が水平線下にあるチャートは、夜のチャートです。

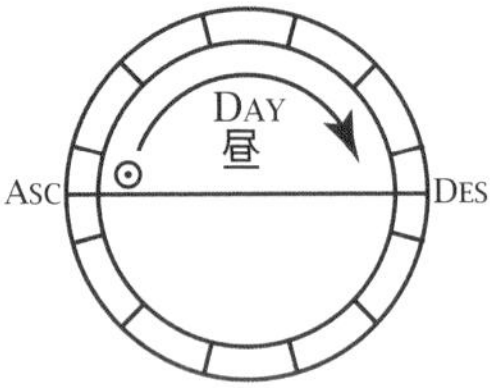

◆トリプリシティとは三角の意味なので、ホロスコープ上で三角形を作る同じエレメントごとに共通のロードを持ちます。

◆トリプリシティのロードは、昼のチャートか夜のチャートかによって住み分けられます。表の〝D〟はDayすなわち昼、〝N〟はNightすなわち夜、〝P〟はPartner あるいはParticipantすなわち補佐および控えの略です。

◆二番目に考慮されるのは、昼のチャートであれば夜のトリプリシティロード、夜のチャートであれば昼のトリプリシティロードとなります。

◆3つ目のトリプリシティロードは、控えとして最後に考慮されます。

ドロテウスの
トリプリシティの
ロード

TRIPLICITY	D（昼）	N（夜）	P（控）
♈♌♐	☉	♃	♄
♉♍♑	♀	☽	♂
♊♎♒	♄	☿	♃
♋♏♓	♀	♂	☽

プトレマイオスの
トリプリシティの
ロード

（ウィリアム・リリーも使用）

TRIPLICITY	D（昼）	N（夜）	P（控）
♈♌♐	☉	♃	—
♉♍♑	♀	☽	—
♊♎♒	♄	☿	—
♋♏♓	♂	♂	—

トリプリシティは、時代や流派によってロードが一部異なります。私が自著『ホラリー占星術』（説話社）で紹介したのは、17世紀の占い師ウィリアム・リリーが主に使用していたプトレマイオス式のテーブルで、こちらは主にホラリー占星術家が好んで使うものです。近年米国を中心とした古典占星術家の多くが好んで使用しているのは、さらに古い時代のドロテウスによるものが主流となってきたように思われます。

トリプリシティロードは、通常のハウスのルーラーと同じように、占いの対象を見定めてから用いるときにその本領を発揮します。が、ここではまず、惑星が得る出力、ディグニティの一つとして考えてみましょう。

例えば夜のチャートの獅子座の木星を考えましょう。獅子座は火のトリプリシティです。火のエレメントのトリプリシティロードには太陽と木星があります。うち、木星は夜のロードですから、ここで木星はトリプリシティとしての最も高いディグニティを得ていることがわかります。

トリプリシティでのディグニティを得た惑星は、高い安定性を示し、自らが起こしたプロジェクトにたいして周囲からの支持を集めることができ、益することが多いとされています。ただし、ドミサイルやエグザルテーションと違って自らが力やリーダーシップを発揮するということではありません。またこの惑星には「駆動力」があり、まるで追い風を受けるようにして計画が成功に運んでいく力があると解釈されます。[8]

あるいは自分の力ばかりではなく何か幸運のはからいがあって成功に導かれる力があるという解釈もあります。[9]

---

8 Demetra George, *Ancient Astrology* , RUBEDO, 2019, p199

9 J.Lee Lehman, *Classical Astrology for Modern Living*, Whitford, 1996, p87

ターム（バウンド）

4つ目のディグニティは「ターム」あるいは「バウンド」です。この2つの用語はいずれも「区画」「テリトリーの境界線」といった意味を持ちます。

タームは1つのサインを5個のエリアに分割した区画になります。それぞれの5つのタームは、伝統的な7つの惑星のうち、太陽と月を除いた水星、金星、火星、木星、土星の5つに支配されることになっています。太陽と月は特別な存在で、おそらくはすべてのタームを何らかのかたちで支配しているとされていたためでしょう。

タームの5個のエリアは等分割されているわけではなく、大小があります。よく見るとサインの終わりのほうになるほどに狭いエリアとなり、土星ないし火星がそこに配当されていることがわかります。サインの最後の度数エリアがあまりよくないという解釈がなされているのも、このことと関係があるのかもしれません。タームの起源については研究が進んでいるもののまだ謎が多く、それぞれに配当される惑星も時代や占星術家により微妙に食い違っていて、占星術研究家のクリス・ブレナンによれば少なくとも9種類の表があるとのことです。[10] 私が自著『ホラリー占星術』（説話社）で紹介したのは、リリーの使っていたものです。

10　Chris Brennan, *Hellenistic Astrology*, Amor Fati 2017, p275

エジプシャン・ターム

ですが、アメリカの占星術師の間で主流となりつつあるのは、エジプシャン・タームのアルビリニ版です。

古い時代にはこのタームは特に寿命を予測する判断材料として用いられていましたが、次第にそれぞれのタームに配当された惑星の意味はそのエリアが持つと考えられるようになりました。吉星のエリアにある惑星は穏やかな働きをし、凶星のエリアの惑星はより厳しい働きをするといった具合なのでしょう。

2世紀のヴァレンスは早くもこのターム（バウンド）のそれぞれの解釈をすべて与えていて、4世紀のフィルミカス・マテルヌスは「もしアセンダントが水星のバウンドにあればその人は文芸に秀で、正しい判断を下すことで称賛されるだろう」などといった解釈を述べています。

同じくフィルミカスは自身のタームにある惑星は自身のドミサイルと同じくらい強力であると述べているほどですが、多くの占星術家はそこまでの重要性は与えていないように思われます。現代の占星術家レーマンは、自身のタームにある惑星はちょうどブルーカラーの労働者のようなもので、その仕事をすることになり、それは重要であるが、自身の権力や財力、幸運から来るものではなく、その結果は予測しがたい、と述べています。[11]

またヘレニズム占星術の現代の権威デメトラ・ジョージは、「自身のバウンド（ターム）にある惑星はそれ自身の自律性を持っているが、それは他者に支配されないためである」と言っています。

---

11 Leehman, p.91

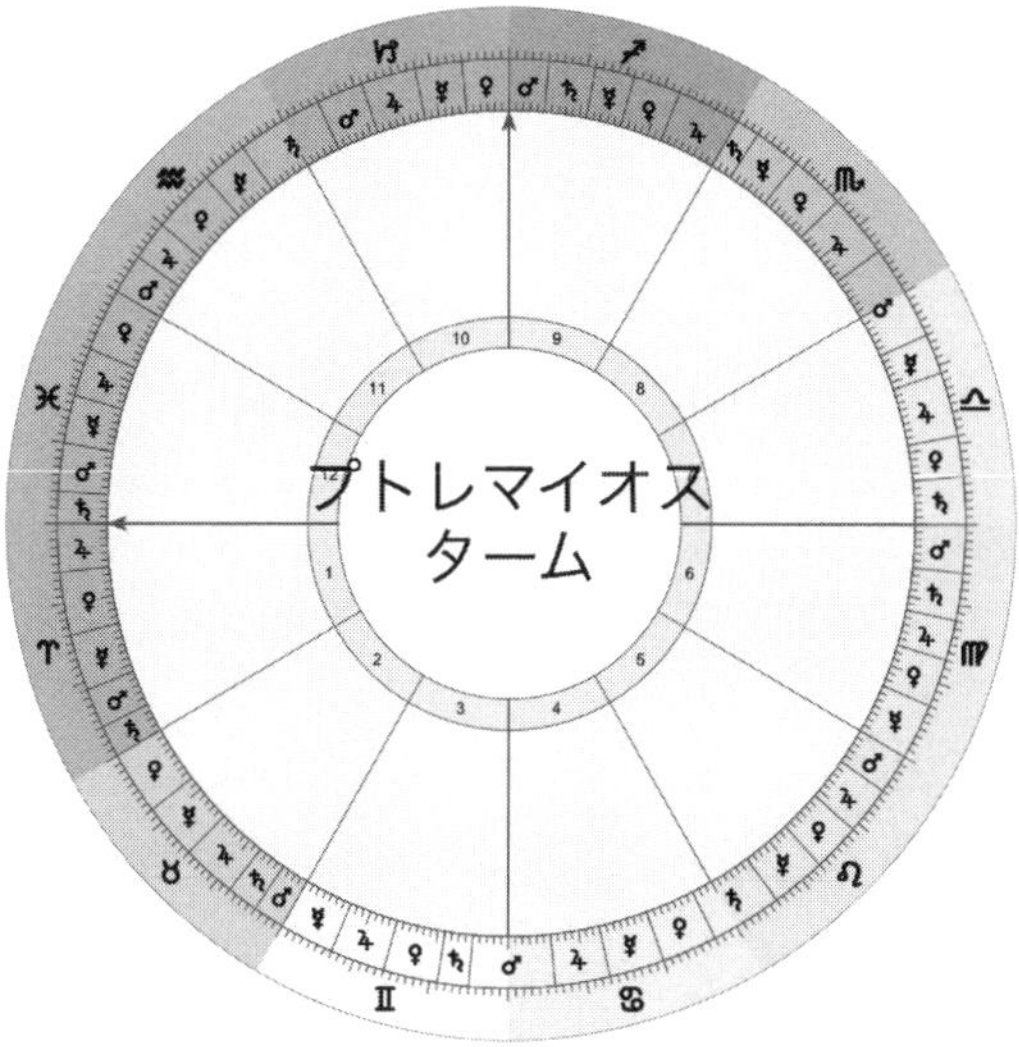
プトレマイオス
ターム

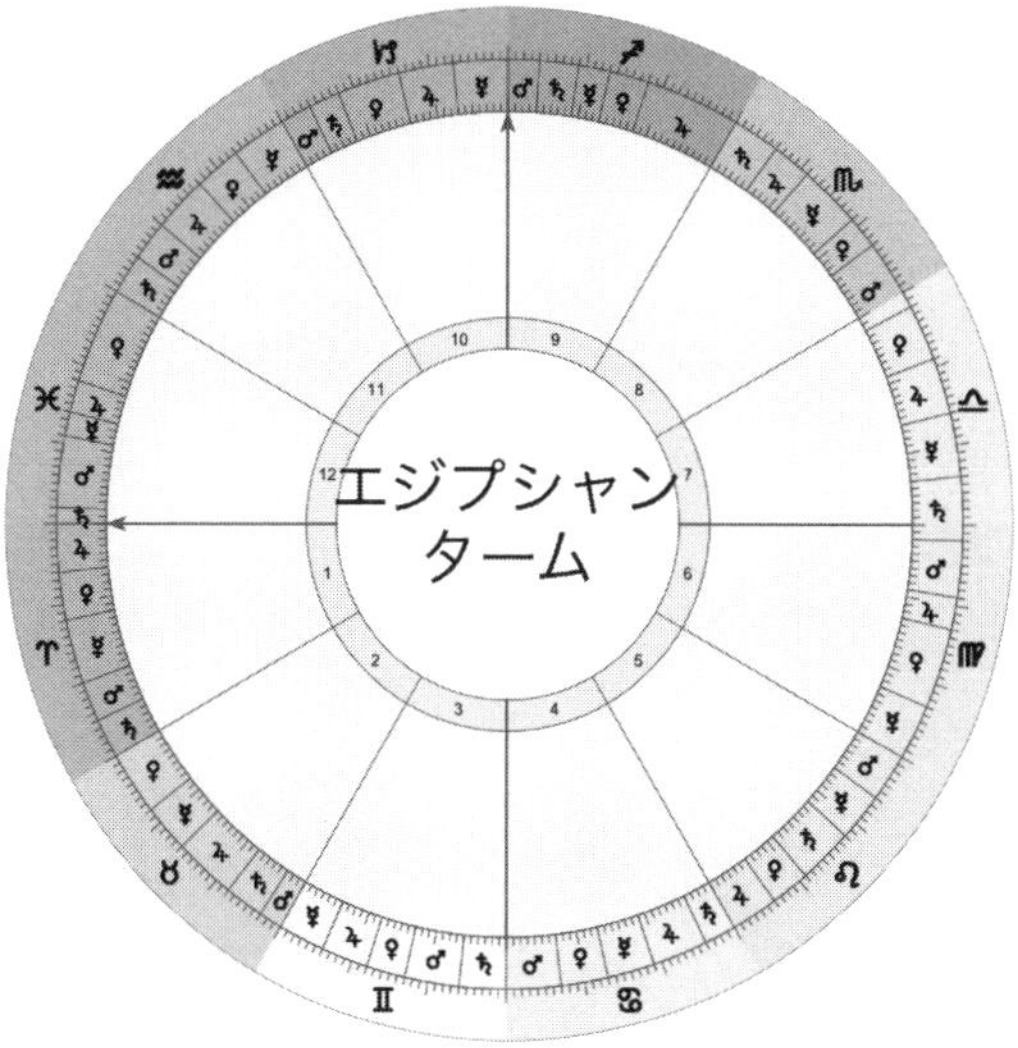
エジプシャン
ターム

すなわちタームにある惑星はある程度の勢力を持つのです。とはいえ、ドミサイルよりもマイナーな支配領域であることは間違いがないので、例えば大きな会社の中でもあくまでも自分の手の届く裁量の中で自由に仕事ができる社員、といったイメージなのでしょう。

また、ある惑星がほかの惑星のタームにある場合、そのタームの惑星のコンディションがその事項の結末を左右するファクターとなるとされています。

さらにタームを使った占星術が威力を発揮するのは何といっても時期予測法においてなのですが、それについては後述しましょう。

フェイス（デカン）

最後のディグニティはフェイスないしデカンです。その起源は古代のエジプトに遡ります。紀元前2400年頃には古代エジプト人は黄道近くの36の恒星ないし星のグループを見出し、そこに神々をあてはめました。余談になりますが、この神々（ないし魔神）の像は、のちにインドやアラビアを経由してルネサンス時代に西ヨーロッパに再輸入され、ついにはイタリア貴族たちの宮殿の壁面を飾るようにまでなります。[12]

デカンの考えがヘレニズムの占星術に導入されたときにサインを10度ずつで区切った3つのエリアと同定され、それぞれに支配星ロードがあてはめられていきました。デカンとは10という意味です。ヘレニズム占星術の権威デメトラ・ジョージによると、ヘレニズム期にデカンにはそれぞれ解釈が与えられていたものの、ほかのディグニティと異なってそこにはルーラーシップは与えられて

12　伊藤博明『ルネサンスの神秘思想』講談社学術文庫、鏡リュウジ『占星術の文化誌』原書房など参照。

	第１デカン 0-10	第２デカン 10-20	第３デカン 20-30
♈	♂	☉	♀
♉	☿	☽	♄
♊	♃	♂	☉
♋	♀	☿	☽
♌	♄	♃	♂
♍	☉	♀	☿
♎	☽	♄	♃
♏	♂	☉	♀
♐	☿	☽	♄
♑	♃	♂	☉
♒	♀	☿	☽
♓	♄	♃	♂

図1

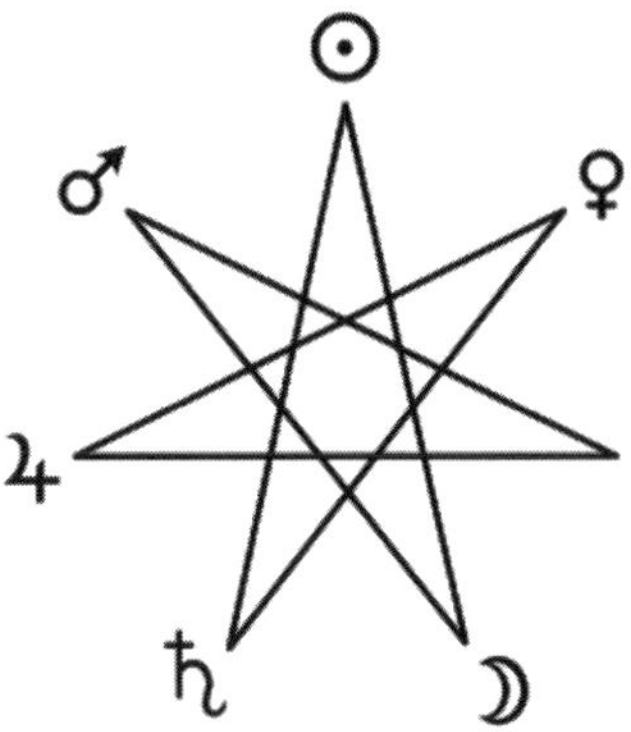

図2

いなかったとのことです。それは中世に入り、「フェイス」と呼ばれるようになってマイナールーラーシップとして扱われるようになったとされています。

　デカンが「フェイス」すなわち「顔」と呼ばれるようになったのは、同じくデメトラ・ジョージによると、36の恒星神が黄道のある区画を通して輝き、そのとき7つの惑星の「顔」を取るからだと言います。[13] また、エジプトの星の神々に起源を持つデカンは運命判断としての占星術のみならず、護符を用いて星の神々の力を召喚しようとする占星魔術でも重要な役割を果たします。[14]

　フェイスの起源である古典的区分方法は、曜日と深い関係を持ちます。

　図1のように、始まりのサインである牡羊座のルーラー火星を起点とし、カリディア人の順列[15]で、火星→太陽→金星→水星→月→土星……と惑星が並んでいます。さて、この表を縦読みしてみると、

13　D.George 前掲書 p.224

14　Austin Coppock, *36Faces The History, Astrology and Magic of the Decans*, Three Hands Press 2014 に詳しい。

15　カリディア人の順列は、太陽を中心において、運行速度の遅い順に惑星を並べる順列で曜日の元にもなる根源的順列。

	第1デカン 0-10	第2デカン 10-20	第3デカン 20-30
♈	♂	☉	♃
♉	♀	☿	♄
♊	☿	♀	♅
♋	☽	♇	♆
♌	☉	♃	♂
♍	☿	♄	♀
♎	♀	♄	☿
♏	♇	♆	☽
♐	♃	♂	☉
♑	♄	♀	☿
♒	♅	☿	♀
♓	♆	☽	♇

図3 モダンデカン表

火、水、木、金、土、日、月、火……と曜日の順列になります。図2は、太陽を中心に惑星を運行速度順に円状に配列したもので、それを曜日順に結ぶと七角形が浮かび上がります。

中世の占星術においてフェイス（デカン）は、最も弱いディグニティとして扱われるようになりました。

中世のユダヤの占星術家イブン・エズラは、自分のフェイスにある惑星は美しい飾り物をつけたような人、あるいはイブン・サウルは異邦人の中にあっても自分の技芸や力によって生き延びているような人、というメタファーを使ってこの状態を示しています[16]。

ほかにフェイス（デカン）は、その人の容姿を描写したり、マンデン（政治経済占星術）においては、日食・月食が起こるデカンによる予言などのかたちで用いられています。

デカンの考え方は、ディグニティと離れたかたちで現代占星術に

16 フェイスをディグニティとは言いがたいのではないかという解釈も存在します。レーマンは、17世紀の占星術家ラムゼイの「最後の局面で自分の処し方がわからない人」という解釈を紹介し、このフェイスやデカンはどちらかというと「ディグニティ」（威厳を得る）というより、それを失うようなものであるのではないかとさえ言っています。しかし、従来の点数計算では自分のフェイスにある惑星は少なくとも1点は加算されディグニティを得ることになっているのです。

も受け継がれており、サミュエル・ペンシュレ（Samuel Penseyre）などの18世紀の占星術書を経由してアラン・レオから、潮島郁幸、ルル・ラブアら日本の占星術の先駆者たちの著作にも12サインの性格描写を詳細化するための17の方法として記載されていることも付け加えておきましょう。

ペリグリン

エッセンシャルディグニティを構成するドミサイル、エグザルテーション、トリプリシティ、ターム、フェイスの6つのシステムのいずれにおいても品格を得ない状態をペリグリンと呼びます。ペリグリンは流れ者のイメージで、何の後ろ盾もなく、いわゆる「どこの馬の骨とも知れない」存在としてその輝き方が読めません。ホラリー占星術においては、例えば泥棒や犯人を示す惑星がペリグリンの状態だと足がつきにくいとみなしたり、凶悪だとみなすのはそのためです。流れ者による犯罪は摘発されにくく、本国から離れた者は旅の恥は掻き捨てとばかりに凶悪化しやすいからでしょう。

しかし、出生図でペリグリン天体を解釈する場合はその限りではありません。惑星を指示象徴として解釈しているものと区別するのは当然のことです。**出生図におけるペリグリン惑星は、良い意味でも悪い意味でも癖がなく、奔放に振舞う要素として解釈**するくらいが妥当ではないでしょうか。

計算方法とソフトの紹介

5種類のエッセンシャルディグニティについて概説してきました。ここでそのディグニティを利用して、仮に惑星の出力を考えてみましょう。

ただ、実際にディグニティを測ろうという場合、私が紹介しました数々のテーブル（表）のうちどれをどのように使えばいいのか混乱するかと思います。

❶ どのテーブルを使うか
❷ ドミサイル、エグザルテーション、トリプリシティ、ターム、フェイスそれぞれにどのくらいの点数を与えるか
❸ ペリグリンを減点するか
❹ MRをどこまで救済するか

多くの占星術支援ソフトやネット上のホロスコープ作成サービスで、上の項目を好きなように設定できるようになっています。

❶ 基本的に、どの時代の誰のシステムを使用するかに正解はないので、好みで使い分けるしかありません。目安としてホラリー占星術ではリリーのテーブル、トリプリシティを使った占

いではドロテウス、プライマリーディレクションのようにタームで細かく時期を見たい場合はエジプシャン、としてもいいでしょう（2023年いけだはそのように設定）。

いずれのテーブルを使用したとしても、合計点にそれほど大きな差は出ず、特にほかを御する高得点天体に関して入れ替わるようなことはほぼないので、神経質になる必要はありません。

近年では、古典テキストを精力的に翻訳しているベンジャミン・ダイクスや、ヘレニズム期の占星術を徹底的に掘り下げ、アストロロジーポッドキャストを全世界に配信しているクリス・ブレナンなど、米国を中心に大きな影響力を持つ人たちに倣い、20ページで紹介したテーブルを使うことが主流になってきました。

❷

ドミサイル、エグザルテーション、トリプリシティ、ターム、フェイス、それぞれに等しく1点ずつ品格を与えるという方法（プトレイマイオス）か、ドミサイルに5点、エグザルテーションに4点、トリプリシティに3点、タームに2点、フェイスに1点という近代になっての主流を使うのか、トリプリシティとタームの点数が入れ替わっている方法もありますが、私は近代の最高を5点とし、次第に点数が少なくなる方法を使用します。

❸

ペリグリンの減点はホラリー占星術ではたしかに有効ですが、出生図を分析する場合には5点もマイナスすることに抵抗がある人は、ペリグリンによる減点を無効に設定されるとよいでしょう。

❹

ミューチュアルレセプションが発生した場合、ドミサイル、エグザルテーション以下のものであっても、そのシステムに準じてすべて加点が妥当だと思います。

Astro Goldを使ったディグニティの情報の出し方

外出先でも手軽にすばやくホロスコープを出力できる占星術支援アプリの一つ、Astro Goldでディグニティを見るために必要な情報を出力してみましょう。

①Astro Goldに生年月日、出生時間、出生地を入力してチャート画面を表示させたのち、下段の"Settings"をタップ

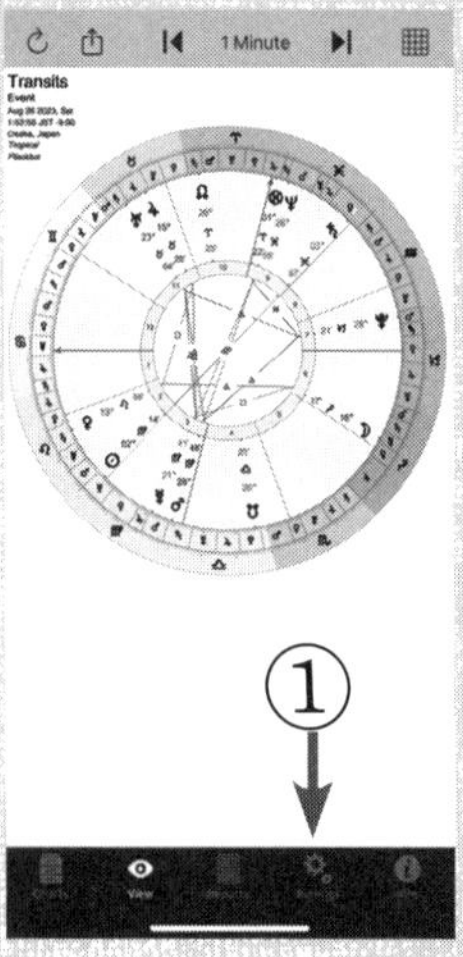

②Chart Culculationsをタップ

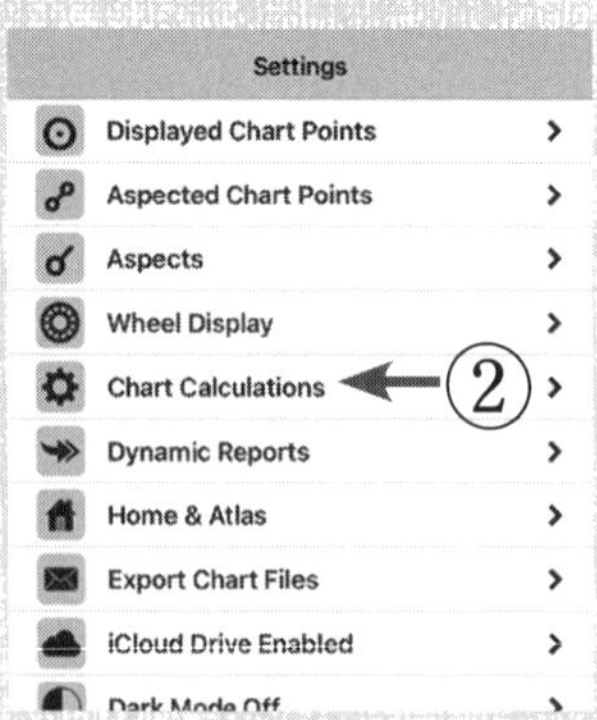

エッセンシャル・ディグニティの得点方法結論

ドミサイル + 5点
エグザルテーション + 4点
トリプリシティ + 3点
ターム + 2点
フェイス + 1点
デトリメント −5点
フォール −4点

ペリグリン −5点

ミューチュアルレセプションはシステムに準じて加点

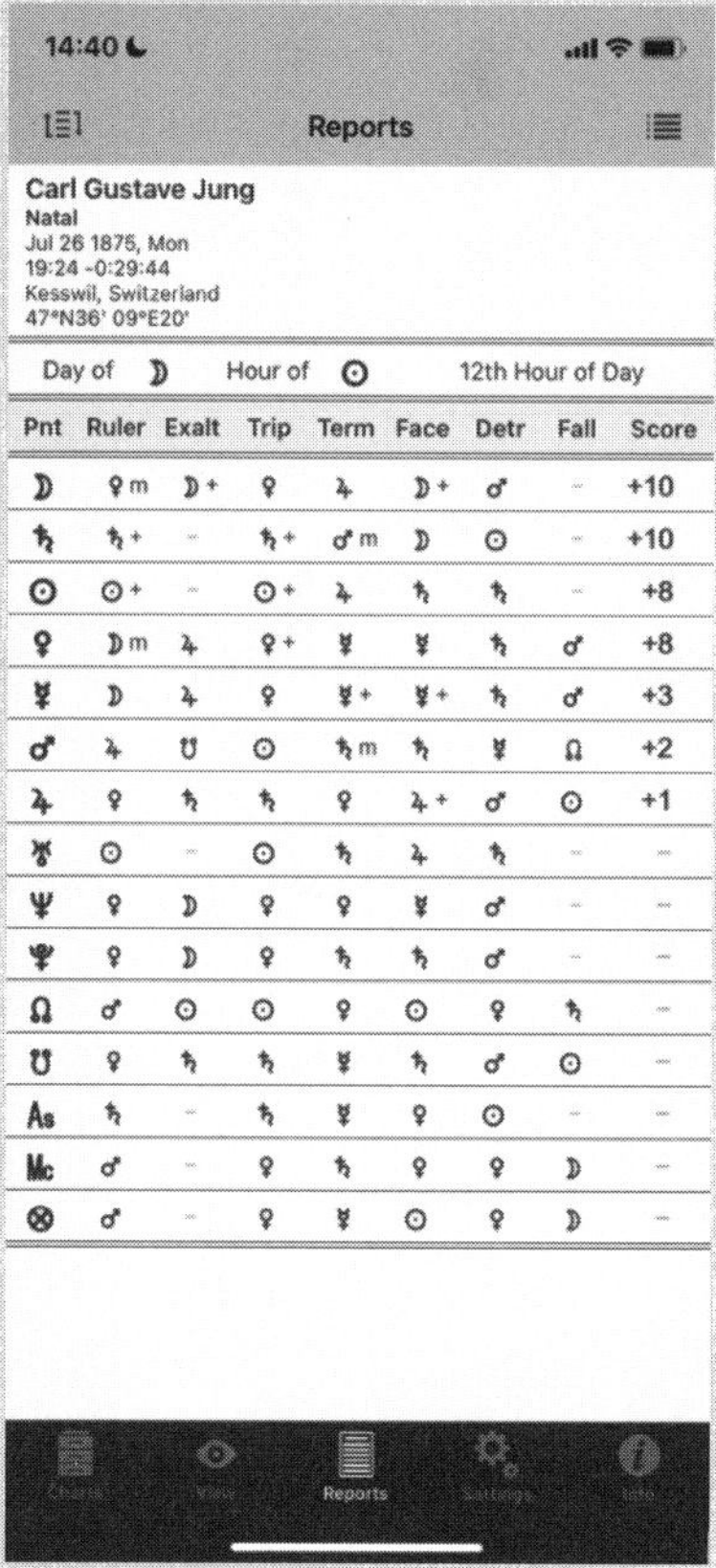

③表示されたページを下へスクロールするとディグニティ"Essential Dignities"の種類を選択できます

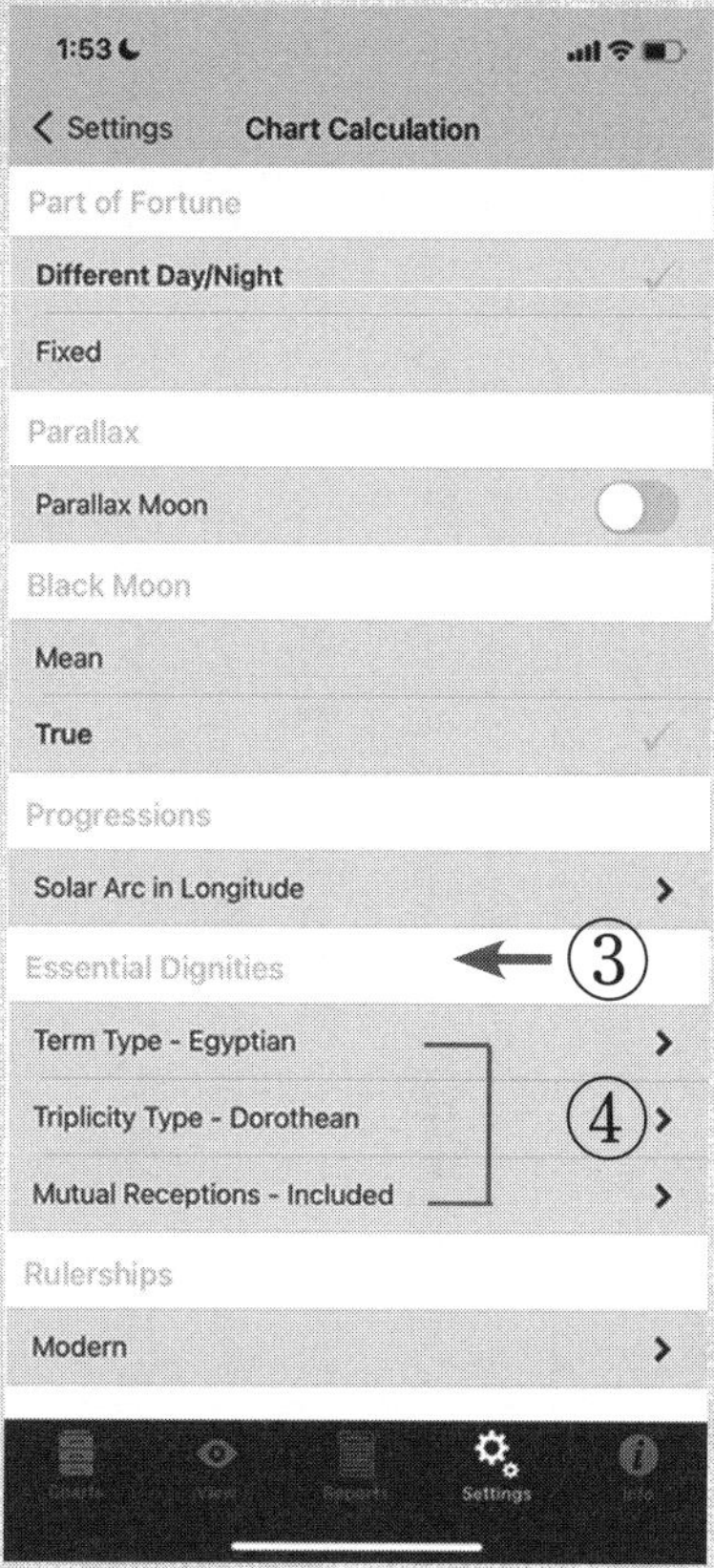

④Essential Dignitiesの項からエジプシャン・ターム"Term Type -Egyptian"、ドロテウスのトリプリシティ"Triplicity Type-Drothean"、ミューチュアルレセプション"Mutual Receptions"を選ぶことができます。

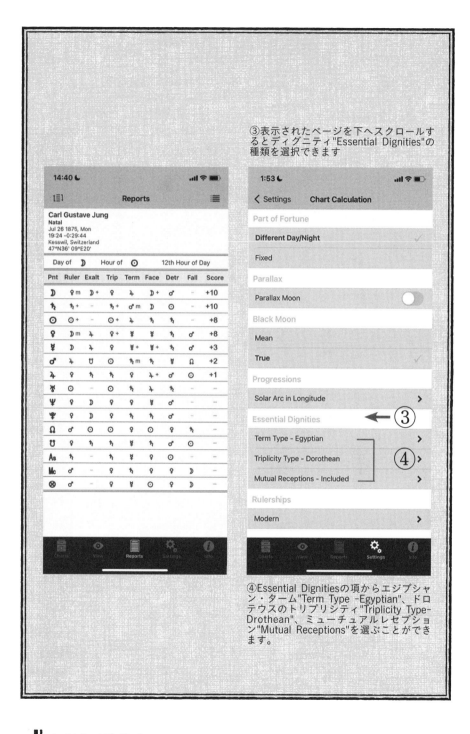

エッセンシャルディグニティを加味してホロスコープの優位な惑星を探す

出生図においてチャートを牛耳る惑星は、**その人物が何かを決定したり行動したりするときにどのような価値基準を優先するかを教えてくれます。**

こんなふうに考えてみましょう。私たちの心の中に、あるいは脳の中にたくさんの人物がいて、その時々に応じて会議をしているのです。あるいは宇宙で運命の神々が様々な議論をしていると考えてもかまいません。

惑星たちが各々の意見を述べているとして、最終的に誰の（どの惑星さんの）思惑が通るかが、私たちの行動や行く末を導くことになります。よい意見を言っている惑星さんがいたとしても、声の大きいほうの意見が通るのです。

すでに述べたように、その会議では議題によって（恋愛なのか仕事なのか）、あるいは時期によって、声が大きくなる惑星は変化するので、一概には言えないのは当然なのですが、ここでは一応、出生ホロスコープをベースに、惑星の勢いを測る練習ゲームとして点数計算法で遊んでみましょう。[17]

17　冒頭で述べたように、実際にチャートの中で優位性を発揮する惑星を総合的に測ろうとすると、エッセンシャルディグニティだけでは部分的にしか語れません。アクシデンタルディグニティや、アングルに向かっている惑星を見つけるだけではなく、ＡＳＣ、太陽、月のサインが支配する惑星も大切です。このような概念は、惑星を主人公とする古典占星術では最優先される概念で、様々な判断方法がありました。例えば、「アルムーテン」「ビクター（勝利星）」といった言葉があり、多方向からチャートを牛耳る惑星をあぶり出して最終的に最高得点を獲得した惑星がその人の主人となると考えます。主人となる惑星を知ることで、自分に効果のあるハーブや護符（タリスマン）を選ぶときの助けになったり、タイムロードその場合、スクエア（90度の位置）に座っている惑星は喧嘩していて、コンジャンクション（0度）は同意見、トライン（120度）は賛成しているような絵柄がよい。座っている位置を線で結んでアスペクトマークを入れるなどする。

解釈のしかた

例えば家電製品を選ぶとき、☽が優勢であれば、慣れ親しんだものであることなど「愛着」が選別の決定権を握るため、実家で使っていたものと同じだったり、好きな相手とお揃いにしてみたりといったことが判断基準となります。金星が優勢であれば、フォルムが美しく気に入った色であることが大切になりますし、さらにその色が周囲の家具とマッチしていなければならないでしょう。多少古いモデルであったとしても、色が気に入っていれば高スペックの最新商品よりもそちらが優先されます。土星が優勢であれば、老舗メーカーで保証がしっかりしているかに注意を払い、さらにメーカー保証オプションまでもつけた状態での購入を、時間をかけて検討します。

進路決定のような人生の転機においても、惑星の優位性が意思決定に影響を与えるはずです。☽が優勢な人は、地元意識が強いので、たとえ学力以下の進路であっても近場で多くの学友が進学する学校を選ぶかもしれません。水星が優位であれば、通学経路が快適なこと、必要とする技術を身

システム（年運や大運を測る予測法）においてリリースされた（スポットライトを浴びる）惑星がビクターであれば、その年は実りが多くなると知ることができます。

につけることができる学校であることを考えます。どのようなカリキュラムが組まれているかを徹底的に比較検討し、実際に足を運び、体験入学にも気軽に参加してツテを作りながら選択肢を増やすでしょう。太陽が強い人は、目的意識が優先されますから、自分がどんな人生を歩みたいか、どのような専門性を深めたいかといった人生の創造主としての選択をするでしょう。

意思決定に優位性を発揮する惑星の運行速度が遅ければ遅いほど長期的展望からの視点となり、速ければ速いほど目先の要素が決定権を持つ、短絡的かつ直感的選択となります。

どのようにチャートの中で優位な惑星を見つけるのか

私が以下に提案する算出方法は、出生図からその人の性質を推測するときに、優位に見える惑星をみつける簡易的な方法で、チャートの持ち主にとって比較的、納得感のある結果になると思われる方法なので、ぜひ試してみてください。

①エッセンシャルディグニティで最高点を獲得した惑星
②ＡＳＣの支配星
③☉サインの支配星
④☽サインの支配星
⑤ＡＳＣサインと同じサインで第１ハウスか第12ハウスにある惑星（上昇星）
⑥ＭＣに最も近い惑星（カルミネート星）

以上**６つの項目で繰り返し登場した惑星があれば、その惑星がその人の脳内会議で最も声の大き**

い惑星となりやすいでしょう。

◆同点の惑星があれば、二つの惑星が御します。二つ（あるいはそれ以上）の惑星が対立した角度を取っていれば、その人物が意思決定をするときに、同列の考えを行ったり来たりしながら葛藤が長引くことになりそうです。二つ（あるいはそれ以上）の惑星がコンジャンクションや調和した角度にあれば、その人は自信を深め個性を強めることになるでしょう。

◆トランスサタニアンも入れてみてください。

◆すべての惑星がばらけて、重複する惑星が一つもない場合、脳内会議で最終決定権を握る惑星は、場合によって入れ替わります。例えば惑星の年齢域で優勢になっている惑星がその時代によって優位になります。また、トピック（生活にまつわる決断であれば☽、仕事にまつわる決断であれば☉、勝ち負けにまつわる決断であれば♂、長期的プランであればħ……）によって惑星が入れ替わります。

ユングの場合は、エッセンシャルディグニティでの最高得点、ASCのルーラー、上昇星、と文

（計算例）
ユングのチャートの場合

①☽　ħ

②ħ　♅

③☉

④♀

⑤ħ

⑥♂　⚸

句なしの場所で繰り返し登場した♄が圧勝となります。ディグニティが低く、アングルにも距離が遠かったのは♃です。

ユングが提唱して、その概念を世界に定着させた用語はたくさんあります。コンプレックス、シャドー、ペルソナ、アーキタイプ……。どれが最も重要とは言えないものの、時代や文化や年齢を超越して定着した「コンプレックス」という概念は強力ですね。

コンプレックスという言葉自体は、様々なことが「入り組んだ状態」を指しますが、日本では「劣等感」と解釈している人が多いような気がします。ユングがコンプレックスという言葉をどのように使ったかを簡単に言うと、患者がある言葉に対して反応するのに生じる遅延の原因、つまりある言葉に対して抑圧や複雑な気持ちがそこにあるから連想する次の言葉が出るまでに時間がかかる状態を指したようです。土星は時の神クロノスに喩えられ、時間などの世界の共通枠と結びつけられます。

劣等感を指すのは正確にはインフェリオリティコンプレックス（inferiority complex）で、ユング心理学のコンプレックスとは区別するべきなのですが、言葉がネガティブな意味を持って一人歩きし、さらにそれで多くの人の劣等感を表現できてしまうことが、不思議と言えば不思議です。これは、ユングのチャートにおいて土星が優位なことと関係がありそうです。

優位な惑星

こちらにまとめる解釈の例は、惑星があるハウスやアスペクトなど、様々な個性を度外視して惑星単体として強さ弱さの解釈なので、実際にリーディングするときはチャート全体から読んでください。

月

月が優位なチャート――愛着型

この人にとっては、まず気持ちが大事。慣れ親しんだ習慣と日々の営みが優先されます。

好き嫌いやその日の体調に従って行動するので、本当は嫌なのに義務感で何かを遂行したり、心にもないことを言ったりはしないでしょう。無理をしない自然体でいられることが強み。素朴で素直な雰囲気を持つ人気者です。

月の優先順位が低いチャート

自分の気持ちを素直に表現することに抵抗があり、他者のそれを優先にしがち。場合によっては他者の気持ちと自分の気持ちの境界線がわかりにくく代弁行為によって誰かの代わりに怒ったり喜んだりということがあるかもしれません。感情論が苦手で、理性や精神性を優先したい傾向。眠りにつくのが苦手だったり、生活リズムが乱れがちで、人とは違った生活習慣を持つ。

水星

水星が優位なチャート――思考型

この人にとって、まずは情報が大事。意思疎通のスムーズさや、動線の快適さが優先されます。

自分の思考を整理するための資料を集めたり、客観的視点で比較検討したりすることで意思決定をするので、他者のバランスを欠いた思考や偏見を嫌います。頭の回転が速く、弁がたつのでおしゃべりが得意です。

水星の優先順位が低いチャート

自分の考えをまとめたり、発言することに苦手意識があり、意見を求められると黙ってしまうか、逆に必要以上にまくしたてて後で後悔することが多いかもしれません。思考が堂々巡りしやすいか、逆に停止してしまい適切な思考力を安定させることが難しい傾向。方向音痴。人とは違った発想やアイデアを持つ。

金星

金星が優位なチャート――調和型

この人にとっては、たとえ束の間であ

っても和気あいあいとしていることが大事。そこに愛があり、それが美しいことが優先されます。

その場その場で空気を読んでしまうので、人の不機嫌を察するとギスギスしたムードになる前に身を挺してそれを阻止します。その結果疲弊して後に自分のご機嫌を取るために美しいものを買ったり、スイーツやお酒などの嗜好品を楽しみます。優美で愛くるしいムードを持つ人です。

金星の優先順位が低いチャート

甘えることに抵抗があり、スイートでやわらかいムードを持った色や装いを避ける傾向。独特な美意識を持ち、ピンクを着るならどこか攻撃的なコーディネイトに落ち着くでしょう。趣味嗜好が一般的な流行とはちょっと違って、先取りしすぎるか遅すぎるかの逆張りに落ち着きがちです。

太陽

太陽が優位なチャート――創造型

この人にとっては、自分らしさが大事。人から言われてあれこれするのではなく、自分ならではの表現で自発的に行動することが優先されます。

陽の気が強く、へこたれることはめったにありませんが、格式ばった堅苦しいことは苦手かも。周囲に流されず、けっしてブレない自己の中心を有する公明正大な人です。

太陽の優先順位が低いチャート

自分を優先することに抵抗があり、「先に選んでください」と決定権を相手に委ねがち。世界が平和になってからでないと自分のターンが回ってこない感覚があるので、人権意識が高く社会派傾向を持ちやすいかもしれません。身内に厳しく部外者や少数派に優しい理想主義者。

火星

火星が優位なチャート――戦闘型

この人にとっては、勝つことが大事。自分の立場の優位性を確保することや、競争原理の中で切磋琢磨することが優先されます。

苦しいことや不当なことがあっても、負けたくないという「なにくそ根性」が己を奮起させます。物欲、性欲、食欲、出世欲などテストステロン的な欲求に従うことで強くなれる人です。

火星の優先順位が低いチャート

争いごとを避けようとします。自己アピールが苦手で、人を押しのけてまで前に出たいとは思えません。何かに着手するとき、一念発起しないとなかなか起き上がれないような活力の低さがあり、物欲も執着も低め。めったに怒りませんが、怒っている人に怒るという謎の行動に出ることはあります。

木星

木星が優位なチャート――幸運型

この人にとっては、結局は自然な流れが大事。誰も犠牲にならずウィンウィンの関係で何かが始まることが優先されます。

大きいこと、多いこと、広がりがあることなど発展要素があり展望があれば、その流れの中で自分の立ち位置がどうあれ喜びを持って参与するでしょう。ツキは天下のまわりもの思考。

木星の優先順位が低いチャート

安全バイアスや予定調和を信じず、不測の事態を想定した動きを取ってしまいがちです。電車の遅延や車の渋滞を想定して異常に早く家を出たいし、あわよくば誰かが手を貸してくれそうな状況においても、一人で全部できる段取りで動くでしょう。一方で、大きく抜けた側面もあり、要するに援助や幸運に対しての態度が特有なのです。わいわい集団で行動するよりも個人プレイに集中できる状況で本領を発揮するタイプです。状況を微に入り細に入りコントロールしたい傾向。

土星

土星が優位なチャート――努力型

この人にとっては、最終的には保証が大事。目先の利益よりも、不変性や長期的展望が優先されます。基礎を固め、屈強な骨格を組み立て、その上に厳選したパーツを積み上げてゆくスタイルで物事に取り組みます。怠けることで状況がよくならないのであれば、苦労を買って出るし、自分が苦言を呈することで組織が改善するのであれば嫌われ役になろうとするでしょう。

土星の優先順位が低いチャート

周囲の状況が整ってから、重い腰を上げる癖。完璧主義。こういった性質の根底には、努力して積み上げることで得られる成功体験の少なさがあるかもしれません。結果が出る前に不安になって挫折してしまう癖と向き合う必要がありそうです。それに成功すれば、常識に囚われずに自分ルールで生きることができる人です。

強い惑星とハウス

優位性を獲得する惑星がどの部屋にあるかで、どのような分野に活路を見出すことができるかを考えてみましょう。どのような分野であっても、熱心に取り組めば活路を見出すことはできますが、強い惑星があるハウスが示す分野は、その人が自信を失っているときや、人生に迷っているときであっても、安定的によい結果をはじき出すことができる分野です。いわばその人の「強み」ですね。

日本の文化ではすべてのエリアに対して平均的な結果を求められる傾向が強いので、多くの人がせっかくの強みには普段あまり着目せずに、弱点をなくそうと努力したり、弱みを補強することに時間を費やす傾向にあります。また、どうしても自分の苦手分野には拘りが生まれ、コンプレックスにばかりエネルギーを向ける人もいます。しかし、弱っているときや迷ったときは、よいコンディションの惑星が在泊するハウスに注目してみるとよいでしょう。

また、強い惑星は、常にフルに活用できるわけではなく、トランジットやタイムロードシステム（予測法）などで、その惑星が脚光を浴びたりリリース（解放）される時期に特に、その分野での恩恵が多くなると考えてください。逆に弱い惑星に関しても、ずっと悪いわけではなく、強い惑星と同じくある時期その惑星がリリースされ、それによってある種の困難や試練がもたらされると考えるとよいでしょう。

強い惑星が位置するハウスによる意味

強い惑星が第1ハウス

その人の態度にその惑星が強い影響を与えることになります。佇まいや装いにも惑星の特徴が反映され、第1ハウスで品格を得ている惑星そのものの印象を他者に与えていると考えてよいでしょう。

キャラクターが明確ということは、この席が空いていれば「ハマる」ことができるという意味で、例えば一つの場所で拒絶されたり必要とされなかったりしたとしても、別の場所でドハマりする可能性が高いので、あきらめないほうがよいでしょう。学生時代は劣等生だったとしても社会人になったとたんに大活躍したり、その逆もありますし、自分の本領を発揮できる分野や自分のキャラを活かせる場所が見つかるまで様々なことにチャレンジすべきです。その場合、惑星の本質を理解してそれを活かす装いや振る舞いができるとなお世界から見出されやすくなるでしょう。

強い惑星が第2ハウス

お金やものを扱うセンスに恵まれ、ものの価値がわかることによる恩恵を得られるでしょう。それは人の才能を見つけることや、炭坑の金脈を見つけるセンスとも言え、「売りは何か」という問いに答えを求めるし、答えを出すことができるでしょう。また、才能やセールスポイントを磨くための投資をケチらずにつぎ込み、あきらめない性質も出てくると思います。

強い惑星が第3ハウス

親戚、兄弟、近隣に対して強いポジションを取りやすく、その経験からライバル関係の中で切磋琢磨し評価されやすい。土着的な祭りやイベントの主催、バザーの仕掛け人。子供会の役員などに抜擢されやすく活躍の場を持つことも。地域に自生する薬草やハーブ、昆虫や鉱石に対する興味と、それから受ける恩恵の多さ。

強い惑星が第4ハウス

土地、家屋、地元や自国から受ける恩恵。家族や職場など自分が属する共同体の中で優位なポジションを取ることができる、あるいは優遇されやすく、その分そういった場所に縛られやすさもあるかもしれない。立ち位置を決めて、そこで頑張れば人望も厚く、深い信頼関係を築くことができるでしょう。家族を大切に。

強い惑星が
第5ハウス

自分が生み出す作品や子供から受ける恩恵。遊び心から生まれた創造性が人生を彩り喜びをもたらす配置です。特にこの部屋に品格を得た金星を持つ場合は、多産な性質が強められ、よいものをたくさん生み出す性質に恵まれるでしょう。自分が楽しいと思えることに時間やエネルギーを費やすことで多くの問題が解決しそうです。

強い惑星が
第6ハウス

奉仕的あるいは職人的な労働や作業によって喜びや成果を得やすい。また、身体の調子を整えるためのメソッドや独自の健康法などを発明し人を助けるかもしれない。この配置では、自分の強みを意識しにくい（第1ハウスとメジャーな角度を取らないハウスなので）ため、あなたの行為に対して人から感謝されたり喜ばれたりすることをヒントに自分の強みを見つけてください。人や社会の役に立ったときに輝くタイプです。

強い惑星が
第7ハウス

伴侶やパートナー、関わる他者から受ける恩恵を望める配置です。直接的な恩恵を感じなかったとしても、高収入や容姿端麗など高スペックな他者との縁が多いでしょう。対人面での悩みはあったとしても、悪い方向へこじれることは少なく、人との関わりの中で自己を再発見したり高めたりする機会に恵まれます。

強い惑星が
第8ハウス

目上の人からの引き立てに遭いやすく、先人が築き上げたものを継承したり、のれん分けされるような機会に恵まれる。他者に秘密を打ち明けられたり、ディープな部分にコミットする傾向。人の懐に入り、忠誠な振る舞いをすることで有利な立場を得ることができます。この配置は自分の強みが見えにくい（第1ハウスからメジャーな角度を取らないハウスなので）ため、他者から感謝されたり貢ぎものや贈り物をいただくことで、自分の強みを認識できるでしょう。

強い惑星が
第9ハウス

旅と巡礼、海外と遠方との縁が多く、行動範囲や見聞の広さが開運の鍵になります。自分を高めるための勉強から多くの恩恵を受け取ることができるので、いろいろなことにチャレンジするとよいでしょう。スランプ時は旅行や山登りに出かけて非日常を体験することで、視野が広がり打開策が浮かびます。物質的な幸福を追求しても、人生の意味が見出せないと真の充実を感じにくい傾向にあるため、うまくいっていないときほど精神世界の探究を。

強い惑星が 第10ハウス

この配置は高い地位や名声を得やすく、野心も強いので志は高く持って吉です。逆にこれといった目標を持たずにダラダラと過ごしているとスランプに陥りやすいため、小さくとも常に目標を掲げて、それに向かって行動することを心がけさえすれば、意のままに結果を出すことができるはずです。周囲に対する影響力が強くカリスマ性があるので、よい行いを心がけ、後に続く者に親切にすることで更なる道が開けてゆくでしょう。

強い惑星が 第11ハウス

交友関係の広がりや、未来に目を向けることから受ける恩恵。単独であくせく頑張るよりも、自分にできないことを外注することで実り多い結果を得やすい。また、組織に縛られて何かを安定的に提供するよりは、新鮮なアイデアを活かせるイベントをその場その場で打ち出すことのほうが成功しやすい傾向があるでしょう。周りを巻き込んで、未来志向のイベントを。

強い惑星が 第12ハウス

目に見えない世界からの恩恵。形のないもの、無価値と言われるものの中に価値を見出すことができるため、不良品を再生したり、売れ残りから福を得るような生き方が功を奏しそうです。人の嫌がる仕事を進んで引き受けることもよいでしょう。自分にとって不都合な相手や出来事をも味方につけてしまうような懐の深さを持つことで様々な問題が解決しそうです。昨日の敵が今日の友の精神で。

マイナーディグニティの特質を生かした判断法

繰り返しになりますが、ディグニティは本来、その成り立ちからして惑星の力の強さを測るためだけのものではありません。それぞれの意義や特質があり、それを活かした判断法があります。初心者の理解を促すために、ここまではまずは、惑星の優位性を測るためのツールとしてのエッセンシャルディグニティの側面を説明してきましたが、特にマイナーディグニティと現在呼ばれている概念にはそれよりふさわしい用い方があるのです。

紙幅の関係でそれらを網羅することはできませんが、ここではトリプリシティの用い方をやや詳しく、そしてタームについてもごく簡単にご説明しておきましょう。

トリプリシティを使った占い

トリプリシティがどのように用いられたのかというと、例えば結婚について知りたければディセンダントのトリプリシティロードを3つとも検証します。職業について知りたければMCのトリプリシティ、家族についてであればＩＣのトリプリシティ、という具合にあらゆる事象を極めて具体的に示すとされます。

実例

トリプリシティロードに基づいてユングのチャート[18]で彼に深い影響を与えた女性たちを探してみましょう。

ディセンダントは獅子座で火のサインです。

☉は日没ギリギリ手前にありますから、昼のチャートとして火のトリプリシティを検証します。

伴侶を示す惑星

第一候補（Dayトリプリシティ）☉
第二候補（Nightトリプリシティ）♃
第三候補（P控えのトリプリシティ）♄

ユングの生涯に大きな影響を与えた女性は数多いようですが、中でも代表的な3人が見事に3つのロードに該当するように見えます。

第一の候補である☉→エンマ・ユング

ユングは21歳のときに14歳だったエンマに出会い、目にした瞬間に彼女が自分の妻となることを

18 出生データ＝1875年7月26日19時32分（LMT）、スイス、ケスヴィル生まれ　使用ソフトウェア＝Astrodienst（ASCは水瓶座1度33分）

確信したそうです。エンマは出生の太陽が牡羊座にあり月は獅子座の火の女性です。またエンマは大変な資産家の娘で、ユングが個人開業する際に多くの援助を受けたとされ、ドミサイルで品格を得る太陽そのものと言えるでしょう。

第三候補の♄→ザビーナ・シュピールライン

エンマとの結婚1年後、ユングが28歳の頃にチューリッヒの病院に患者として登場したザビーナは彼の土星そのものに見えます。28歳は出生の土星に経過中の土星が回帰する時期であることも興味深いことです。

ザビーナの存在は新婚の妻エンマを当然苦しめ対立したことは、エンマを示す太陽とザビーナを示す土星がオポジションであることと一致。

水瓶座で品格を得る土星は、彼女が才覚ある強い女性であることを示し、ユングだけではなくフロイトにも強い影響を与えました。彼らがタナトスの概念を構築するための基盤である「死の願望」(Death Wish)を最初に提唱した女性はザビーナです。言うまでもなく「タナトス(死)」は土星の支配する領域ですね。

ユダヤ系ロシア人であるザビーナはナチに一家もろとも殺害されてその生涯を閉じ、彼女の業績と論文の数々は受け継がれることなく姿を消しました。ユングとフロイト両者の文献引用元であるフットノートに繰り返し記された彼女の名前も、翻訳されることなく消失したのは奇妙です。ザビーナほど土星的な女性はいるでしょうか?

第二候補の♃→トニー・ヴォルフ

フロイトと決別後、精神的危機に面していたユングを支え、『赤の書』執筆時のミューズとも言われるトニー。ユングの夢やヴィジョンの聞き取り役として寄り添い、その分析を手伝った彼女は、ユングにとっての第9ハウス（四分円では第8ハウス）木星そのものに見えます。古来「夢」や「啓示」は、第9ハウスの管轄です。

トニーは、ユングの妻エンマとも協調関係にあり、ユング宅の夕食会に同席したり、同じ心理学クラブに在籍し、たびたび3人の姿を公に現すほどの仲にありました。このことは、天秤座木星が、エンマを示す獅子座太陽とトラインの関係にあることが示す通りではないでしょうか。

トニーは、後のユングがアルケミー的方向性を持つに従い、それに対する熱意を夢分析ほどに持たなかったことから疎遠になったとされますが、その原因は彼女が敬謙なキリスト教徒であったとされ、宗教の部屋である第9ハウス木星と一致します。[19]

念のため最後に妻たち側からの視点です。第一の妻であるエンマ・ユングの出生図を見ると、ディセンダントは牡牛座です。エンマは午後10時45分生まれとされますから、夜のチャートで、土星の夜のトリプリシティ第一候補が月となり、その月は天頂近くで獅子座。獅子座生まれのユングと完全に一致。

また、トニー・ヴォルフのディセンダントは水瓶座で風。夜生まれ（午前2時30分）で、第一候

19　女性たちとの関係性を時系列に並べたので、トリプリシティの候補の順位を第二候補と第三候補で入れ替えて説明しました。

補は水星、第二候補が土星です。土星はユングの太陽サインである獅子座にあります……。トニーは本妻ではないので、第二候補にユングらしき天体が示されたのでしょうか？

残念ながらザビーナ・シュピールラインの出生時間は不明なので、ディセンダントを検証することができません。

まとめ

3人に共通するのは、みなが才能に恵まれた強い女性であり、心理分析家や研究者として多くの論文や業績を残し、心理学界に強い影響力を持ったという点です。ディセンダントのルーラーの二つがドミサイルにあり、アンギュラリティを得ている（アングルに向かっている）こと。また、ディセンダントのロードやディセンダントのトリプリシティロードがユング本人を示す惑星である太陽だったり、第1ハウスにある土星（第1ハウスにある惑星もまた彼自身を示す）であることから、彼がいかに「関係性から自己を構築」するタイプだったかが見て取れます。彼と関係を深めた女性はみな、彼との共同作業のパートナーであり、ミューズだったのではないでしょうか。

3つのトリプリシティロードが担う、その他の可能性

人生を時系列で支配

3つのトリプリシティはその序列の順に、人生の序盤→中盤→終盤を示すともされたようです。ユングの例では出会った時系列が第二候補と第三候補で逆になっているので、ユングの第7ハウスの伴侶のロードがこのテクニックを証明する役割は果たせませんでした。しかし、MCのトリプ

リシティ（第一候補：金星、第二候補：火星、第三：候補月）から、彼の職歴を辿ってみるとそれなりに該当するように見えます。

【序盤】大学時代に父親を亡くし、学費の工面の必要があったユングはクリニックに勤め、卒業後は義務である兵役として初年兵学校に行き、アールガウで歩兵としての訓練を終えてからブルクヘルツリ病院に勤めることとなったのは第6ハウスの金星。

【中盤】人生の中盤である全盛期の活躍の中で、心理学クラブを主宰したり、学会での活発な研究発表や共同作業は第11ハウス射手座の火星。この火星は木星にセクスタイルでレシーブされつつ、水瓶座で品格を得た土星ともセクスタイルで小三角を形成する勢いのある火星であるため、彼の全盛期の活躍ぶりは疑う余地がありません。

【晩年】晩年を支配する第三の水のロードは、第3ハウスの牡牛座月ですが、この月はエグザルトしているだけではなく、女神の部屋にありJoy of Planetというコンディションにあります。惑星のジョイは、その部屋で喜ぶ惑星という意味で、古来「女神」の意味を持つ第3ハウスにおいて月は喜ぶとされました。ユング76歳で刊行された『アイオーン』は、ギリシャ哲学や神話においては時の神とされ、伝統的キリスト教や教会からは異端の位置づけとみなされるグノーシス神話において、神的存在を指すようです。第3ハウスは、一神教や国教など威厳ある教会の反対側の部屋にあり、異教徒を担う部屋です。ユング第3ハウスの月は、『アイオーン』のことのように見えるのですが、曲解でしょうか？

結論

出生図は、人生のあらゆる側面を網羅しうるシンボルによって描かれた曼荼羅のようなものです。例に挙げたユングの出生図のあらゆる場所に彼が人生で成し遂げた偉業や、彼が人生で経験した喜びも悲しみも葛藤も描かれていることには違いありません。しかし、どの部分が何に該当するかを、分野や時系列で並べ替えてみると見えてくることがあります。トリプリシティは、人生のどの時期、どの分野においてどの惑星がクローズアップされるかを示してくれます。

タームを使った判断

タームは、予測法の一つである、プライマリーディレクションを使ったディストリビューション法で脚光を浴びます。この予測法は、１８００年以上の前から使用されていたようで、トレミーのテトラビブロスにおいては、寿命を測るテクニックとして登場し、中世ヨーロッパでモリーン[20]によってその知名度を拡大したとされます。

プライマリーディレクションを使った占法では、軸となる点（多くの場合ＡＳＣ）を定めて、そこをタームが経過する期間と、そこに惑星などが到達するタイミングを見ます。1度を1年として人生のいつ頃に何が起こるかを予見するのですが、タームのロードが網羅する度数の期間、そのロードがその期間を管轄していると考え、惑星が到達したり角度をとる時期、その惑星をパートナーとみなして占います。

20 Jean-Baptiste Morin (a.k.a. Morinus) in *Astrologia Gallica Book22*, 1661

解釈と使用法

乱暴な言い方をすると木星の時期はよい期間となり、土星の時期は努力や試練の期間といった具合です。もちろん軸となるのは出生図で、出生の木星がよい状態（ディグニティを得ている）であればよりよい時期と考えます。つまり、出生図の中で比較的よいコンディションにある惑星が上ってきている期間が順調な時期ですね。

ディストリビューション法は、東洋占術における大運のように、人生の章をどの惑星が管轄して見守ってくれていたのかを知ることができるという点で、**人生を大きな目で見渡す指針**となるはずです。

注意点

1度を1年とすると言いましたが、ＡＳＣの度数が経過するのに必要な時間はすべてのサインと度数において等しくありません。経過に要する時間は、緯度に左右されるのですが、北半球においては牡羊座と魚座は特に短時間で上昇し、天秤座と乙女座は特にゆっくりと上昇します。また、惑星がある点に到達するタイミングと言っても、実際に黄道上でそれが起こるわけではなく計算はかなり複雑です。そのため、この予測法を目算するにはテクニックが必要になるため、自動計算してくれるソフトやサイトを使うことをお勧めします。

また、この技法を使用可能にするには、出生時間が「かなり」正確でなければならず、わずか数分のズレが数年のズレに繋がるため、あまり現実的な占法とは言えないことを認めなければならないでしょう。それを逆手に取って、レクティフィケーション（出生時間を微調整する技法）の最終調整にプライマリーディレクションを使うという可能性もありますが、個人的関心と検証の材料として個人使用の領域を出ることがなかなか難しい技法ではないかと私は思います。

参考文献

Helena Avelar, On the Heavenly Spheres
Bonatti, *Alezdegoz Laber Astronomiae*
Olivia Barclay, *Horary Astrology Rediscovered: A Study in Classical Astrology*
Chris Brennan, *Hellenistic Astrology: The Study of Fate and Fortune*
Joseph Crane, *A Practical Guide to Traditional Astrology*
Joseph Crane, *Astrological Roots: The Hellenistic Legacy*
William Lily, *Christian Astrology* Book1, Book2
Claudius Ptolemy, *Tetrabiblos*
Angela M. Sells, *Sabina Spielrein: The Woman and the Myth*
Valens, *Al-Biruni's Book of Instruction in the Elements of the Art of Astrology*, Anthology3,4
カシュテン・アルネス『ザビーナ――ユングとフロイトの運命を変えた女』藤本優子訳、ＮＨＫ出版協会、１９９９年
いけだ笑み『ホラリー占星術』説話社
鏡リュウジ『魂の占星術』Gakken
アルド・カロテヌート『秘密のシンメトリー――ユング・シュピールライン・フロイト』入江良平ほか訳、みすず書房、１９９１年
プトレマイオス、フランク・エグレストン・ロビンズ『テトラビブロス プトレマイオスの占星術書 ロビンズ版』加藤賢一訳、説話社、２０２２年
Hellenistic Astrology　https://www.hellenisticastrology.com/

伝統に基づいた惑星の意味

プロフェクション

田中要一郎

プロフェクションとは

伝統占星術には様々な予測技法があります。プロフェクションはその様々な予測技法のうちのひとつであり、かつては最も普及したものであると言われています。

その歴史はかなり古く、1世紀のマニリウスの『アストロノミカ』やシドンのドロテウスの『占星術の詩 *Carmen Astrologicum*』ですでに紹介されています。しかし、このドロテウスのものとマニリウスのものは異なる部分もあり、おそらくいくつかの方式があったのではないかと思われます。またこれら以降の多くの伝統占星術の文献でもこのプロフェクションは採用されています。例えばヘレニズム期の主要な文献だけでも

シドンのドロテウス（1世紀）『占星術の詩 *Carmen Astrologicum*』
マニリウス（1世紀）『アストロノミカ』
クラウディオス・プトレマイオス（トレミー）（2世紀）『テトラビブロス』
ウェッティス・ヴァレンス（2世紀）『選集』
ユリウス・フィルミカス・マテルヌス（4世紀）『マテーシス』
パウロス・アレキサンドリアヌス（4世紀）『序論』

で紹介され、このプロフェクションという技法は長い時代使われていましたが、西洋伝統占星術

が18世紀以降廃れていくに伴って、使用されなくなっていきました。

近代のアラン・レオ以降の現代占星術では忘れ去られていた技法でしたが、17世紀のウィリアム・リリーの『クリスチャン・アストロロジー』がイギリスで復刻され、1980年代半ばに西洋伝統占星術が復興するのと同時に再びプロフェクションが研究されることになります。2000年初頭頃から欧米の伝統派の占星術家の間で研究、復元され、多くの占星術家から「パワフルな予測技法」と評され、現在、多くの伝統派が採用する予測技法となっています。

現代占星術と伝統占星術の予測技法の考え方には少しばかり違いがあります。

現代占星術の予測技法では実際の惑星の動きを重要視する場合が多いかもしれません。トランジットでは実際の惑星の動きを見て、アスペクトやコンジャンクションが形成される時期が判断の基準となりますし、セカンダリー・プログレッションの1日1年法では数日後の実際の惑星の動きを見て判断します。

伝統占星術でもそういった動きを見ますが、それに加えて、実際の惑星の動きとは関係なく、チャートの惑星の配置を一定の割合で動かしていく予測法が存在します。またトランジットでのアスペクトやコンジャンクションを形成する時期よりも、もっと長い期間での人生の数年間単位の予測技法もあります。

この人生の数年間を予測するというのは、まず人生をいくつかの数年間、数カ月の期間に分け、その期間をある惑星が管理し、支配すると考えるものです。この方法では人生のある期間を予測したいのなら、その期間を支配する惑星を解釈することで判断します。

この伝統占星術での、人生のある一定の期間を予測する技法はいくつもあり、それらをタイム・ロード（期間のロード）システムと総称します。このタイム・ロードシステムは、インド占星術のダシャーシステムに近いものです。インド占星術のダシャーシステムでも人生のある期間は特定の惑星が支配すると考え、予測する場合はその惑星を中心に判断します。

タイム・ロードシステムはいくつか種類があり、ひとつで判断する場合もありますが、そのタイム・ロードシステムをいくつか組み合わせて予測していきます。そして同じような事柄が複数の予測技法で重なって出てくる場合は、その予測される出来事が起こる可能性は高くなります。

プロフェクションもそのようなタイム・ロードシステムのひとつの予測技法であり、人生を一年ごとに判断していくことになります。

惑星、ハウスシステム、アスペクト

プロフェクションの説明に入る前に前提として、伝統占星術で使用する惑星、ハウスシステム、そしてアスペクトを説明したいと思います。

伝統占星術で使用する惑星は土星、木星、火星、太陽、金星、水星、月の7つで、肉眼で見える惑星のみを使用します。ですから、天王星、海王星、冥王星といった望遠鏡が発展してから発見された惑星は使用しません。またドラゴンヘッド、ドラゴンテイル[1]、ロットを使用します。

ドラゴンヘッドは拡大の意味を持ち、ドラゴンテイルは損失の意味を持ちます。ロットとはパートとも呼ばれますが、日本では「アラビックパーツ」という名称で有名です。アラビックと付いて

1 『鏡リュウジの占星術の教科書Ⅳ』16ページ

カール・グスタフ・ユングの出生図

図 1：プラシーダスハウスシステム

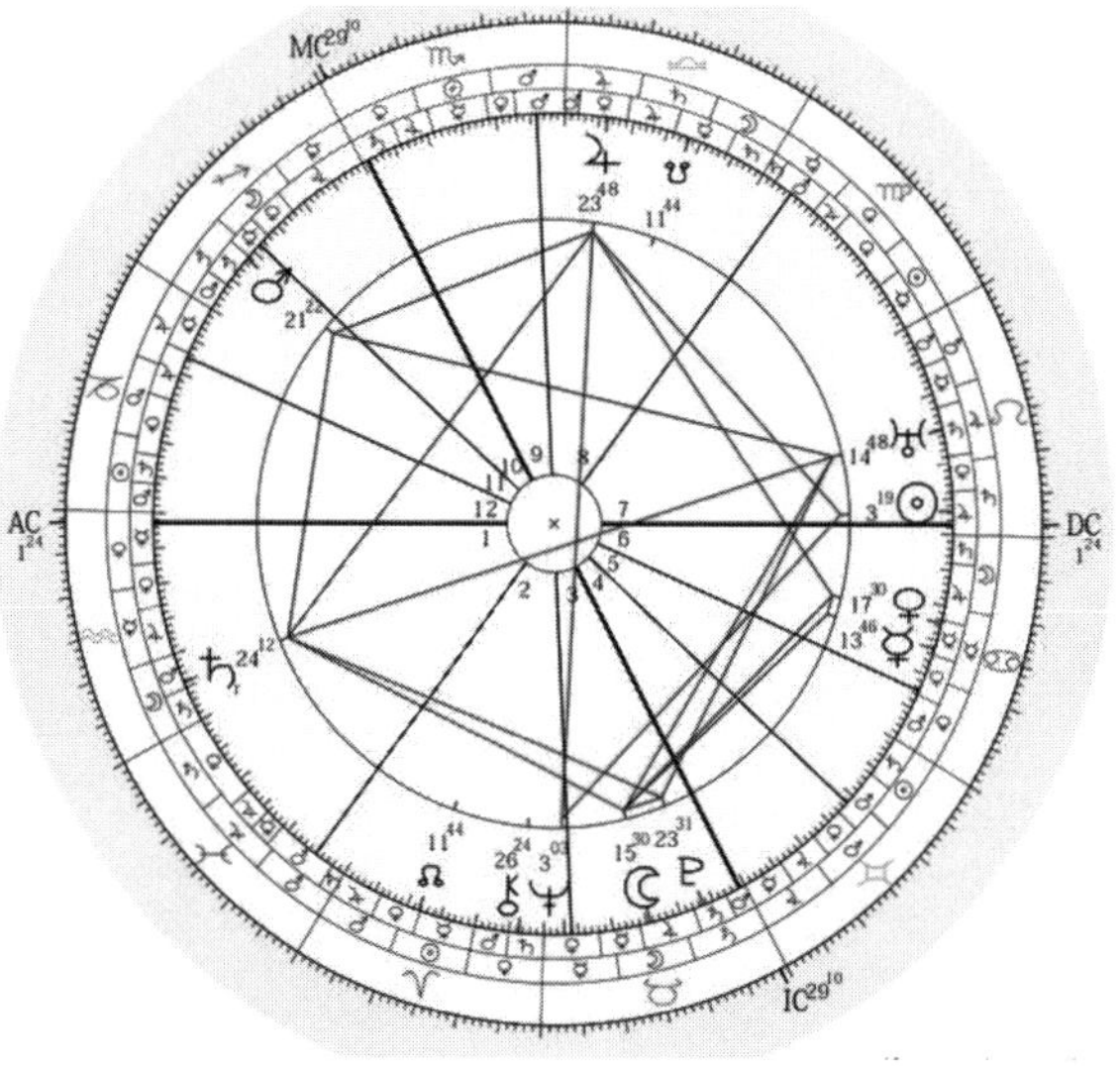

図 2：ホールサインハウスシステム

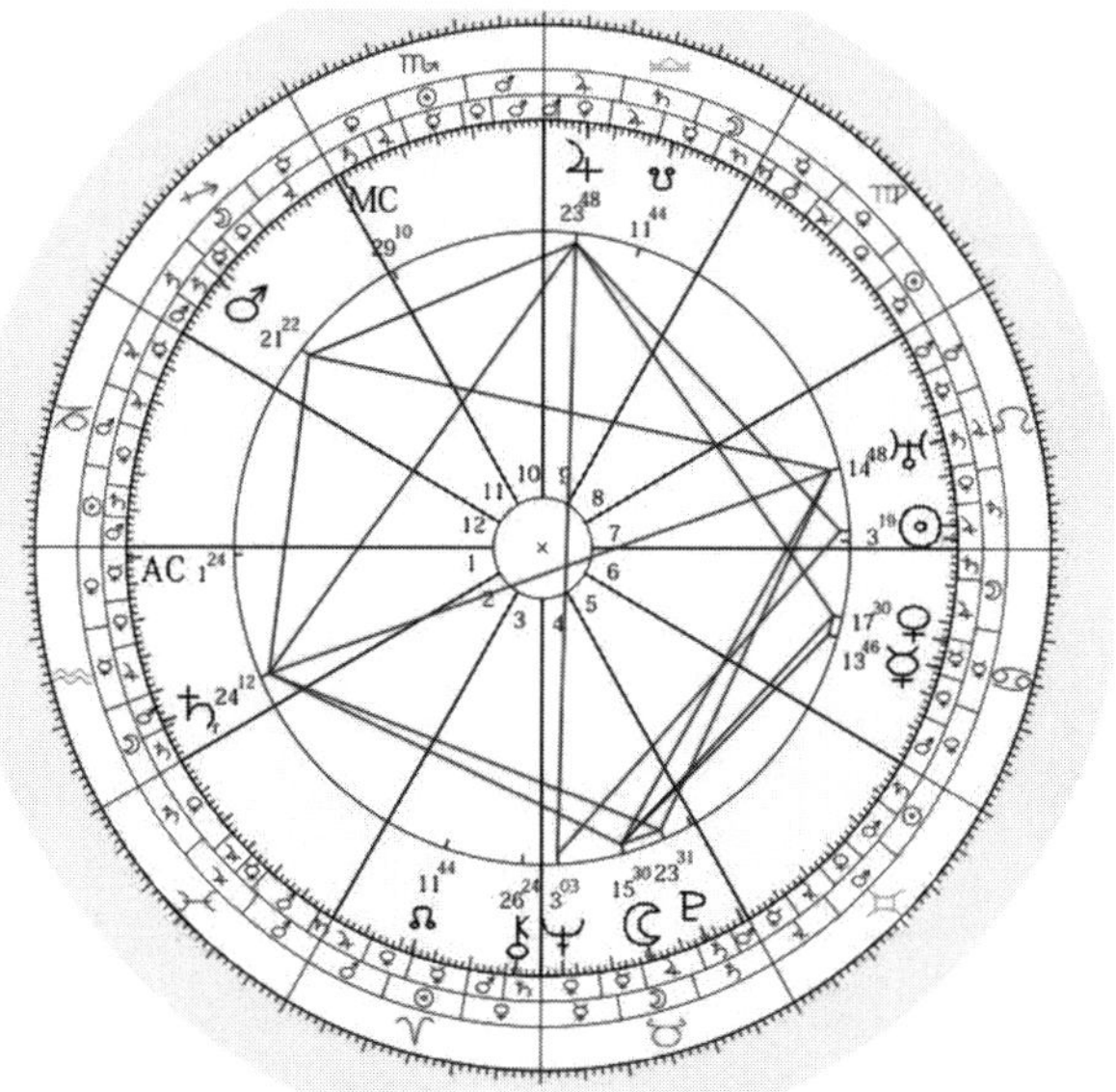

いますが、ヘレニズム期から存在します。一般的には二つの惑星やポイント間の度数の距離をとり、それと同じ度数を別のポイント、通常はアセンダントから獣帯の順方向にとります。ロットの種類は非常に多いのですが、多くの場合使用されるのは幸運のロット（パート・オブ・フォーチュン）で、本書でも幸運のロットのみを使用します。幸運のロットは物質的な幸運を意味します。

出生図の判断で恒星を使用する場合がありますが、今回は使用しません。

ホールサインハウスシステムを使ってみよう

次に使用するハウスシステムですが、最も古いハウスシステムであろうと考えられるホールサインハウスシステムを使用します。ホールサインシステムはサインとハウスを一致させるハウスシステムです。ではカール・グスタフ・ユングの出生図を見てみましょう。[2] 図1と図2をご覧ください。図1は現代占星術の代表的なハウスシステムであるプラシーダスハウスシステムの出生図です。図2は現在の伝統占星術で主流になっているホールサインハウスシステムです。違いが分かるでしょうか？　ユングのアセンダントは水瓶座1度33分にあるので、ホールサインハウスシステム（図2）では水瓶座全体が1ハウスになります。そして魚座が2ハウスになり、牡羊座が3ハウス、牡牛座が4ハウス……となり、サインとハウスがすべて一致します。

プラシーダスハウスシステム（図1）では、アセンダントの度数は同じであっても1ハウスはかなり大きく、水瓶座だけではなく、魚座の大部分までが1ハウスになります。2ハウスは魚座25度18分から始まり、牡羊座はインターセプトとなり、まるまる2ハウスに入っていて、牡牛座の最初のあたりまでが2ハウスになります。そして3ハウスは牡牛座4度9分から始まり、ホールサインハウスシステム（図2）と比べるなら、大きくひとつずれてしまうことになります。惑星の位置で言うと、プラシーダスハウスシステム（図1）では月は3ハウスに位置しますが、ホールサインハウスシステム（図2）では4ハウスに位置することになります。一方で10ハウスの始まりは蠍座のほ

2　出生データ＝1875年7月26日19時32分（LMT）、スイス、ケスヴィル生まれ　使用ソフトウェア＝Astrodienst（アセンダントは水瓶座1度33分）

ぼ終わりで、そこから水瓶座の最初までの範囲に10ハウス、11ハウス、12ハウスがありますが、おおよそサイン2つ分にハウスが3つ存在することになります。

現代占星術のチャートに慣れている方はホールサインハウスで初めてチャートを作った時に、自分の見慣れたチャートからすると、違和感を持つ方も多く、また中にはホールサインハウスシステムに対して拒絶感を抱く方すらいるかもしれません。特に自分の出生図でハウスが変わってしまい、惑星のハウスの位置が変わる場合です。ましてや惑星が悪いハウスに移動すればなおさらでしょう。

しかし古代においてはこのホールサインは早いうちから、長い間、広い地域で使用されていました。確かにプラシーダスに代表されるような四分円のハウスシステム、当時で言うならポーフィリーハウスシステムやアルカビティウスセミアークハウスシステムは古代でも使用され、ホールサインハウスシステムと併用されています。

現在の調査によると、四分円のハウスシステムはヘレニズム初期においては、占星術全般というより特定の技法において使用されていたのではないかとも考えられています。このホールサインハウスシステムは、西洋伝統占星術だけでなく、インド占星術や中国の七政四余においても使用されていますので、世界的に考えるならそれほど異質なハウスシステムではないということです。

このホールサインハウスシステムは伝統占星術の復興でかなり普及していますので、現在のホロスコープアプリのほとんどではハウスシステムとしてホールサインハウスシステムを選択できるようになっています。オンラインでのチャートサービスやアプリを使用すれば簡単にホールサインハウスシステムに設定することができます。

Astrodienst（Astro.com）を使った
ホールサインハウスシステムのチャートの出力方法

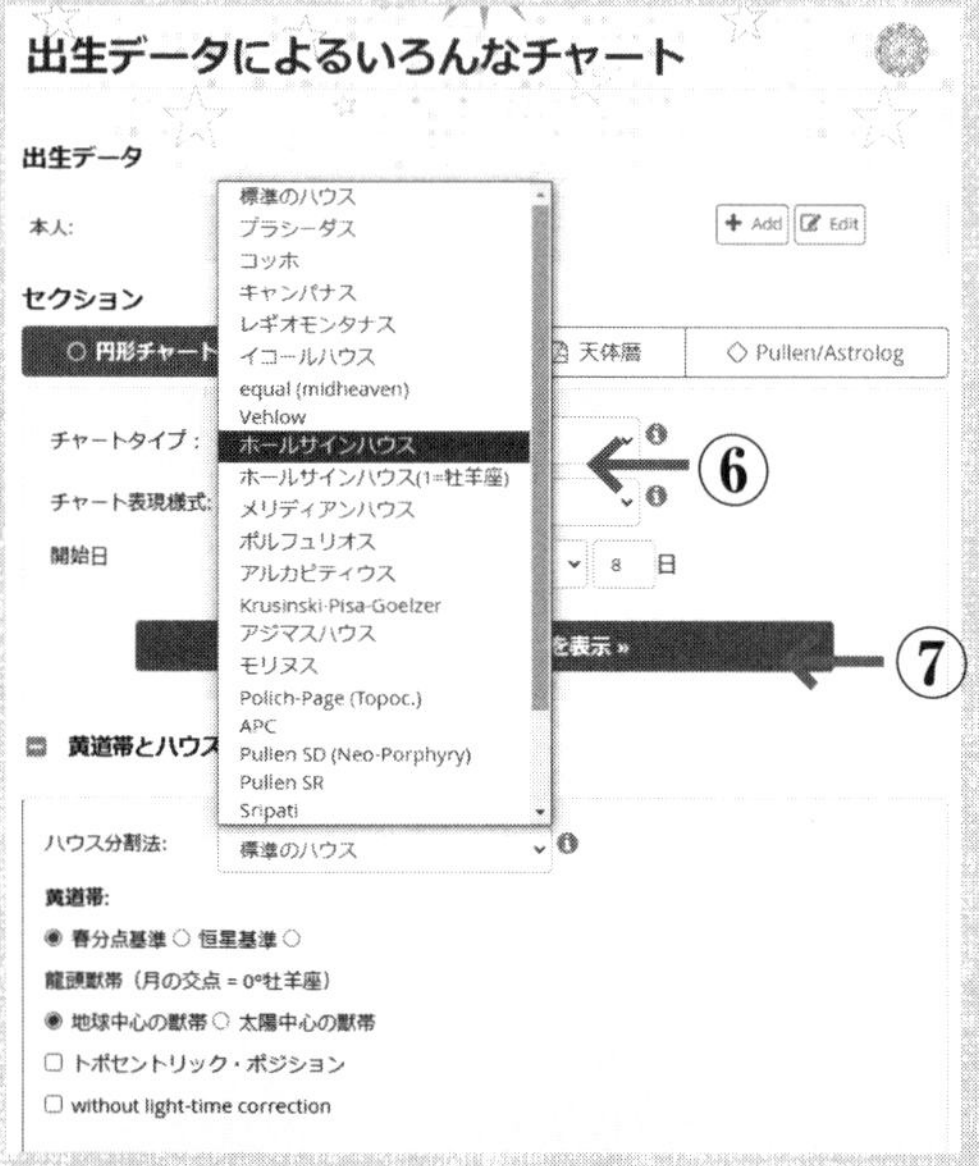

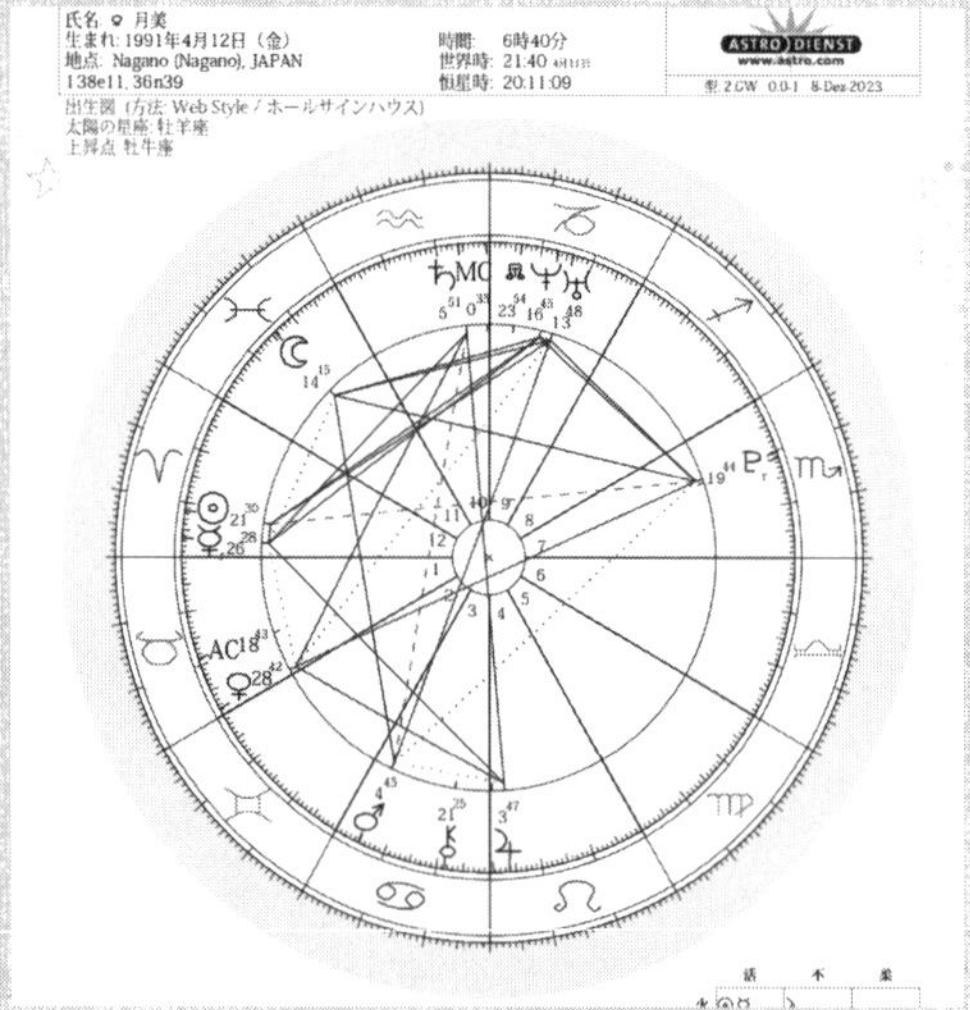

無料ホロスコープチャート作成サービスでホールサインハウスシステムのチャートを出力する方法をご紹介します。

Astrodienst でのチャートの出力方法は、まず●●ページをご参照ください。①〜⑤の手順までは同じです。

出生データ入力後「続ける」をクリック、移動したページで改めて「出生データによるいろんなチャート」を選択します。出てきた画面の中央あたりの「セクション」では「円形チャート」が選択されています。

⑥「黄道帯とハウス分割法のオプション」の「ハウス分割法」の欄から「ホールサインハウス」を選択。

⑦「クリックしてチャートを表示」をクリックすると、ホールサインハウスシステムのチャートが表示されます。

Astro-Seekを使った
ホールサインハウスシステムのチャートの出力方法

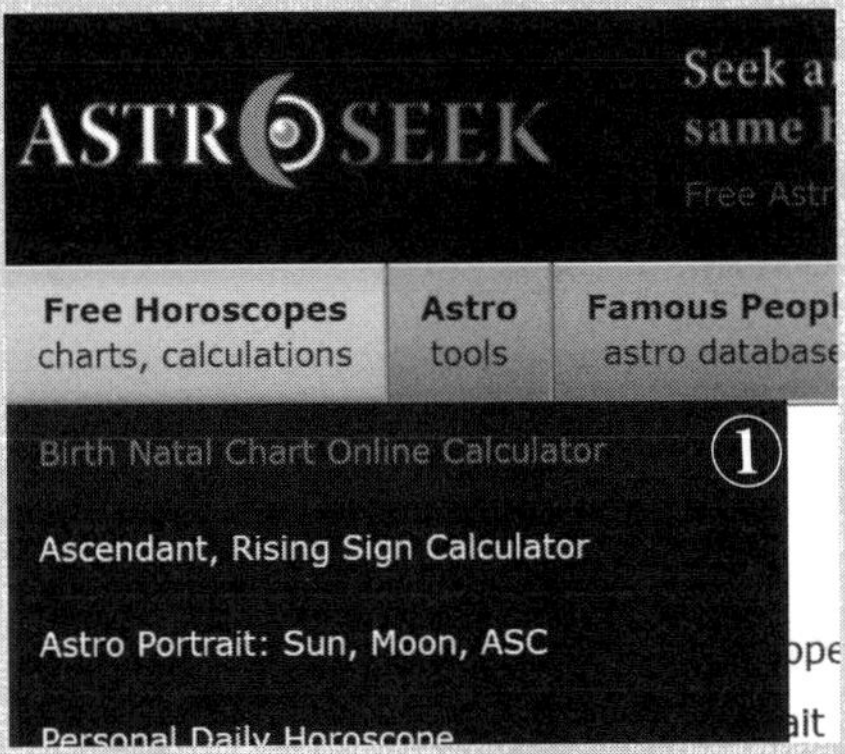

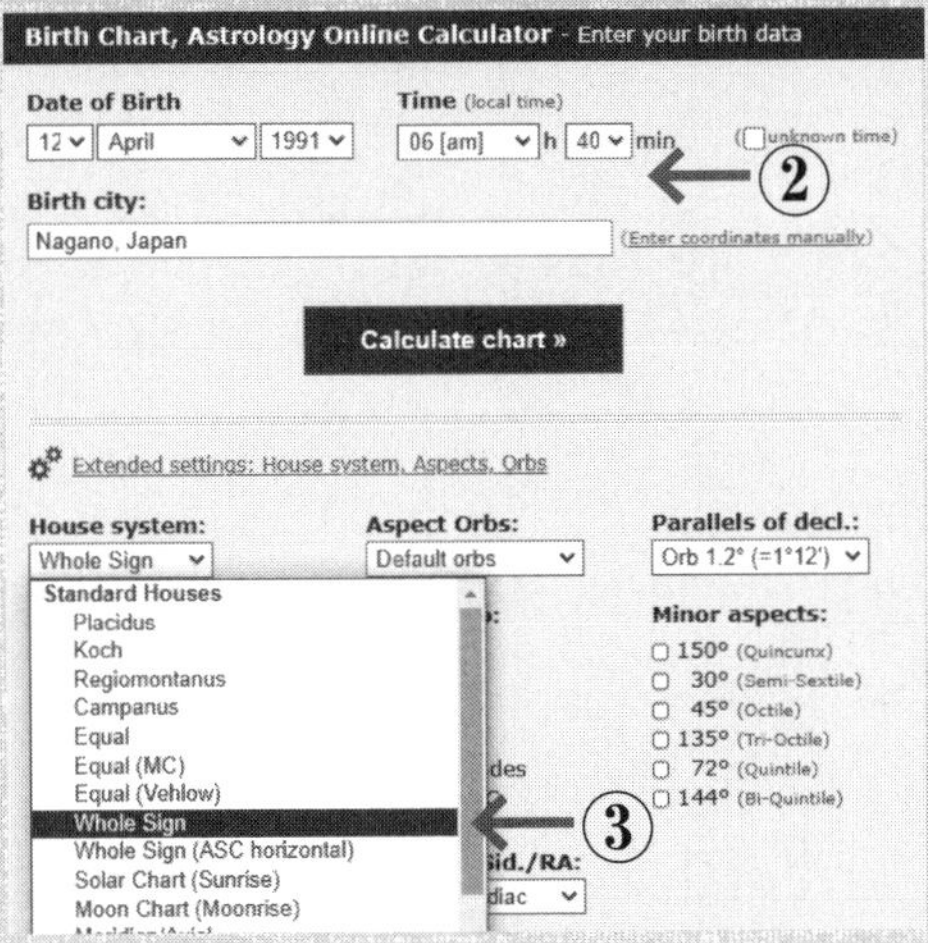

Astro Seekで検索するか、https://www.astro-seek.com/と入力してアクセスします。

①サイト上部にある「Free Horoscopes charts, calculations」から、「Birth Natal Chart Online Calculator」をクリックします。

②次のページ中ほどの「Birth Chart, Astrology Online Calculator」に出生データを入力

③「Extended settings:House system,Aspect,Orbs」をクリックし、
「House System:」から
「Whole Sign」を選び、
「Calculate chart」をクリックすればチャートが表示されます。

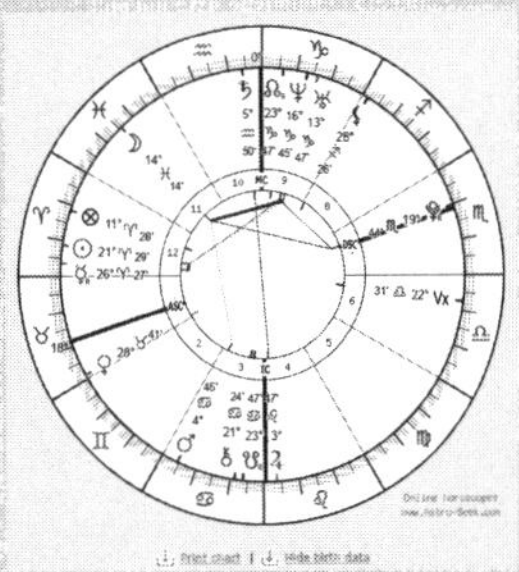

アスペクト

アスペクトに関してですが、ここでは現代占星術で言うところのメジャーアスペクトのみを使用します。つまりセクスタイル、スクエア、トライン、オポジションです。またもちろんコンジャンクションも使用します(コンジャンクションは厳密にはアスペクトとは呼びません)。そしてホールサインアスペクトと言って、サイン間でのアスペクトを使用します。セクスタイルはサイン3つ分、スクエアはサイン4つ分、トラインはサイン5つ分、オポジションはサイン7つ分、コンジャンクションは同じサインになります。

例えば図2で考えると、射手座の火星と水瓶座の土星はサイン3つ分なのでセクスタイルになり、牡牛座の月は蟹座の水星と金星とセクスタイルになります。獅子座の初めにある太陽と天秤座の後のほうにある木星もサイン3つ分なのでセクスタイルになります。ヘレニズム期ではこのホールサインアスペクトに加え度数でのアスペクトも併用していました。様々な定義がありますが、紙面の都合もあり、本書では簡単に、度数が近くなればなるほど、その力は大きくなり、3度以内はアスペクトの影響がかなり強いと考えてください。3度以内というのは惑星の度数に対して、前3度、後3度です。

つまり、まずホールサインアスペクトが成立しているのかを見てから、度数が3度以内であれば、そのアスペクトはかなり強力だと考えます。

プロフェクションの使い方

それではプロフェクションの説明に戻りたいと思います。

このプロフェクションという予測技法には、複雑なやり方もあるのですが、基本的なやり方は非常にシンプルです。プロフェクションという言葉は、ラテン語のProfectio「出発」「旅に出る」という言葉から来ていますが、このProfectioはラテン語の動詞proficio「前進」に由来します。

プロフェクションという予測技法は1年ごとにアセンダントをサインの順に動かす、つまり「前進」させていきます。1年の始まりはソーラーリターン[3]と同じで、出生図の太陽の位置に太陽が戻ってきた瞬間からその出生図の持ち主の新たな1年が始まります。そして進んできたハウスにある惑星、そしてそのサインの支配星を見てその1年を判断します（進め方は歴史的にはいくつかありますが、ここでは最もシンプルにアセンダントのみを進めます）。

3　『鏡リュウジの占星術の教科書Ⅲ』258ページ

プロフェクションのサインの支配星

惑星	支配星座
太陽	獅子座
月	蟹座
水星	双子座 乙女座
金星	牡牛座 天秤座
火星	牡羊座 蠍座
木星	射手座 魚座
土星	山羊座 水瓶座

水瓶座は天王星が支配星ではなく土星
魚座は海王星が支配星ではなく木星
蠍座は冥王星が支配星ではなく火星
太陽と月は支配するサインは１つですが、それ以外の惑星は支配するサインが２つあります。

このサインの支配星（ロード）はその1年間を代表する「年間のロード」と呼ばれ、クロノクレーターとも呼ばれます。ちなみにこのサインの支配星は現在使用されている外惑星を使用したものではなく、伝統的な7つの惑星を使用したものを使用します。

アセンダントの進め方

アセンダントの進め方ですが、生まれたばかりの0歳ではアセンダントは1ハウスです。1ハウスにある惑星とそのサインの支配星でその1年を判断します。1歳では2ハウスに進み、2ハウス

Astro-Seekで
プロフェクションの一覧表を出す

まずは9ページ①〜⑦の手順で出生図を出します。

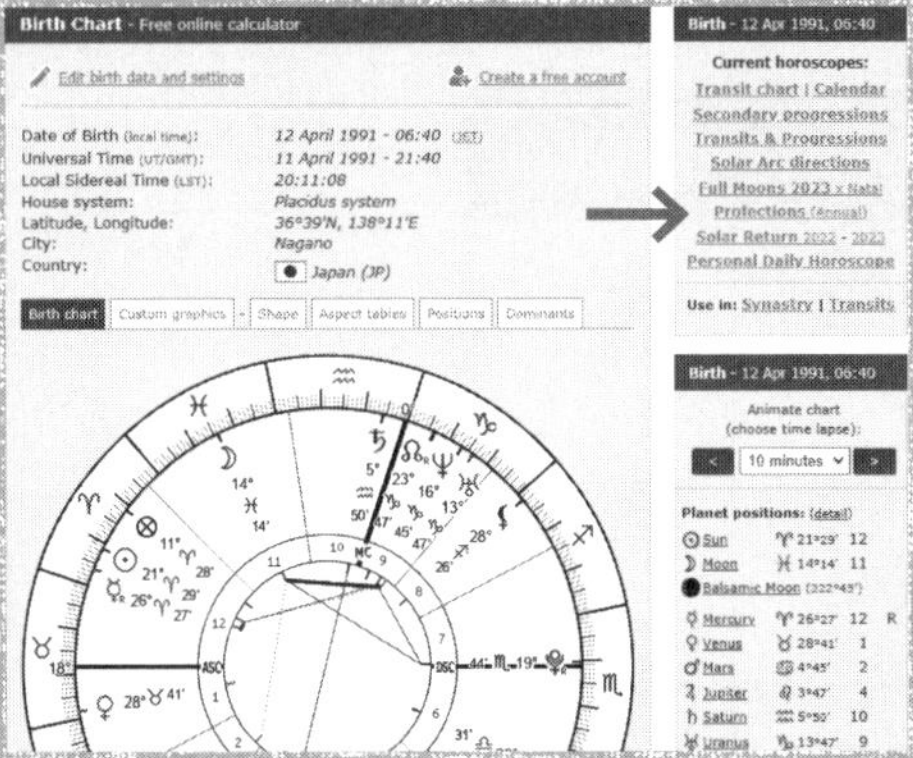

右上の「Current horoscopes:」の欄から「profections(Annual)」を選択してクリックするとプロフェクションの表が出ます。サイト上でオレンジ色で表示される部分が今現在の年齢でプロフェクションが来ているハウスになります。

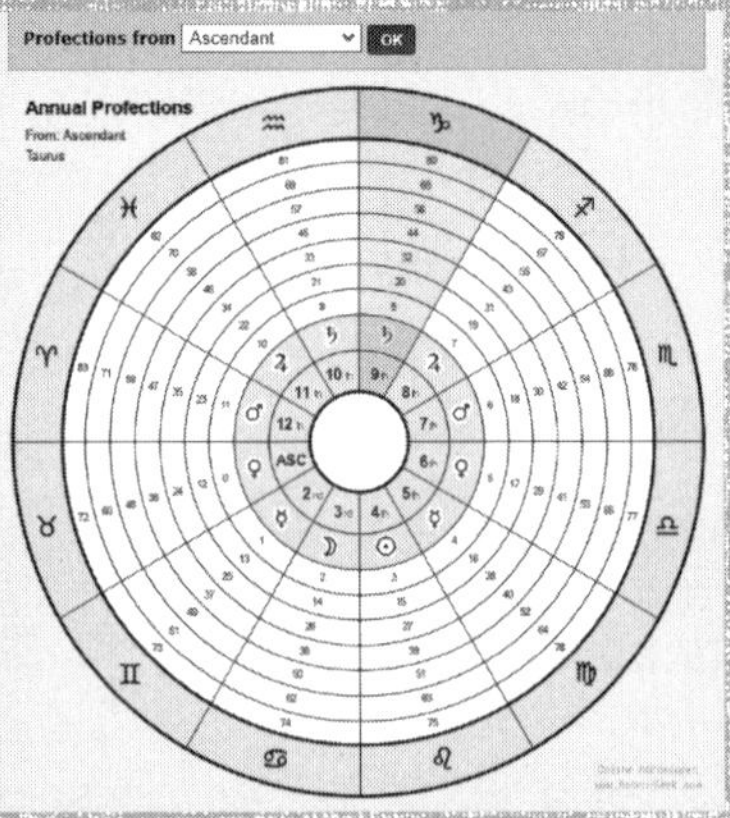

これを使用すれば、今どのハウスのプロフェクションに来ているかがすぐに分かります。

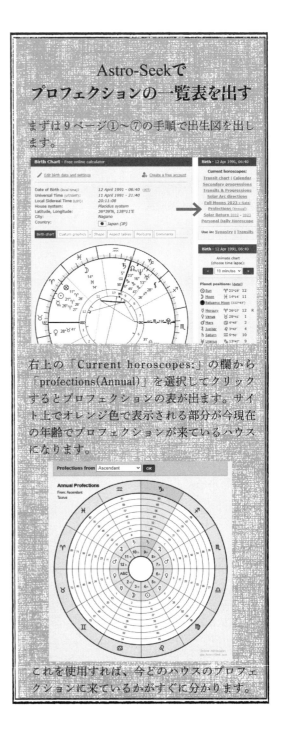

にある惑星とそのサインの支配星で判断します。2歳では3ハウスに進み、3ハウスにある惑星とそのサインの支配星で判断します。3歳では4ハウスに進み……と続けていきます。12歳の時には1ハウスに再び戻ってきます。そして13歳で2ハウス、14歳で3ハウス……と進み、24歳でまた1ハウスに戻ります。つまり、0歳、12歳、24歳、36歳、48歳、60歳……と12の倍数の年齢の時に1ハウスに戻ってきます。

プロフェクションは1年ごとにサインが進んでいきますが、これはつまり12年に1度に回ってくるハウス、そのハウスにある惑星、そのサインの支配星、それらのアスペクトの働きが活発になるということです。

前提として伝統占星術では出生チャートのすべての惑星が常に活発であるとは考えないのです。プロフェクションでは、人生のある時期に、プロフェクションで巡ってきたハウス、そこにある惑星、そして支配星、それらのアスペクトが、巡ってきたその1年間活発になると考えます。例えば、2ハウスに火星があって、8ハウスの何かしらの惑星とオポジションにあるなら、2ハウスのオポジションが意味する対立が人生で常にあるのではなく、プロフェクションで2ハウスに巡ってきたその1年間にそのような2ハウスに関係したもめごとなり対立が起こると考えます。

このように例えばプロフェクションで2ハウスにアセンダントが進んできた時には、「2ハウスプロフェクションの年」、3ハウスにアセンダントが進んできた時には、「3ハウスプロフェクションの年」といったように「×ハウスプロフェクションの年」と呼びます。

そして、そのハウスが意味することが1年のテーマになります。例えば「2ハウスプロフェクションの年」なら金銭、「3ハウスプロフェクションの年」には兄弟姉妹、旅行などです。

各ハウスの意味

ハウス	特性
第1ハウス	健康、生命、体型、顔貌、自己、自分自身
第2ハウス	財産と富、家財、味方、（死）
第3ハウス	兄弟、姉妹、親戚、隣人、小旅行、女神、女王、王権、権威、移動、噂、手紙、友人
第4ハウス	両親、父、土地、世襲財産、不動産、建物、基礎になるもの、終わり、結果（死）
第5ハウス	息子と娘、祝宴、遊び、喜びごと、幸運、演劇
第6ハウス	使用人、小さな動物、病気、怪我、労働
第7ハウス	パートナー、配偶者、結婚、協力、訴訟、外交問題、公的な敵、（死）
第8ハウス	死、故人の財産、配偶者の財産、遺産
第9ハウス	神、宗教、神託、夢、占星術、信仰心、外国、長旅や航海、宗教に属している物事や人、国王、科学、学習、学問
第10ハウス	仕事、公職、権力、名誉、王、最高位、地位の高い人、母、天職
第11ハウス	友人、信用、希望、幸運、獲得、議会、協会、コミュニティ
第12ハウス	隠れた敵、大きな動物、苦痛、監禁、病院、自由のきかない状況

右ページに伝統占星術でのハウスの意味をまとめますが、あまりにも古い意味は現代的に解釈し直す必要があります。例えば、かつての「王」は現代では地位の高い人であったり、社長と考えても良いでしょう。ただし伝統的な占星術では基本的に心理的な解釈よりはむしろ具体的に解釈します。

いくつか補足したいと思います。基本的にオポジションの関係にあるハウスの意味は対になっています。1ハウスは出生図の持ち主本人で7ハウスはパートナー、配偶者。3ハウスは女神のハウスであり、9ハウスは神のハウスです。また3ハウスは小旅行ですし、9ハウスは長旅になります。6ハウスは小さな動物で、12ハウスは大きな動物です。

4ハウスは両親で、父母を分けるなら、4ハウスは父になり、10ハウスは母になります。この意味は現代占星術では全く逆になります。4ハウスが母として定着したのは、近代のアラン・レオよりも後の世代からになります。

ところでこうして見ると、全体的に死を意味するハウスが多い印象を持つと思います。基本的に死を意味するのは8ハウスです。その他に死を意味するハウスがいくつかあります。2ハウスは「ハーデスの門」と呼ばれ、死を意味します。2ハウスが死を意味するというのは、インド占星術でも同じです。4ハウスは最も地下になるので死を意味し、7ハウスは日没のハウスなので死を意味します。12のハウスの中で死を意味するものは4つもあり、3分の1を占めます。古代世界ではそれだけ死というものが身近だったのでしょう。ここでは、基本的には8ハウスを死のハウスとします。

ハウスの中で悪い意味を持つハウスは6、8、12ハウスになります。なぜこれらのハウスは意味が悪いのでしょうか？　それはアセンダントのある1ハウスから見て、ホールサインアスペクトが形成されないハウスだからです。

現代占星術では30度のアスペクトであるセミセクスタイルや150度のクインカンクスがあるので、アスペクトが形成されると考えますが、伝統的には考えません。アスペクトが形成できない、つまりアセンダントから見ることができない場所であるので（アスペクトは「見る」という意味）、2ハウス以外は悪い場所ということになります。ではなぜ2ハウスは悪い意味ではないのでしょう？

ハーデスの門であるので、死を意味するため、悪い意味はなくはないのですが、金銭のハウスですし、地平線から惑星が上昇する直前のハウスであるからではないかなど諸説あります。

それから8ハウスには配偶者の財産というのがありますが、これは配偶者である7ハウスを1ハウスにした場合、8ハウスは7ハウスにとっての2ハウスになるからです。このようにあるハウスを1ハウスと考えることから別のハウスの意味が導き出されることがあります。例えば父親の兄弟である叔父のハウスはどれかを考える場合、父である4ハウスを1ハウスに考え、4ハウスから見た兄弟のハウスである3ハウスとなる6ハウスが叔父のハウスになります。こうすることで様々な意味が導かれることになりますが、基本的な意味はここで挙げた意味になります（80ページ表）。

アセンダントが進んできた時のハウスの意味がその1年のテーマになりますが、ホールサインハウスシステムで進めていく時に注意点があります。ホールサインハウスシステムでは12のハウスはもちろん使用しますが、アセンダント、ディセンダント、そしてMC、ICといったポイントも使用します。アセンダント、ディセンダントは問題ありませんが、このMCとICに関して言うと、MCが10ハウスに、ICが4ハウスになく、左右のハウスにずれる時があります。例えばエリザベス

図3：エリザベス2世

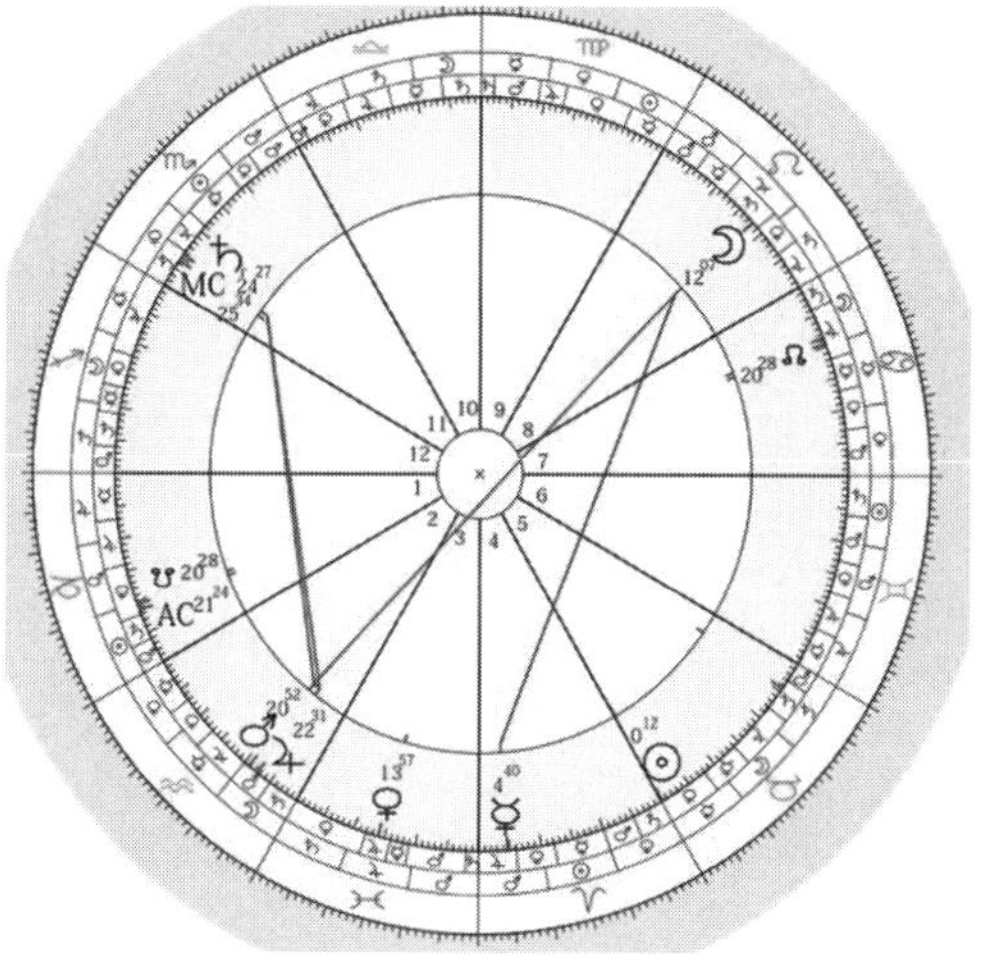

2世の出生図（図3）をご覧ください。エリザベス2世のMCは10ハウスにMCがあるのではなく、11ハウスにあります。この場合、プロフェクションでMCのない10ハウスやMCのある11ハウスをどのように考えればよいのでしょうか？　MCは基本的に10ハウスと同じ意味を持ちます。MCがない10ハウスは、MCがなくても10ハウスの意味になりますが、MCのある11ハウスは11ハウスの友人、同僚、仲間などの意味に加え、10ハウスの仕事などの意味が加わります。MCが9ハウスにある場合、9ハウスの旅行や宗教の意味に仕事などの10ハウスの意味が加わります。これはICも同様です。ICは4ハウスの意味を持つので、両親や家庭の意味があります。3ハウスにICがあれば、兄弟姉妹や旅行の意味に4ハウスの意味が加わり、5ハウスにあれば、子供や喜びごとに4ハウスの意味が加わります。つまり、意味が重複するということです。

では具体的にプロフェクションで巡ってきたハウスのテーマが活発になる実例を見ていきますが、ここで注意したいのは、プロフェクションのハウスが示すのは、あくまで本人にとって、その年に重要となるテーマであり、テーマそのものには良し悪しはないということです。それは6、8、12ハウスであってもです。良し悪しは、惑星やアスペクトなどが担います。

図４：ドナルド・トランプ

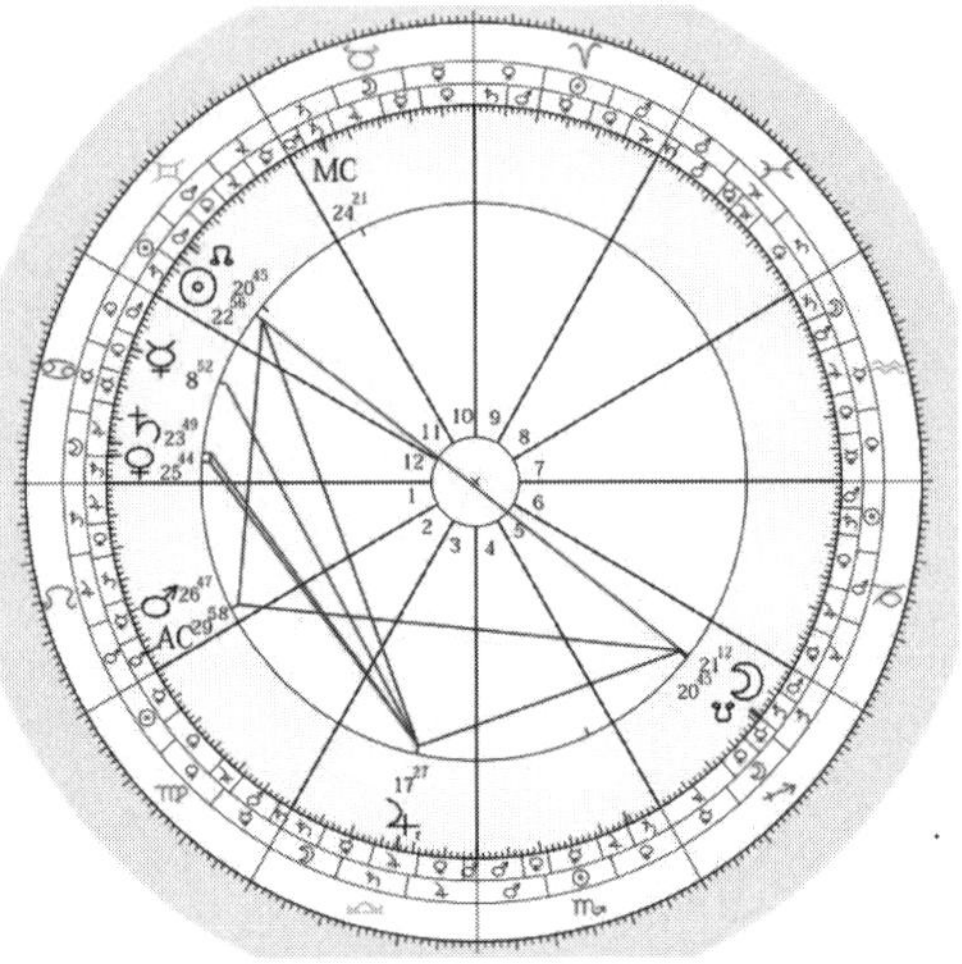

図５：ヒラリー・クリントン

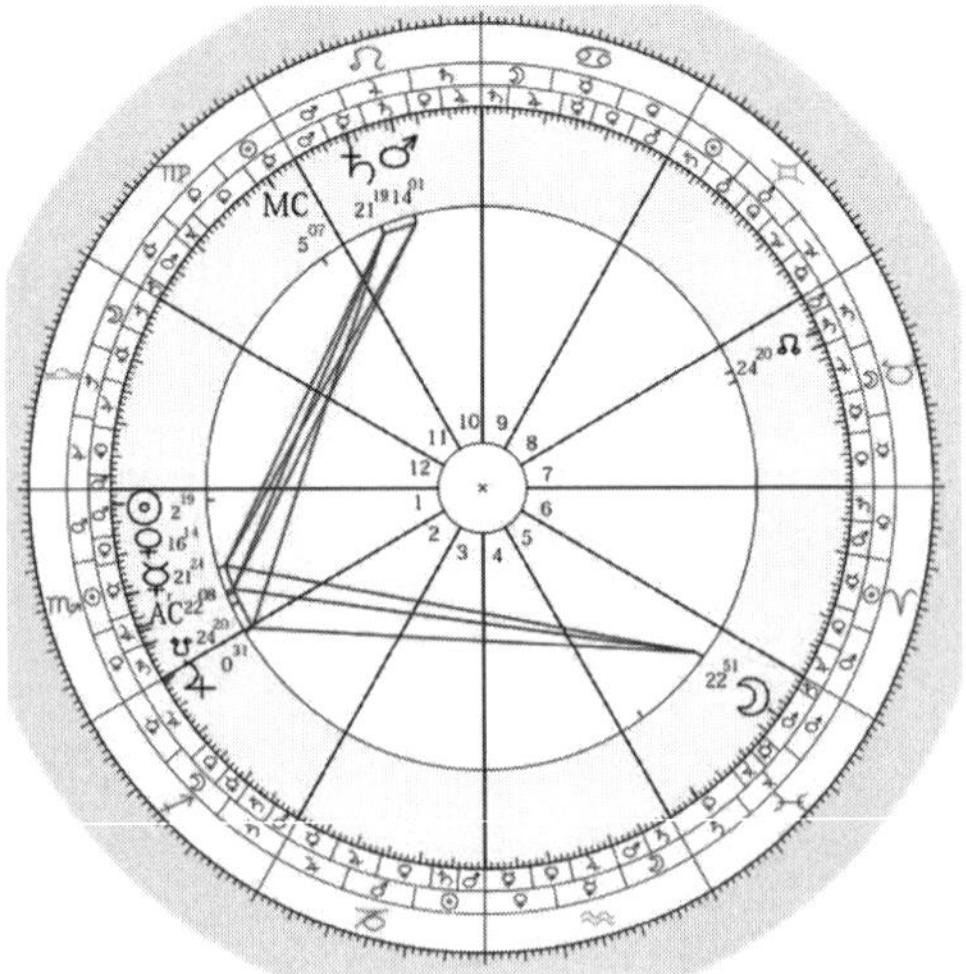

実例

エリザベス２世（図３）

エリザベス２世は１９２６年４月21日に生まれ、１９４７年11月に婚礼を挙げました。婚約したのは21歳の時ですから10ハウスプロフェクションになります。

10ハウスは公職や権力、名誉のハウスですので、これらがテーマになる１年間になります。

ドナルド・トランプ（図4）

ドナルド・トランプは1946年6月14日生まれで、2016年11月の大統領選挙で当選しました。その時は70歳なので11ハウスプロフェクションになります。11ハウスは友人や獲得、議会がテーマになります。

ヒラリー・クリントン（図5）

ヒラリー・クリントンは1947年10月26日生まれで、2016年11月の大統領選挙でドナルド・トランプとの激しい戦いで負けました。それは69歳で10ハウスプロフェクションになります。10ハウスは公職や権力、名誉のハウスですので、これらがテーマになる1年間になります。

図6：チャールズ3世

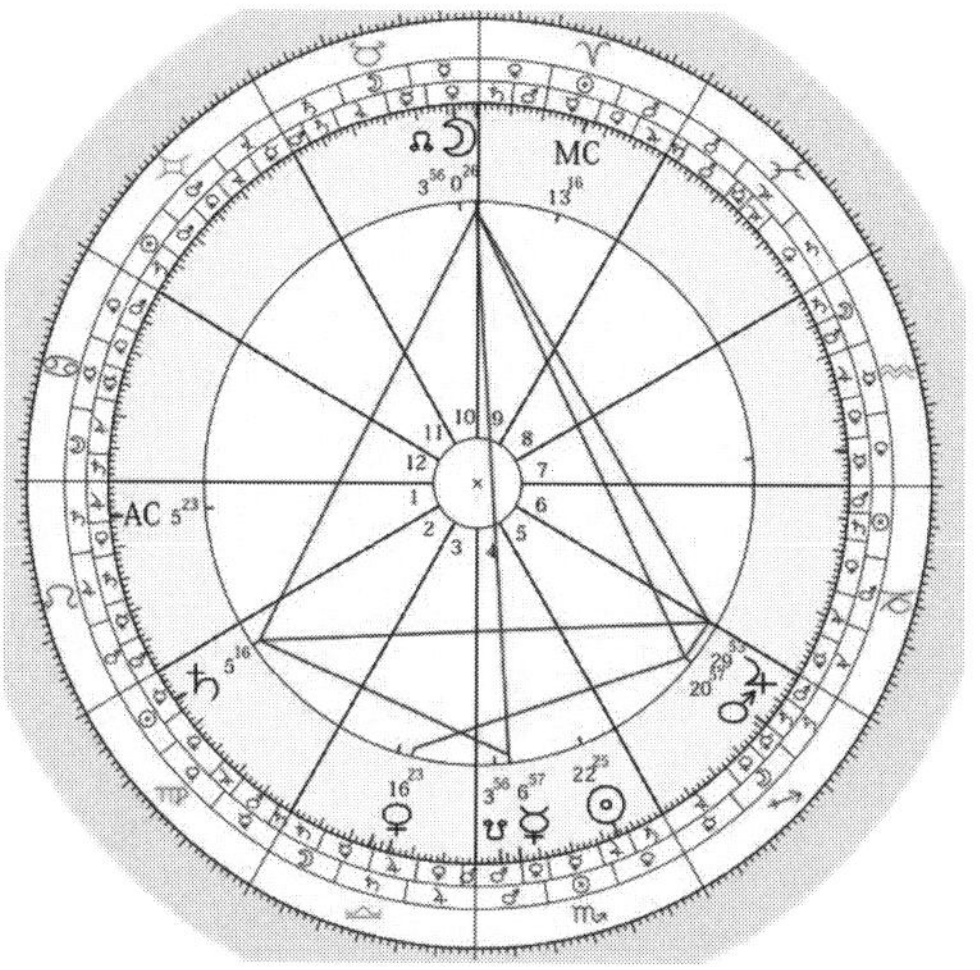

チャールズ3世（図6）

チャールズ3世は1948年11月14日 生まれで、1981年7月29日にダイアナとセント・ポール大聖堂で結婚式が挙げられました。これはまだ32歳のことで9ハウスプロフェクションの年で宗教や宗教に関すること

（教会での結婚式）がテーマになります。またカミラと2005年4月にウィンザー城礼拝堂で正式に婚姻を結び、再婚。これは56歳のことで、不思議なことにこれも9ハウスプロフェクションになります。

図7：ダイアナ

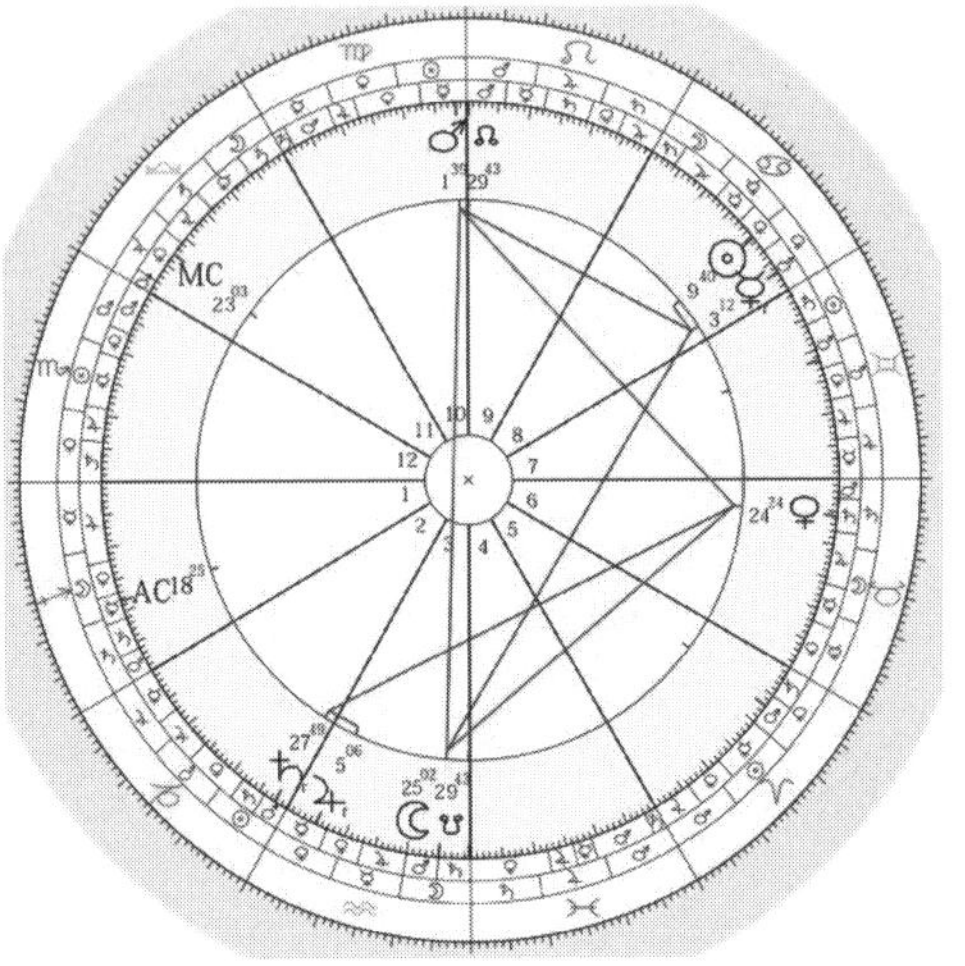

ダイアナ（図7）

1961年7月1日生まれで、1997年8月31日に交通事故で亡くなりました。36歳のことで、1ハウスプロフェクションになり、1ハウスは健康、生命がテーマになります。

ハウスにある惑星やそのハウスの支配星の解釈

次にハウスにある惑星やそのハウスの支配星の解釈についてです。

伝統占星術では肉眼で見える惑星7つを使用するというのはお話ししましたが、惑星の状態によってその惑星の質が良くなったり、悪くなったり、良し悪しの強弱が変わります。

惑星の状態を判断する条件が伝統占星術にはいくつかありますので、ご紹介します。

まずはセクトです。

セクト

このセクト sect という言葉は、英語では党派、学派、宗派の意味で、ギリシャ語では αιρεσις アイレシスと言います。セクトはチャートや惑星などを昼と夜の2つのグループに分ける概念です。このセクトの概念を使用することで、2つの吉星のうちどちらがそのチャートではより吉星か、2つの凶星のうちどちらがそのチャートにとってより凶星かが分かります。

まず出生図を含めホロスコープチャートは昼のチャートと夜のチャートに分けられます。「昼」というのは、地平線の上に太陽があるチャートのことで、地平線であるアセンダントとディセンダントのラインよりも上に太陽があるチャートになります。一方で夜のチャートは太陽が地平線であるアセンダントとディセンダントのラインの下にあることです。古典にはよく「昼生まれなら……」「夜生まれなら……」という記述がありますが、これがセクトの概念になります。

注意点ですが、月の位置は関係ありません。昼か夜かを決めるのはあくまで太陽です。昼でも地平線の上にあまり見えなくても月があることはありますし、夜だからといってかならず月が地平線の上にあるとは限りません。新月前後の月はホロスコープ上では太陽の近くにあるので、太陽が沈むと、それに伴って月も沈むので、夜には地平線より上に月も（もちろん）太陽もないチャートになる場合があります。

ただし、この原則に反して、アセンダントとディセンダントのラインよりも下に太陽があっても昼のチャートと判断される場合があります。

例えば、太陽が地平線の下にあっても、朝に太陽が昇ってくる少し前にはすでに空は白み始めます。また夕方に太陽が地平線の下に沈んでもしばらく空に明るさは残っています。したがって、アセンダントとディセンダントよりも数度下までは昼のチャートになります。「何度まで下なら昼のチャートか？」という問題については、まだ議論の余地がありますが、6度くらい下であっても昼のチャートの場合があります。あくまで私の考えですが、アセンダントとディセンダントより7・5度下までは昼のチャートではないでしょうか。

惑星のセクト

次に惑星も昼のセクト、夜のセクトに分けられます。

昼のセクトのリーダーは太陽で、夜のセクトのリーダーは月になります。これはイメージとして簡単に結びつくと思います。そしてこのセクトのリーダーはセクトライトと呼ばれます。他の5つの惑星も含めて、惑星は以下のように昼と夜のセクトに分けられます。

	昼	夜
ライト	太陽	月
吉星	木星	金星
凶星	土星	火星
中立	＝ 水星	

最後の水星は昼にも夜にも属さない中立になります。ただし、古典ではこの水星を昼のセクト、夜

のセクトに分ける考えもありますが、伝統占星術の古典の著述家によって考えが違うので、ここでは中立のままにします。

ライトと吉星は昼には男性惑星、夜には女性惑星が分配されていますが、[4]凶星はどうでしょうか？

土星は男性惑星で昼のセクトですが、火星は男性惑星でも夜のセクトです。なぜ土星は昼で火星は夜なのでしょうか？　このことについては2世紀のクラウディウス・プトレマイオスの『テトラビブロス』に興味深い説明があります。「凶星はなぜ凶星なのか？」についてです。

土星と火星は反対の性質だと考えられる。凶星であったり、災いを引き起こすものである。一方（土星）は冷が過剰で他方（火星）は乾が過剰である。

クラウディウス・プトレマイオス『テトラビブロス』１書５章

つまり凶星が凶星たる理由はバランスが過剰であるからです。したがって土星は昼のチャートにあれば冷が温められ穏やかになり、火星は夜にあれば乾が湿り穏やかになるので、過剰さがなくなり、バランスがとれます。この2つの凶星はバランスがとれるほうのセクトに分配されています。

4　惑星には基本的に性別があり、男性惑星は太陽、土星、木星、火星、女性惑星は月、金星。水星は中性になります。ただし古典によっては惑星の性別が異なる場合もあります。

セクトの使い方

ではセクトをリーディングにどう使うのでしょうか？　まずチャートが昼か夜かが決まると、そのチャートで最も吉星、最も凶星が以下のように決まります。

	昼	夜
最も吉星	**木星**	**金星**
最も凶星	**火星**	**土星**

注意点は、最も凶星がセクトの逆の惑星になっているということです。つまり、バランスがとれず、火星は昼のチャートではさらに乾で熱くなり、土星は夜のチャートではさらに冷たくなり、凶意が増すということです。

以上のことからそのチャートで2つの吉星のうち、どちらがより良いかが分かり、また2つの凶星のうち、どちらがより悪いかが分かります。セクトの逆の惑星の凶意は比較的はっきり出やすく、セクトの凶星は努力が必要であったりストレスの多い状況が訪れますが、乗り越えられる場合が多くなります。出生図のリーディングでは最も吉星が位置するハウスの分野は順調でより良い分野であったり、最も凶星が位置するハウスはより問題が起きやすい分野であったりということが分かります。プロフェクションではセクトの逆になる最も凶星の位置するハウス、その凶星が支配星となるハウスに来た時に苦労であったり乗り越えなければならないことが起こったりすることが多くなるでしょう。ただしこの考えはあくまでセクトの惑星単体の考えですので、他の吉星、凶星からのアスペクトやコンジャンクションによって、それほどの良さを感じなかったり、悪さを感じないということもあります。

実例

では実例を見ましょう。

エリザベス2世(83ページ、図3)

エリザベス2世のチャートは太陽が5ハウスにあり、地平線の下にあるので、夜のチャートです。ですから最も吉星は金星であり、最も凶星は土星になります。婚約したのは10ハウスプロフェクションでしたので、10ハウスを見ると、天秤座には惑星が何もありません。何もない場合はすぐに天秤座の支配星を見ます。天秤座の支配星は金星で、夜のチャートにとって最も吉星であり、3ハウスの女神のハウスに金星があります。セクトで最も吉星の影響のある年に婚約しました。

ヒラリー・クリントン(84ページ、図5)

ヒラリー・クリントンのチャートは太陽が1ハウスのアセンダントとディセンダントのラインよりも上にあるので、昼のチャートです。最も吉星は木星で、最も凶星は火星になります。2016年11月の大統領選挙は10ハウスプロフェクションでした。10ハウスにはセクトの凶星の土星と、セクトの逆の凶星、つまり最も凶星の火星があります。この凶星がどちらもあるハウスのプロフェクションの年に大統領選挙で落選しました。

また1998年1月に夫で当時アメリカ大統領だったビル・クリントンがホワイトハウス内で不倫をしていた「モニカ・ルインスキー事件」は50歳の時で、3ハウスプロフェクションです。3ハウスには何もなく、山羊座の支配星である土星を見ます。ここでも火星と土星のある10ハウスの影響の年になります。

チャールズ3世（85ページ、図6）

チャールズ3世は太陽が4ハウスにあって夜のチャートです。最も吉星は金星であり、最も凶星は土星になります。ダイアナとの結婚、カミラとの再婚はいずれも9ハウスプロフェクションの年でした。9ハウスには惑星がないのですぐにその牡羊座の支配星である火星を見ます。火星は5ハウスにあって幸運や喜びのハウスです。火星は凶星ですが、夜のセクトの凶星ですので、それほど悪さはしません。

ユング（71ページ図2）

1875年7月26日に生まれ、太陽は7ハウスにあって地平線の上にあるので、昼のチャート。最も吉星は木星で、最も凶星は火星になります。ユングに大きな影響を与え、師でもあり友人でもあったフロイトと決別し、そのフロイトと最後に会ったのは1913年9月のこと。38歳の時で3ハウスプロフェクション。ヘレニズム期には3ハウスに友人の意味がありました。この年は友人がテーマになります。3ハウスには惑星がないので、牡羊座の支配星である火星を見ます。火星は最も凶星で、友人仲間のハウスである11ハウスに入っています。

エッセンシャルディグニティ

セクトの次には惑星のエッセンシャルディグニティを見ます。エッセンシャルディグニティはサインに基づくディグニティで、エッセンシャルディグニティが良いと、惑星の質の良い意味が出やすく、エッセンシャルディグニティが悪いと、惑星の質の悪い意味が出やすくなります。1世紀のドロテウスの『占星術の詩』にはこうあります。

あらゆる惑星は、それが自身のハウス、あるいは自身のトリプリシティやエグザルテーションにある時、吉作用で、それが意味する良いことは力強く増えるだろう。凶星も、自身の場所にあるなら、悪さは軽減するだろう。

ドロテウス『占星術の詩』1.6

つまりエッセンシャルディグニティを得ている吉星は良さがより大きくなり、凶星は悪さが減ることになります。プロフェクションでエッセンシャルディグニティを得ている吉星があるハウス、あるいは支配するハウスに来た時は非常に幸運な出来事が起こります。またエッセンシャルディグニティを得ている凶星があるハウス、あるいは支配するハウスに来た時はあまり凶意はないでしょう。ディグニティに関する詳細は、いけだ笑みさんのパートをご覧ください。

実例

エリザベス2世（83ページ、図3）

エリザベス２世が婚約したのは10ハウスプロフェクションの年でしたが、10ハウスの天秤座の支配星の金星はセクトの吉星で、その金星は３ハウスの女神のハウスにあって、魚座にあり、エグザルテーションになります。名誉や権力を意味する10ハウスの支配星である金星はセクトの吉星であるというだけでなく、さらにその金星がエグザルテーションになり、金星の吉意が非常に強くなります。この金星は10ハウスの支配星で素晴らしい状態で、公職や名誉、権力に関して非常に強い意味を持ちます。実際にエリザベス２世の治世は長く、さらに安定していて、国民からの人気も非常に高いものでした。

図８：

バラク・オバマ

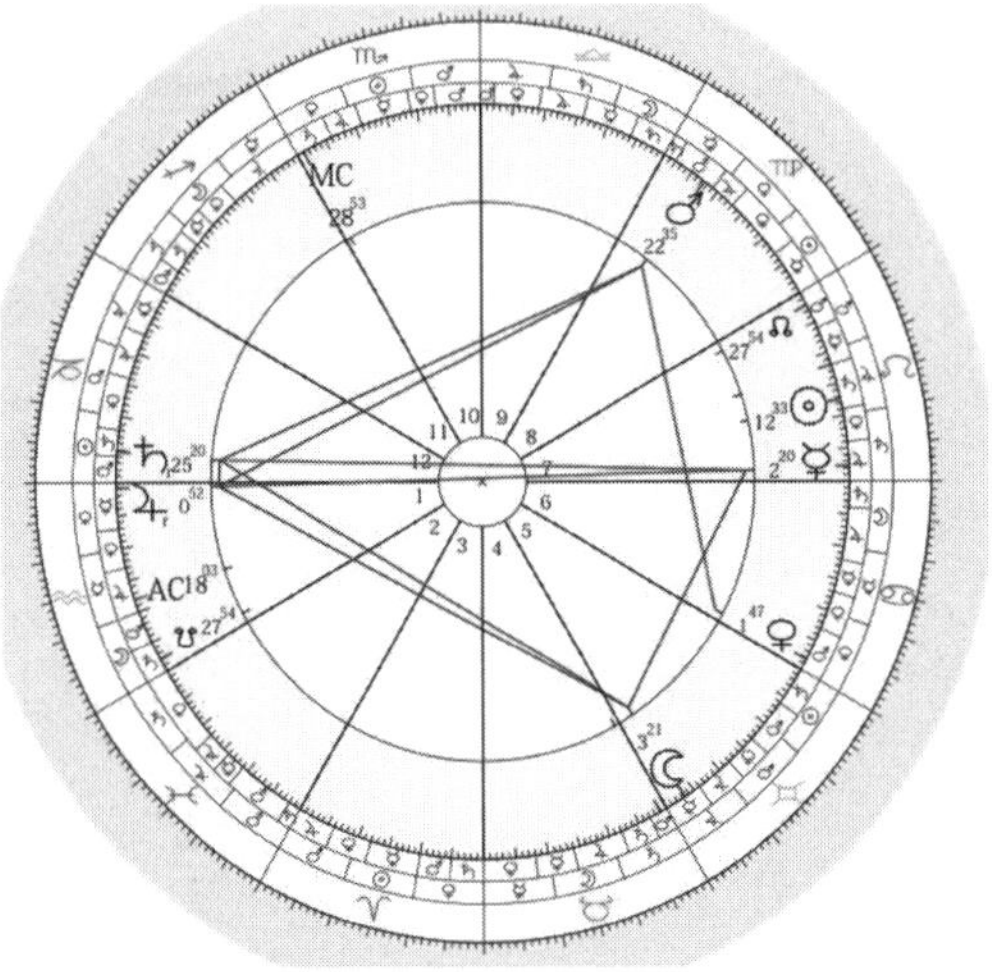

ヒラリー・クリントン（84ページ、図5）

ヒラリー・クリントンの２０１６年11月の大統領選挙は、10ハウスプロフェクションでした。また、１９９８年の「モニカ・ルインスキー事件」は４ハウスプロフェクションの年ですが、４ハウスの支配星の土星は10ハウスにあります。10ハウスにはセクトの逆の凶星、つまり最も凶星の火星がありますが、セクトの凶星の土星もあります。この土星は獅子座にあって、デトリメントでディグニティが非常に弱くなっています。セクトの凶星であるので、凶意が減る一方で、デトリメントで不安定になります。

バラク・オバマ（図8）

バラク・オバマは１９６１年８月４日ハワイのホノルル生まれ。２００８年11月の大統領選挙で当選しましたが、それは47歳の時で、12ハウスプロフェクションの年になります。12ハウスは１ハウスと12ハウスの支配星である土星があり、ドミサイルです。12ハウスであってもエッセンシャルディグニティが良ければ、凶星で悪いハウスであっても悪い結果とはなりません。12ハウスの「隠れた敵」という意味がエッセンシャルディグニティが良いと「敵に打ち勝つ」という意味になります。

伝統に基づいた惑星の意味

ここで惑星の意味についてまとめてみます。具体的に解釈していきます。

土星

土星が意味する人やもの、状況

老人、古いもの、黒いもの、伝統、農業、労働者、ハードワーカー、努力が必要なもの、時間がかかること、作業をすると汚れる仕事。憂鬱、束縛される状況、遅れ。

土星的な人の性質

ディグニティが良い

厳しい、無口、忍耐強い、真面目、努力家、吝嗇。

ディグニティが低い

嫉妬深い、強欲、妬む、臆病、頑固、意地悪、不満が多い、束縛する、威圧的。

木星

木星が意味する人やもの、状況

裕福な人、地位の高い人、宗教や哲学に関係する人やもの、法律に関係する人やもの、教師、指導者、教養の高い人、子供。

幸福、地位の高い人からの引き立て。

木星的な人の性質

ディグニティが良い

寛大、誠実、公平、信心深い、慈悲深い、賢い、徳が高い。

ディグニティが低い

浪費家、偽善者、執拗、固執、不注意、器が小さい。

火星

火星が意味する人やもの、状況

ものを切る職業、火を使う職業、激しいスポーツ、外科医や歯科医、警察、軍人。

喧嘩、別れ、別離。

火星的な人の性質

ディグニティが良い

勇気がある、大胆、自信家、冷静、議論好き、危険であっても勇敢に立ち向かう。

ディグニティが低い

謙虚さがない、もめやすい、争いを好む、優柔不断、軽率、感謝しない、威圧的、貪欲、暴力的。

太陽

太陽が意味する人やもの、状況

地位の高い人、権力者、権威のある人、公務員、国に関係する職業、もの。父親。

高く評価される。名誉な出来事。

太陽的な人の性質

ディグニティが良い

誠実、几帳面、支配欲がある、慎重、堂々としている、自信家、口が堅い、信用できる、思いやりがある。

ディグニティが低い

横柄、傲慢、落ち着きがない、威張る、贅沢、真面目でない、冷静でない、浪費家。

金星

金星が意味する人やもの、状況

芸術、芸能、衣服、装飾、メイク、美容、パーティ、女性、女性に関する仕事やもの。

楽しい状況、人と結びつく出来事。

金星的な人の性質

ディグニティが良い

穏やか、もめようとしない、感じが良い、こぎれい、陽気、異性好き、芸術や芸能を好む、宴会やパーティが好き、社交的。

ディグニティが低い

贅沢、異性や金銭にだらしない、不誠実、怠ける、信用がない。

水星

水星が意味する人やもの、状況

文字、数字、計算、測量、文章、文学、書類、スピーチ、学生、研究者、文房具、印刷、事務、会計、情報、通信、商売、旅行、移動、占星術。

売買、交渉、執筆、コミュニケーションを取ったり、知識を得たり情報を収集するような状況。

水星的な人の性質

ディグニティが良い

知的で緻密、論理的、理性的、知識を探究する、博学、機転がきく、独習できる、旅行や出張が多い、想像力豊か、好奇心旺盛、話が巧み、交渉が上手。

ディグニティが低い

ずるがしこい、嘘が上手い、無駄に浪費する、不誠実、噂好き、おっちょこちょい、言葉が不明瞭であったり、足りないが、ある意味、詩的。

月

月が意味する人やもの、状況

母親、女性、一般大衆、旅行客、日用品、女性に関するもの、漁業、お酒、情報、流通、看護師。

変化しやすい状況。引っ越しや旅行、出張、移動。

月的な人の性質

ディグニティが良い

優しい、好奇心旺盛、変化を好む、心変わりしやすい、臆病、浪費家、もめようとしない。

ディグニティが低い

怠け者、落ち着かない、定まらない、労働を嫌う、だらしない、満足しない、落ち込みやすい。

惑星ではないですが、プロフェクションで使用されるポイントの意味をまとめてみます。

ドラゴンヘッド

ドラゴンヘッドが意味すること

拡大、増長

ドラゴンテイル

ドラゴンテイルが意味すること

損失

幸運のロット
（パート・オブ・フォーチュン）

幸運のロットが意味すること

物質的な幸運（これには身体的な健康も含まれる）

どのハウスのロードか？　またそれがどのハウスにあるか？

惑星は支配するハウスの意味の機能を果たします。例えば木星が2ハウスのロードであるなら、木星は金銭を意味し、あるプロフェクションの年にそういった木星があるなら、金銭を得る、金銭が増えるといったことが生じます。土星が6ハウスのロードなら病気を意味し、あるプロフェクションの年にそういった土星があるなら、土星的な病気が生じたり、重労働や過労、遅れが生じたりします。

6、8、12ハウスやその支配星は基本、人生での問題、悩み、トラブルを生じます。金星が8ハウスのロードであるなら、吉星であっても金星は8ハウスの意味する死や遺産を意味します。

そして惑星はその支配するハウスの機能を、その惑星が位置するハウスのテーマにおいて実行します。例えば11ハウスプロフェクションの時に、その11ハウスに7ハウスの支配星があるなら、その年にパートナーを通じて（7ハウス）友人（11ハウス）が増える、あるいは友人（11ハウス）の中からパートナーとなる人（7ハウス）と出会うなどの解釈が可能となります。

惑星は人やものに該当します。その惑星が意味する人やものが、あるいはそれらを通じて、または伴って、位置するハウスのテーマにおいて支配するハウスの機能を実行します。つまり、惑星が役者ならその役者がどう行動する、どう振舞うかというのは支配するハウスの意味と位置するハウスのテーマが示します。こういった考えはサインを重視する現代占星術とは大きく異なる解釈の文法です。

さきほどの7ハウスの支配星が11ハウスにある場合で考えてみましょう。もしアセンダントが山羊座の場合、7ハウスは蟹座でその支配星は月です。その月が11ハウスの蠍座にある場合、月が意味するのはパートナーです。しかもこの月はフォールの月なので、月が示すパートナーは落ち込みやすかったり、気持ちの変わりやすい人になります。友人の中にそういった人がいて、その人が配偶者になったり、ビジネスパートナーになる、あるいはそういった月の意味する人を通じて友人と知りあう、仲間が増えるとも解釈できます。

では実例を見てみましょう。

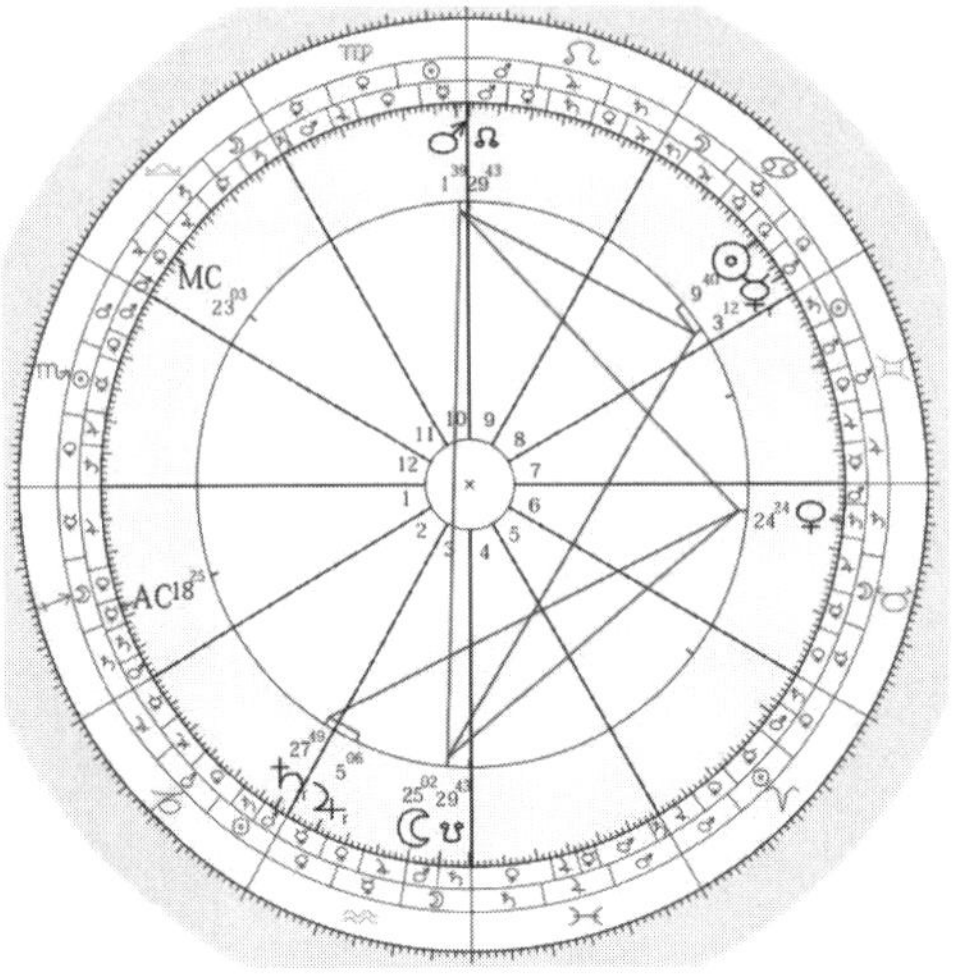

図7：

ダイアナ

実例

ダイアナ（図7）

ダイアナが交通事故で亡くなったのは、36歳の時で、1ハウスプロフェクションでした。1ハウスには惑星がないので、その1ハウスの射手座の支配星である木星を見ると、3ハウスの小旅行のハウスにあります。1ハウスはダイアナ本人で、ダイアナの命と健康を意味します。また木星は4ハウスの支配星でもあるので、結果や終わりも意味します。3ハウスには死を意味する8ハウスの支配星である月がありのます。さらに損害を意味するドラゴンテイルがあります。これらから、旅行先（3ハウス）のパリで交通（3ハウス）事故（ドラゴンテイル）で亡くなる（8ハウス、4ハウス）というように解釈することができます。

ユング（図2）

ユングがフロイトと決別し、そのフロイトと最後に会ったのは1913年9月で3ハウスプロフェクションでした。3ハウスには惑星がないので、牡羊座の支配星である火星を見ますが、火星は11ハウスにあります。火星は3ハウスと10ハウスの支配星です。火星は昼のチャートでは最も凶星で、エッセンシャルディグニティもありません。火星の離別という悪い意味が出ることになります。この年、ユングは自分の仕事（10ハウス）に関わる友人（ハウス3、11ハウス）でもあるフロイトと決別（火星）したという解釈が可能になります。

図2：
ユング

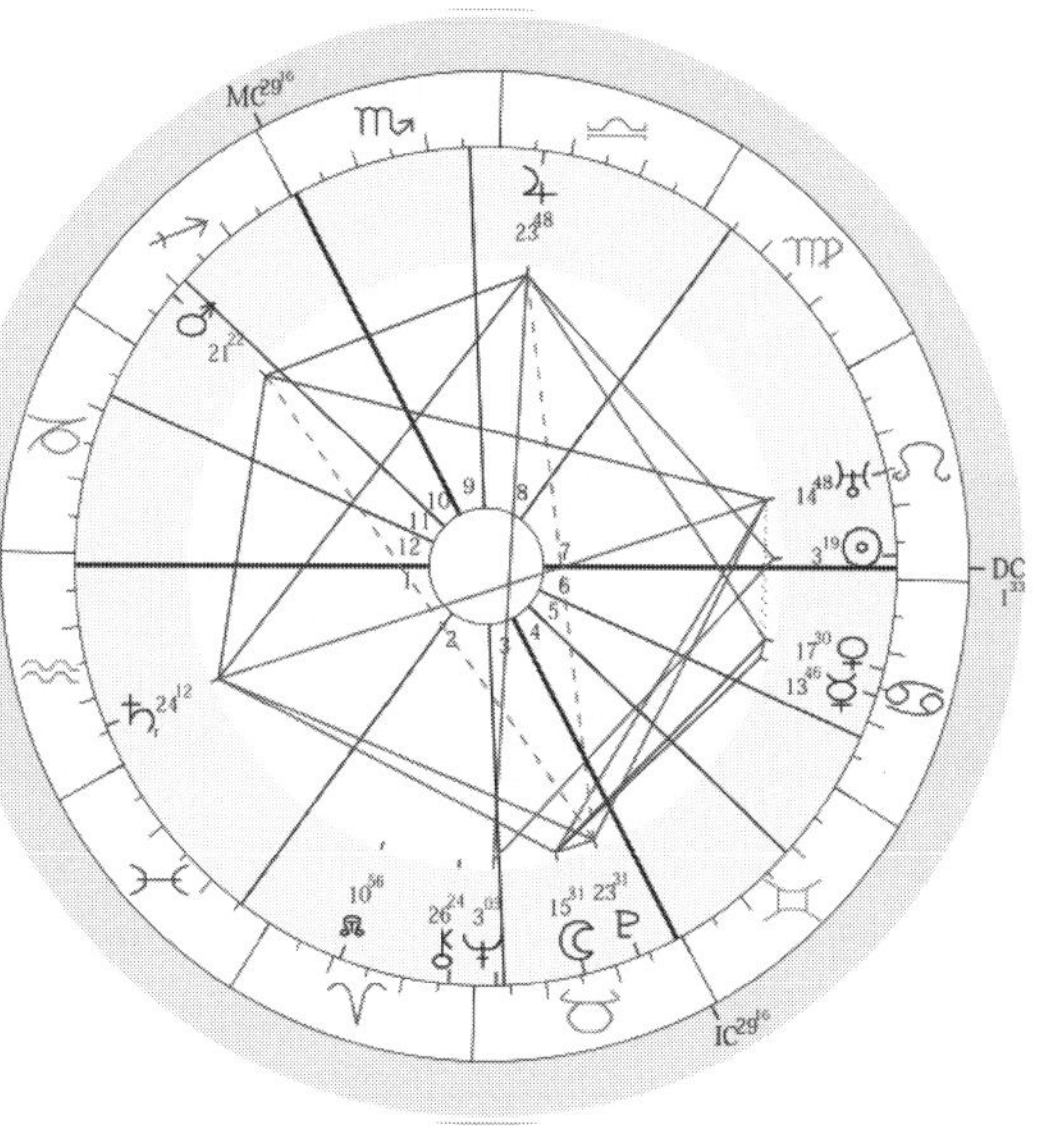

さてプロフェクションは、あるハウスの支配星がどのハウスにあるかで解釈を考えていきますが、参考までにプロフェクションでの解釈のパターンをまとめてみます。あくまで解釈例で、吉星、凶星の区分なくまとめていますので、**固定的に解釈しないでください**。

支配星の位置のまとめ

第1ハウスの支配星が入っている意味

ハウス	予測されること
第1ハウス	健康になる、物事を開始する、(傷ついていると) 健康問題が始まる。
第2ハウス	自分の力で稼ぐ。(傷ついていると) 出費する。
第3ハウス	旅行に行く、出張が多い、引っ越す、兄弟姉妹 (友人) との関わりが増える、学習する。(時々) 地位が変わる。
第4ハウス	親や家、不動産との関わりが増える、家庭を築く、家でいることが多くなる。物事の一区切り。
第5ハウス	子供との関わりが増える、著作や創作物を作る。喜びごとが多い、娯楽を楽しむ。付き合いで飲食が多い。
第6ハウス	病気になる、ハードワーク、苦労が多い、介護、看病、人に尽くす、ボランティア。
第7ハウス	配偶者になる人、愛する人と出会う、結婚、ビジネスパートナーと出会う、人間関係が広がる、顧客が増える、(傷ついていると) 口論、訴訟。
第8ハウス	悩み事が多い、お金に困る、死に関する出来事、遺産、引き継ぐ。
第9ハウス	結婚式、旅行をする、学習をする。研究をする。評価を受ける。(時々) 職をなくす。
第10ハウス	評価される、仕事で成功する、新しい仕事を始める、結婚、子供ができる。
第11ハウス	友達ができる、交友関係が広がる、成功する、幸運なことが起こる。
第12ハウス	自由がきかない状態になる、病院や施設に入る、実は敵だったということが起きる、(状態が良いと) 敵に勝つ。

第2ハウスの支配星が入っている意味

ハウス	予測されること
第1ハウス	お金を自分で稼ぐ。
第2ハウス	大きな収入がある。
第3ハウス	旅行や知識で利益を得る、地元からの利益。兄弟姉妹（友人）を通じて利益を得る。
第4ハウス	家を購入する、家具を買う、不動産を購入する、家や不動産で収入がある。
第5ハウス	趣味娯楽にお金を使う、著作や創作物で収入を得る。
第6ハウス	お金を自由に使えない。病気の治療費で出費する。ハードワークを伴う仕事で収入を得る。（状態が良いと）病気に関することで収入を得る。
第7ハウス	ビジネスパートナーや配偶者を通じて収入を得る。交際費がかかる。裁判による利益か損失。
第8ハウス	大きな出費、借金、お金が自由にできない。遺産をもらう。
第9ハウス	外国や旅行、専門知識による利益。
第10ハウス	仕事で大きな利益を得る。評価が利益につながる。
第11ハウス	友達、同僚、仲間、交友関係から利益を得る。大きく稼ぐ。幸運が舞い込み利益になる。
第12ハウス	お金を自由にできない。出費する。病院や施設で出費。（状態が良いと）海外からの利益。

第3ハウスの支配星が入っている意味

ハウス	予測されること
第1ハウス	旅行に行く、出張が多い、引っ越す、兄弟姉妹（友人）との関わりが増える、学習する。（時々）地位が変わる。
第2ハウス	旅行や知識、情報で利益を得る、地元からの利益。兄弟姉妹（友人）を通じて利益を得る。
第3ハウス	兄弟姉妹（友人）、旅行、学習に関する成功。
第4ハウス	家にこもって学習する。引っ越す。財産を兄弟姉妹と分配する。（時々）地位、環境が変わる。
第5ハウス	旅行、学習での喜び、兄弟姉妹に関する喜び。
第6ハウス	兄弟姉妹の病気や看病、介護。兄弟姉妹（友人）に苦しむ、苦学する。
第7ハウス	兄弟姉妹（友人）を通じて、パートナーと知りあう、あるいはビジネスに関わる。（傷ついていると）兄弟姉妹（友人）と対立する。
第8ハウス	兄弟姉妹（友人）に関する悩み。
第9ハウス	旅行をする。外国の友人ができる、兄弟姉妹（友人）と離れる。外国、哲学、宗教に関する研究や学習。
第10ハウス	学習や知識、情報による評価、出世。仕事で出張が多い、職を変える。兄弟姉妹（友人）が仕事に関わる。兄弟姉妹（友人）の出世。
第11ハウス	兄弟姉妹、友達、同僚、仲間、旅行、学習したことから利益を得る。
第12ハウス	兄弟姉妹、友人が敵になる、病気になる。（状態が良いと）敵が友人になる。

第4ハウスの支配星が入っている意味

ハウス	予測されること
第1ハウス	親（特に父親）との関わりが強くなる。家、不動産を購入する。人生の基盤を作る。
第2ハウス	家、不動産を購入する。家、不動産を通じて利益を得る。
第3ハウス	家、不動産について学習する、家にこもって勉強する。引っ越す。財産を兄弟姉妹と分配する。（時々）地位、環境が変わる。
第4ハウス	家、不動産、親（特に父親）からの利益。人生の基盤ができる。
第5ハウス	家、不動産、親（特に父親）からの喜びや幸運、子供ができる。著作や創作物の完成。
第6ハウス	親（特に父親）の病気や看病、介護。家や土地に関すること、親（特に父親）に苦しむ。
第7ハウス	親（特に父親）を通じて、パートナーと知りあう。家、不動産に関するビジネスパートナーと知りあう。（傷ついていると）家、不動産でのもめ事。親（特に父親）と対立する。
第8ハウス	家、不動産、親（特に父親）に関する悲しみ、悩み。遺産の相続。
第9ハウス	引っ越す。家、不動産、親（特に父親）に関する悩み。
第10ハウス	家、不動産、インフラに関する仕事をし、評価される。親（特に父親）からの利益。
第11ハウス	家、不動産、親（特に父親）からの利益。
第12ハウス	家、不動産の損失、親（特に父親）との対立、親（特に父親）が病気になる。

第5ハウスの支配星が入っている意味

ハウス	予測されること
第1ハウス	子供ができる。子供と関わる、著作や創作物を作り始める、発表する。喜びごとが多い、娯楽を楽しむ。
第2ハウス	子供に関すること、娯楽、芸術、芸能での収入。
第3ハウス	旅行の喜び、子供が旅行をしたり引っ越す。芸術や芸能について勉強する。
第4ハウス	子供ができる。家、不動産、親（特に父親）での喜びや幸運。
第5ハウス	子供、著作や創作物からの利益。子供ができる。
第6ハウス	子供が病気になったり、看病する。創作活動に没頭する。
第7ハウス	子供に関することを通じて、あるいは創作物を通じてパートナーと知りあう。幸運な結婚をする。喜びの多いパートナーと出会う。（傷ついていると）子供や著作物に関してのもめ事。
第8ハウス	子供に関する悩み。著作に関する悩み。幸運にもお金を借りられる。
第9ハウス	子供が海外に行く、著作や創作物に高い評価。学習での喜び。
第10ハウス	著作や創作物で大きく成功する。子供の出世。子供が病気になる。
第11ハウス	著作や創作物の利益。子供の幸運。
第12ハウス	子供が敵になる。子供が病気になる。著作や創作物の生みの苦しみ。

第6ハウスの支配星が入っている意味

ハウス	予測されること
第1ハウス	過労、ハードワーク、病気になる。介護、看病をする。ペットを飼う。
第2ハウス	金銭が自由に使えない。金銭的な問題。（状態が良いと）部下、後輩からの利益、ペットに関する収入。
第3ハウス	兄弟姉妹が病気になる、介護や看病をする。旅行先で病気になる、トラブルに遭う。
第4ハウス	親（特に父親）の病気や看病、介護。家や土地に関すること、親（特に父親）に関して問題が起きる。家で重労働をする。
第5ハウス	子供が病気になる、子供に問題が起きる。著作、創作物に関して問題が起きる。創作で苦労する。
第6ハウス	ハードワーク。健康。人の世話をする。
第7ハウス	パートナーが病気になる。パートナーが自由のない状況に置かれる。
第8ハウス	病気の悪化。部下、後輩の悩み。ペットの問題。
第9ハウス	旅行先で病気になる。苦学。
第10ハウス	ハードワーク、仕事でのストレス。（状態が良ければ）部下、後輩による利益。病気を扱う仕事、労働者を扱う仕事での成功。
第11ハウス	友人、同僚、仲間が病気になる、友人、同僚、仲間に関する問題。希望を叶えるのが難しかったり、努力が必要。
第12ハウス	身体の隠れた部位の病気。自分よりも下の立場の人間から妬まれたり、対立する。

第7ハウスの支配星が入っている意味

ハウス	予測されること
第1ハウス	パートナーとの出会い、結婚。愛される。
第2ハウス	ビジネスパートナーか配偶者による収入。
第3ハウス	パートナーが旅行をする。兄弟姉妹（友人）が仕事に関わる、兄弟姉妹を通じてパートナーと知りあう、（傷ついていると）兄弟姉妹（友人）と対立する。
第4ハウス	配偶者と家庭を築く。不動産を得る。（状態が悪ければ）親（特に父）ともめる。
第5ハウス	配偶者との間に子供ができる。共同での創作活動。恋愛をする。
第6ハウス	配偶者、パートナーが病気になる。問題が起きる。
第7ハウス	結婚する、配偶者になる人と出会う。良い出会い。
第8ハウス	配偶者、パートナーに関する悩み。（状態が良ければ）パートナーが大きく稼ぐ。
第9ハウス	配偶者、パートナーが海外に行く。学習や研究に関しての出会い。
第10ハウス	パートナーと共に仕事で成功する。結婚。
第11ハウス	友人、同僚、仲間を通じてビジネスパートナーや配偶者になる人と出会う。友人がビジネスパートナーや配偶者になる。
第12ハウス	ビジネスパートナー、配偶者が敵になる、悩みの種になる、あるいは病気になる。人知れぬ関係。

第8ハウスの支配星が入っている意味

ハウス	予測されること
第1ハウス	死を感じるような出来事、遺産の相続、(状態が良いと) ビジネスパートナーからの利益。
第2ハウス	ビジネスパートナー、配偶者からの利益。借金をすることができる。
第3ハウス	兄弟姉妹の問題、旅行先でのトラブル。
第4ハウス	遺産の相続。家、不動産、親 (特に父親) に関する悲しみ、悩み。
第5ハウス	幸福感を持てない出来事、子供の不幸、著作物、創作物に関する問題。
第6ハウス	病気による不幸。ペットの問題。
第7ハウス	ビジネスパートナーや配偶者に関する不幸。(状態が良ければ) ビジネスパートナー、配偶者が大きく稼ぐ。
第8ハウス	ビジネスパートナー、配偶者が大きく稼ぐ。相続。
第9ハウス	旅行先でのトラブル。死や悩みに関する仕事での研究。
第10ハウス	仕事での悩み、地位の高い人に悩む。
第11ハウス	友人、同僚、仲間の不幸。交友関係の悩み。遺産の獲得。
第12ハウス	健康問題、悩んで閉じこもる。

第9ハウスの支配星が入っている意味

ハウス	予測されること
第１ハウス	旅行に行く、学習、研究を始める。信仰心が深くなる。（時々）地位が変わる。
第２ハウス	旅行や専門知識で利益を得る、海外からの利益。
第３ハウス	兄弟姉妹（友人）が旅行に行く、引っ越す。専門知識を身につける。
第４ハウス	引っ越す。不動産、家、遺産について学習する。
第５ハウス	専門知識習得の喜び、旅行での喜び、子供の結婚。
第６ハウス	旅行先での病気やトラブル。苦学する。部下、後輩からの助け。
第７ハウス	旅行先でパートナーと知りあう。外国人と親しくなる。（傷ついていると）旅行先での人間関係のもめ事。
第８ハウス	旅行での悩みやトラブル。死や悩みから生じた思想を学ぶ。
第９ハウス	旅行からの利益。外国、哲学、宗教に関する研究や学習、専門知識で評価される。
第10ハウス	知識、旅行によって仕事が成功する。出世する。仕事で海外へ行く。（時々）職が変わる。
第11ハウス	旅行先で友人が増える、外国の友人ができる。旅行、専門知識から利益を得る。試験に合格する。
第12ハウス	旅行先でトラブルが起きる。外国人ともめる。

第10ハウスの支配星が入っている意味

ハウス	予測されること
第1ハウス	新しい仕事を始める。仕事で評価される。母との関わりが強くなる。
第2ハウス	仕事での大きな収入、母を通じて利益を得る。
第3ハウス	学習したことが仕事に生きる。試験で合格する、仕事が変わる。兄弟姉妹が仕事に関わる。
第4ハウス	家、不動産に関わる仕事での利益、親（特に父親）からの利益。仕事の基盤ができる。
第5ハウス	著作、創作物での高い評価。仕事での喜びや幸運。
第6ハウス	ハードワーク、仕事で厳しい状況、母の病気や看病、介護。（状態が良いと）部下、後輩が仕事で活躍する。ハードワークが評価される。
第7ハウス	仕事を通じて、パートナーと知りあう。仕事で人間関係が広がる。顧客が増える。ビジネスパートナーと知りあう。（傷ついていると）仕事のもめ事。母と対立する。
第8ハウス	仕事、母に関する悲しみ、悩み。
第9ハウス	専門知識を仕事に活かし利益を得る。旅行、海外からの利益。仕事で海外へ行く。職が変わる。
第10ハウス	仕事で評価される。名誉なことが起きる。
第11ハウス	仕事からの利益、名誉を手にする、友人、同僚、仲間による利益。
第12ハウス	仕事での損失、仕事が進まない。母との対立、母が病気になる。

第11ハウスの支配星が入っている意味

ハウス	予測されること
第1ハウス	友人ができる。人との交際が増える。幸運な出来事。
第2ハウス	大きな利益を得る、友人、同僚、仲間を通じた利益。
第3ハウス	兄弟姉妹（友人）、旅行、学習を通じた幸運。
第4ハウス	家、不動産を獲得する、親（特に父）を通じた幸運。
第5ハウス	子供ができる、生まれる。子供を通じた幸運。著作、創作物からの利益。
第6ハウス	友人、同僚、仲間が病気になる。友人、同僚、仲間に関する問題。希望を叶えるのが難しかったり、努力が必要。
第7ハウス	友人、同僚、仲間を通じて、パートナーと知りあう。友人がビジネスパートナーになる、友人が配偶者になる。結婚。（傷ついていると）友人、同僚、仲間と対立する。
第8ハウス	友人、同僚、仲間の不幸。交際関係に関する悩み。遺産の獲得。
第9ハウス	旅行からの利益。外国の友人からの利益。外国、哲学、宗教、専門知識に関するものからの利益。
第10ハウス	仕事での成功と高い評価。地位の獲得。
第11ハウス	望みが叶う。友人、同僚、仲間から利益を得る。友人ができる。希望を叶えるのが難しい。
第12ハウス	友人が敵になる、病気になる。（状態が良いと）敵が友人になる。

第12ハウスの支配星が入っている意味

ハウス	予測されること
第1ハウス	自由がきかない状況。金銭的に困る、人間関係のストレス。入院する。部屋にこもる。
第2ハウス	金銭が自由に使えない。金銭的な問題。出費。
第3ハウス	兄弟姉妹が敵になる、入院する。旅行先で問題が起きる。
第4ハウス	親（特に父親）が敵になる、親の病気や看病、介護。家や土地に関すること、親（特に父親）に関して問題が起きる。家にこもる。
第5ハウス	子供の問題が起きる。著作、創作物に関して問題が起きる。こもって創作する。
第6ハウス	健康問題。重労働。部下、後輩が敵になる。
第7ハウス	ビジネスパートナーか配偶者が病気になる、問題が起きる、自由のない状況に置かれる。
第8ハウス	健康問題。悩んで閉じこもる。
第9ハウス	旅行先でのトラブル。外国人ともめる。
第10ハウス	仕事での損失、仕事が進まない。母との対立、母が病気になる。（状態が良いと）霊的な分野での名声。
第11ハウス	友人に関する問題。友人が敵になる。希望を叶えるのが難しかったり、努力が必要。
第12ハウス	裏方と言った見えない部分での評価。敵に勝つ。修道院のような生活。霊的な分野での深まり。

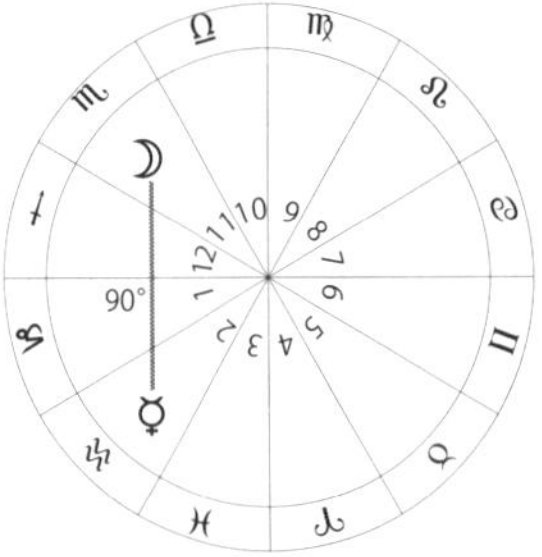

アスペクトの解釈

アスペクトは基本的には惑星が表す人（ものごと）と惑星が表す人（ものごと）との関係を表していると考えてください。現代占星術ではアスペクトで惑星同士の意味が融合し、新たな意味が導かれることもありますが、伝統占星術で予測する場合、複雑に考えるのは避け、アスペクトが示すのはそれぞれの関係性のみであると考えてください。

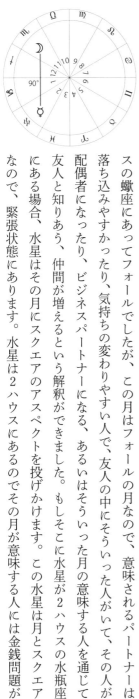

ここでのアスペクトは、ホールサインアスペクトで考えますが、度数が近くなっていけばいくほど強くなると考えます。セクスタイルやトラインは調和の関係であったり助けてくれる関係になります。スクエアは緊張関係、オポジションは対立関係になります。出生図で気になるオポジションやスクエアがあるなら、そのアスペクトが形成されているハウスにプロフェクションで進んできた時に、そのアスペクトの意味が活発になります。

例えば先程の、アセンダントが山羊座の例では、7ハウスの蟹座の支配星である月が11ハウスの蠍座にあってフォールでしたが、この月はフォールの月なので、意味されるパートナーは落ち込みやすかったり、気持ちの変わりやすい人で、友人の中にそういった人がいて、その人が配偶者になったり、ビジネスパートナーになる、あるいはそういった月の意味する人を通じて友人と知りあう、仲間が増えるという解釈ができました。もしそこに水星が2ハウスの水瓶座にある場合、水星はその月にスクエアのアスペクトを投げかけます。この水星は月とスクエアなので、緊張状態にあります。水星は2ハウスにあるのでその月が意味する人には金銭問題があるかもしれません。月が示す「人」が2ハウスの示す「こと」である金銭と緊張をはらんだ「関係」にある、あるいは6ハウスの支配星なので、かなり仕事に追われていたり、病気がちであったりなどです。または9ハウスの支配星でもあるので、出張や旅行が非常に多かったり、学業に苦労しているとも解釈できます。

コンジャンクションは実際にはアスペクトではありません。もし同じサインに二つの惑星がある場合、それらはコンジャンクションになります。コンジャンクションは「出会う」「遭遇する」、あるいは「影響を受ける」「同じ場所にいる」といった解釈ができます。

実例

ドナルド・トランプ（84ページ、図4参照）

ドナルド・トランプは1999年6月8日、52歳の時に当時の妻のマーラ・アン・メープルズと離婚し、娘の養育権はマーラが得ます。52歳は5ハウスプロフェクションです。5ハウスは子供のハウスで、そこには月があり、これは12ハウスの支配星で、敵を意味します。月は母を意味するので、マーラでしょう。そこに損失を意味するドラゴンテイルがあります。その月にかなり近い度数のオポジションとなる太陽があります。これは獅子座の1ハウスの支配星なので、トランプ本人です。また太陽ですので父親を意味します。つまり、母という存在で、敵となってしまったマーラと父親の存在であるトランプが対立関係にあるということです。それは5ハウスなので、子供が関係し、養育権がマーラに渡ってしまいます（ドラゴンテイル）。そこに木星がアスペクトを、月にはセクスタイル、太陽にはトラインを投げかけています。木星は弁護士を意味します。また木星は5ハウスの支配星であり、８ハウスの支配星です。８ハウスは7ハウスから見た２ハウスなので、配偶者が何かしらを得ることが強調され、それが調和的に進められます。そして5ハウスの支配星は子供を意味し、３ハウスにあることから子供は自分の元からマーラの元に移動（３ハウス）します。

５ハウスにある月とドラゴンテイルを見た後は、５ハウスの支配星を見ますが、木星なので、上述のようになります。

ドナルド・トランプは２０１６年11月の大統領選挙で当選しました。11ハウスプロフェクションでした。11ハウスは友人や獲得、議会を意味します。11ハウスには太陽があり、大統領を意味するだけでなく、１ハウスの支配星でもあるのでトランプ本人を意味します。ドラゴンヘッドがあり昼のチャートでの太陽の良さが拡大します。大統領の座（太陽）をトランプ自身（１ハウス）が獲得する（11ハウス）ことになるのですが、一般的に大衆を意味する月は12ハウスの支配星で隠れた敵で、トランプに対して激しく対立しました。娘のイヴァンカ・トランプは父親であるドナルド・トランプの応援演説をし、そのことは大きな票の獲得に貢献します。これは5ハウスの木星が父の太陽と大衆である月に対して両方に良いアスペクトを投げかけていることが意味しています。

次に11ハウスの支配星を見ます。11ハウスの支配星は12ハウスにあり、12ハウスは隠れた敵のハウスなので、友人が敵になるような状況になります。トランプが大統領に就任してから間もなく政権内部での分裂が起こります。またそこには7ハウスの支配星の土星がデトリメントであり、仕事上でのパートナーが敵になる、また6ハウスの支配星なので重労働が伴うといったことも解釈でき、10ハウスの支配星の金星も12ハウスにあり、12ハウスは自由のきかないハウスでもあるので公職そのものが思うようにいきません。

このようにまずハウスを見て、ハウスに惑星があれば、その惑星とそのアスペクトを解釈し、次に支配星も同じように見ます。プロフェクションの年のハウスに惑星がある場合は、その1年をハウスの惑星、そのハウスの支配星、2つ解釈することになります。

プロフェクションの解釈手順のまとめ

以上が解釈法でしたが、手順をまとめてみましょう。

プロフェクションの判断に入る前段階として、ホロスコープチャートがまず昼か夜かを見ます。

昼なら最も吉星は木星、最も凶星は火星

夜なら最も吉星は金星、最も凶星は土星

になるので、まず、プロフェクションで最も吉星があるハウス、あるいはハウスの支配星が最も吉星となるハウスに進んできた場合、その年は喜ばしい出来事が起きます。最も凶星があるハウス、あるいはハウスの支配星が最も凶星となるハウスに進んできた場合、その年は注意しなければならない困難さが伴う出来事が起きます。

次にエッセンシャルディグニティを確認します。プロフェクションでドミサイルやエグザルテーションの惑星があるハウス、あるいはハウスの支配星がドミサイルやエグザルテーションの惑星となるハウスに進んできた場合、6、8、12ハウスであっても良い出来事が起こりやすくなります。(マイナーディグニティも通常考慮しますが、本書では省略いたします。)

ではセクトとエッセンシャルディグニティに矛盾があるならどう考えれば良いでしょう？　例えば昼のチャートで、火星がドミサイルであったりする場合です。その場合はエッセンシャルディグニティを優先します。つまりこの場合はセクトで最も凶星であっても火星を悪く考えません。

このセクトとエッセンシャルディグニティはあくまでその惑星単体での良さや悪さです。そこにアスペクトやコンジャンクションがあることで、良いはずが悪くなったり、悪いはずがそれほど悪くなくなったりします。

この前段階でおおよその良い悪いのイメージができると思いますので、それからプロフェクションを見ることにします。

プロフェクションの手順は次のようになります。

①プロフェクションで進んできたハウスを見ます。もしそのハウスに惑星があるならその惑星を解釈します。惑星がないなら支配星を見ます（②へ）。

惑星があるなら
惑星の状態を見る。セクトは？　ディグニティは？
何ハウスのロードか？
他の惑星とのコンジャンクションやアスペクトは？

②次に、そのハウスの支配星を見ます。

何ハウスにあるか？

他の惑星とのコンジャンクションやアスペクトは？

基本的な惑星の解釈の文法は以下のようになります。

□ハウス□座の支配星である

惑星□が意味する人やもの

は

位置する□ハウスのテーマ

□

で

支配する□ハウスの機能を実行する。

□

という解釈の文法を使います。注意していただきたいのは、現代占星術のサインを使用する解釈とは文法が異なるということです。

慣れないうちは難しく感じると思うので、「支配星の位置のまとめ」（102ページ～）を参考にしてください。

次に
アスペクト、コンジャンクションがある場合
アスペクト、コンジャンクションにある惑星　　が意味する人やもの

と
アスペクト、コンジャンクションが意味する関係になる。

プロフェクションで進んできたハウスに惑星がある場合は上記のように解釈し、さらにそのハウスのサインの支配星を見て同じように解釈します。

実例

それではダイアナのチャート（図7）を見てみましょう。
まず昼のチャートです。昼のチャートですから、

最も吉星は木星、最も凶星は火星

です。ですから、3ハウスの木星が最も吉星、10ハウスにある火星が最も凶星になります。

エッセンシャルディグニティを見ると、６ハウスの金星は牡牛座にあってドミサイル、２ハウスの土星は山羊座にあってドミサイルになります。

このセクトとエッセンシャルディグニティだけでも、大まかにプロフェクションでどのハウスに来た年が良いのか悪いのかが把握できますが、ここにアスペクトやコンジャンクションの修正が入ります。

それではダイアナが亡くなった年のプロフェクションを見てみます。

それは１ハウスプロフェクションの時でした。

１ハウスはからっぽなので、

手順②のその支配星である木星を見ます。

１ ハウス 射手 座の支配星である

惑星 木星 が意味する人やもの

ダイアナ（これは１ハウスの支配星なのでダイアナ自身です）

は

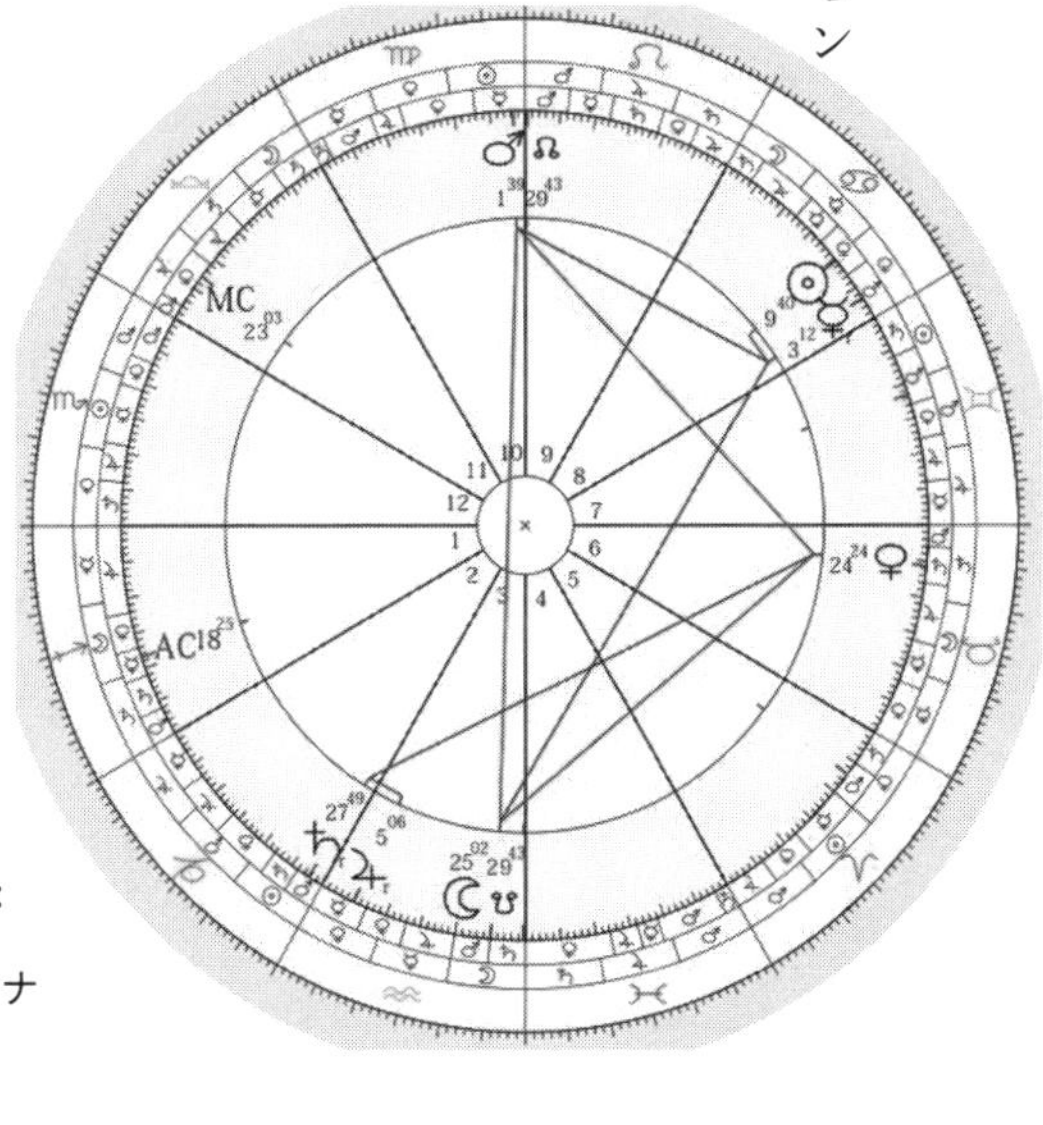

図７：

ダイアナ

位置する 3 ハウスのテーマで

旅行

支配する 1 ハウスの機能を実行する。

1ハウスは自分自身を意味するので、自分自身で動くと解釈します。

以上からダイアナ自身が旅行に行くと解釈できます。

「支配星の位置のまとめ」を参考にするなら、

旅行に行く、出張が多い、引っ越す、兄弟姉妹（友人）との関わりが増える、学習する。（時々）

地位が変わる。

と解釈できます。

次にアスペクトとコンジャンクションを見ると

月とドラゴンテイルがコンジャンクション

金星とスクエアです。

まず月とドラゴンテイルについて

アスペクト、コンジャンクションがある場合

アスペクト、コンジャンクションにある惑星が意味する人やもの

月は移動を意味し、８ハウスの支配星なので死を意味する。

ドラゴンテイルは損失を意味する。

と

アスペクト、コンジャンクションが意味する関係になる。

コンジャンクションは遭遇を意味する。

以上から移動中に死の危険や事故に遭遇するかもしれないと解釈できます。

次に金星です。

アスペクト、コンジャンクションにある惑星が意味する人やもの

金星は６ハウスにあります。６ハウスは怪我や事故を意味します。

と

アスペクト、コンジャンクションが意味する関係になる。

月と金星のスクエアは緊張関係を意味する。

つまりここでも怪我をする危険性があるという意味が出てきます。

以上から、
この年、旅行先での身の危険というのが解釈できます。

さて、プロフェクションは12年に１度同じハウスが巡ってきます。ダイアナの出生図から分かるように１ハウスに巡ってくるのは12年に一度ですし、８ハウス、４ハウスにプロフェクションで巡ってくる時も、支配星が３ハウスにあるので、結果として12年のうち、３ハウスが関係してしまうのは４年あります。しかし、この不幸な出来事は36歳の時にしか起こっていません。
では他のプロフェクションで３ハウスに関係してしまう年と何が違うのでしょうか？
それはトランジットであったり、ソーラーリターンやプライマリー・ディレクションといった他の予測技法での結果です。プロフェクションはその1年に起こる出来事をぐっと絞り込み、枠組みを与えてくれますが、やはり枠組みですので、他の予測技法を併用することでさらに絞り込む必要があります。しかしプロフェクション単体の使用でも、1年の予測をそれほど複雑な手順を踏まずに絞り込め、非常に使いやすく、現在欧米の伝統派の多くが使用する予測技法になっていますので、日本でも今後広く研究されることが期待されます。

参考文献

Dorotheus of Sidon, *Carmen Astrologicum, trans. David Pingree* (Abingdon, MD: The Astrology Center of America, 2005)

Ptolemy, Claudius, *Tetrabiblos*, trans. F.E. Robbins (Cambridge, MA: Harvard University Press, 1998)（邦題『プトレマイオスの占星術書　テトラビブロス～ロビンズ版～』加藤賢一訳、説話社刊）

Lilly, William, *Christian Astrology*, vols. I-II, ed. David R. Roell (Abingdon, MD: Astrology Center of America, 2004)（邦題『クリスチャン・アストロジー第1書&第2書』田中要一郎監訳、田中紀久子訳、太玄社刊）

Lilly, William, *Christian Astrology* Vol. III, ed. David R. Roell (Abingdon, MD: Astrology Center of America, 2004)（邦題『クリスチャン・アストロジー第3書』田中要一郎監訳、田中紀久子訳、太玄社刊）

Dykes, Benjamin, *Traditional Astrology for Today: An Introduction* (Minneapolis, MN: The Cazimi Press, 2011)（邦題『現代占星術家のための伝統占星術入門』田中要一郎訳、太玄社刊）

Brennan, Chris , *Hellenistic Astrology: The Study of Fate and Fortune*（「Amor Fati Publications , 2017）

全天の星々のエネルギーを出生図に結びつける

ビジュアルアストロロジー

石塚 隆一

パラン実例＝チャンドラケイ

はじめに

ここでは、ベルナデット・ブレイディが中心となって開拓しているビジュアルアストロロジーをご紹介しましょう。夜空を見上げると満天の星が見えますが、その中には相対的な位置がほとんど変わらない恒星と、その間を縫うように進む惑星があります。ビジュアルアストロロジーとは、通常のホロスコープで利用する太陽系の惑星のみでなく、全天の恒星をも利用する占星術であり、ホロスコープの図だけではなく、星空の見た目の見え方を利用しながら象徴を解釈していくことが特徴です。

一般の占星術においてホロスコープ上で恒星を利用する方法としては、実際には黄道から離れている場所にある恒星を黄道上の位置に変換し（黄道へ垂線を下ろす）他のホロスコープ上の天体や感受点と合わせて解釈する方法が広く利用されています。しかし、実は古代の人々は異なる方法で利用していました。まだホロスコープ自体が考案されていなかった頃から、人々は空を見上げながら、さまざまな疑問を問いかけ、答えを得ようと努力していたのです。見た目の空の様子を尊重するという視点はホロスコープ自体の使用や、さらに19世紀以降の現代的な手法の普及により次第に忘れ去られていきました。しかし、最近は１９９０年代に始まった古典復興運動などにより改めて注目されるようになってきています。そのような動きの中でブレイディは、恒星や星空の見た目の見え方を利用する方法論をビジュアルアストロロジーとして提案しています。[1]

ブレイディは、恒星を黄道上の位置に変換する方法が占星家の間に広がったのは、クラウディオス・プトレマイオス（トレミー）がアルマゲストの中でその方法で恒星の位置を言及したからだと指摘します。しかし、同時に、トレミーがそれで目論んだのは、占星術的な解釈ではなく、歳差運動による位置の変化を明らかにすることであったとブレイディは考えています。そこで、恒星の象徴イメージを惑星に関連づけて利用する方法としては、プトレマイオス以前に用いられていた「パラン」という方法の方が適切ではないかとブレイディは考えるのです。[2]

古代の占星家は、地平線と子午線に恒星や惑星が触れることを重要視していました。現代風の言葉で表現すると、恒星や惑星の「エネルギー」は、地平線や子午線を通して地球へやってくる、と考えたわけです。そして、恒星と惑星、あるいは惑星同士が同時に地平線や子午線に触れている状態をパラン（正式には、パランテロンタ）と呼び、ビジュアルアストロロジーでは特に恒星と惑星のパランでの結びつきを重要視します（これについては後に詳述します）。

方法論としての発展

さて、ここでみなさんに考えていただきたいのは、何のために古い方法論を振り返るのか、ということです。昔のやり方は全て正しく適切なのでしょうか。新しいやり方の方が科学にも符合し洗練されているのでしょうか。これについてはさまざまな考え方があると思いますが、私は単に昔のやり方をそのまま再現するのではなく、現在わかっている正確な宇宙観の展望の中で、昔のやり方の象徴的な意味を整理し直しながら利用していくのが重要だと考えています。

「上の如く、下も然り」という大原則に当てはめて古代から現代までさまざまな象徴解釈の「法則」

が考案されてきましたが、上、つまり、天文学の理解の進化と同時に、下、つまり、地球上の出来事や人間の理解（心理学など）も深まった今、それらに合わせて象徴解釈自体も進化させていくべきではないでしょうか。

このような視点に立ったとき、古代の占星家が見逃していて現代の科学がよく理解している重要なポイントとして、（太陽を含む）恒星は、惑星や月などと異なり自ら光や熱などのエネルギーを創り出し放出しているという事実があります。古代から惑星と恒星の違いは認識されていましたが、恒星では核融合反応により実際にエネルギーが創り出されているということが理解されてきたのは20世紀になってからです。[3] 現代心理占星術では、ようやくこの事実を象徴に取り入れ、ホロスコープ上の太陽（恒星の一種である）と人間の創造性とを関連づけました。しかし、一般的な恒星の解釈にはこのような創造性の側面はまだ取り入れられていないようです。

つまり、夜空の星々一つひとつが実際に創造的なエネルギー源なのです。ブレイディはこのような空一面に広がる創造のエネルギーを、古代の発想を尊重しながら総合的にホロスコープと連携させようとしました。その努力が「ビジュアルアストロロジー」として結晶化しています。これは、ただ単に古代のやり方を再現しているのではなく、古代のやり方を参考にしながら、全天の恒星の象徴をホロスコープに連携させる方法論を再構成するということです。ビジュアルアストロロジーを実践するための専用ソフトウェア「Starlight」のホームページ上で、ブレイディはこの方法論について次のように説明しています。

心理占星術、伝統占星術、ヘレニズム占星術、中世占星術、人間性占星術、インド占星術、秘教占星術、スピリチュアル占星術、あるいは「その他」の占星術など、どのような占星術のスタイルを実践していても、誕生日の空の全てのイメージをホロスコープの下にテーブルクロスのように配置することができます。この下地は、あなたの占星術の意味を変えてしまうのではなく、むしろそれらをしっかり焦点化させるのに役立ちます。[4]

ブレイディは、ビジュアルアストロロジーを、つまり、古代の視点や全天の恒星の象徴を、古典や心理占星術など現代実践されているさまざまな占星術のスタイルと連携させて深めていく方法論として開拓しているのです。実は、ブレイディ自身、これまでに予測占星術に関する『*Predictive Astrology : The Eagle and the Lark*』というとても現代占星術的なアプローチをしっかりと深めていくような解説書を書いているかと思えば、２０００年代には『*Astrology, a Place in Chaos*』というカオスやフラクタルという最先端の数学的な概念に関連づけながら占星術や象徴解釈を語ったり、さらにダレリン・ガンズバーグと共に運営している占星術スクール「アストロ・ロゴス」では、中世の伝統占星術のテクニックを詳しく説明していたりします。[5] 要するに、ブレイディは古典から最先端の占星術の概念まで、あらゆる角度から占星術を深めているのです。

ビジュアルの要素とホロスコープを連携させる工夫

では、そんなブレイディは、どのようにホロスコープにビジュアルの要素を連携させる工夫をしたのでしょうか？　さまざまな角度から深めていますが、ここでは、スカイマップ、恒星のサイクル、惑星のサイクル、パランの4つの視点からご紹介しましょう。

天空の動きを観察してみよう
——スカイマップ

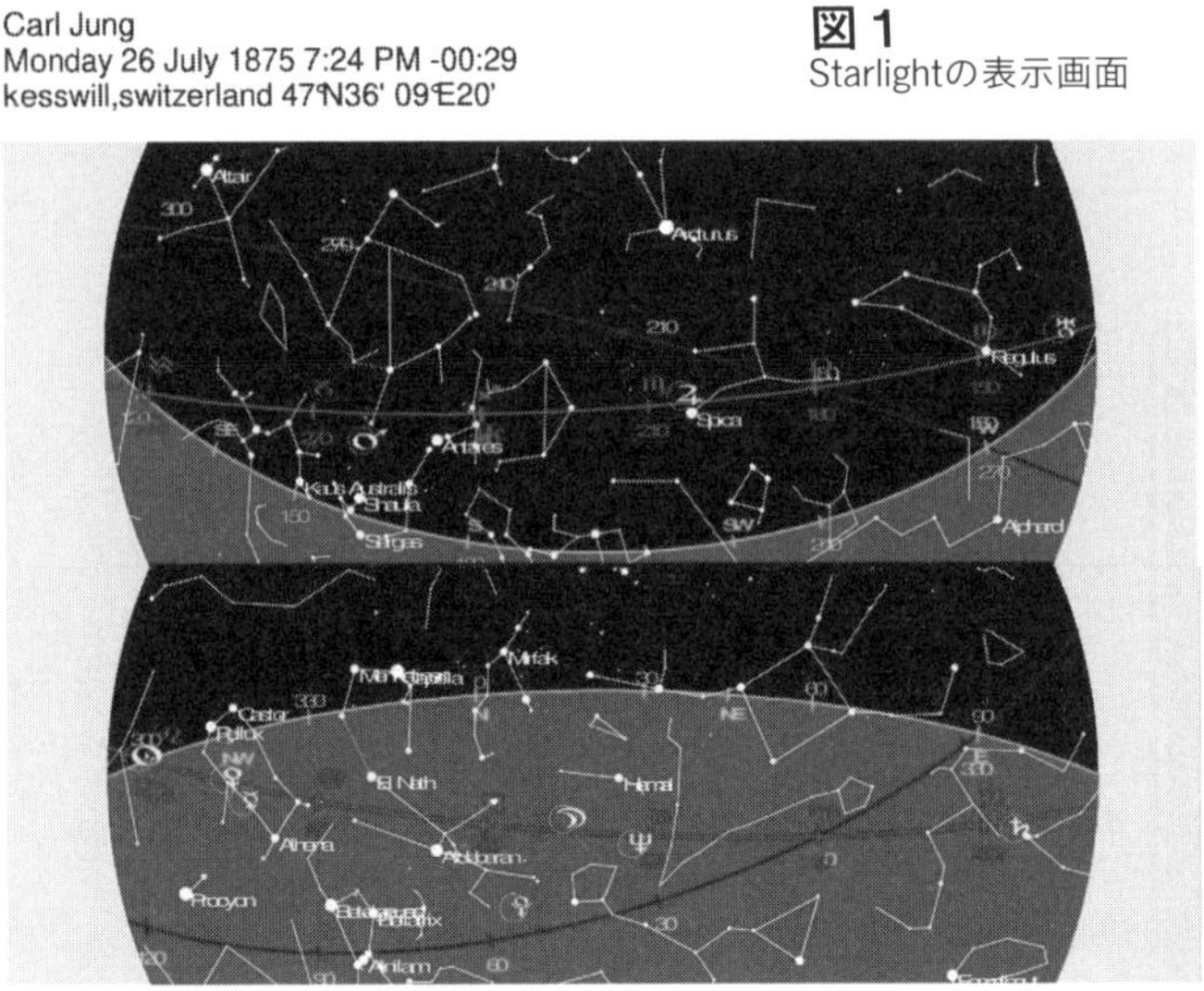

図1
Starlightの表示画面

まずは、スカイマップの利用についてです。スカイマップとは、全天の恒星や惑星の位置を示した図で、プラネタリウムソフトやアプリなどを使って見ることができます。また、ここでご紹介するチャートやリストは全てAstrodienst（astro.com）にて作成することができます。[6] 例えば、スカイマップを見ると、ユングの月はくじら座の目の前にあります。見た目のままの物語として考えれば、これはまるで無意識の海から出てくる怪物くじらを月の光で照らし出しているようです。深層意識を研究対象とする心理学を探求した様子と象徴的に重なります（図1参照）。

古代の人々は、チャートではなく直接空を眺めながら洞察を得ようとしていました。スカイマップを見ながら、実際の天空の変化を想像できるとよいかもしれません。明るい恒星、暗い恒星、鋭い光やぼんやりした光、星が集まっているところもあれば、まばらなところもあります。古代の人々はそのような空を眺めながら想像を深めていきました。いろいろな地域で異なる神話や星座の物語が生まれました。それらはあたかも人類の集合無意識の言語の宝庫かもしれません。どんな惑星がどんな星々のそばを通過しているでしょうか？　それらのイメージを全て惑星に結びつけながら、通常のホロスコープの解釈へと関連づけることができます。まさに見た目の物語です。

例えば、古代のエジプト人やギリシア人たちは、太陽の直前に昇る恒星や惑星はそのエネルギーを太陽と混合し、太陽の力を通して影響を発揮すると考えていました。エジプト人たちはこれらの恒星や惑星は太陽神ラーの火の船に一緒に乗り込むと考えており、ギリシア人たちはこれらの恒星や惑星を槍持ちとして見ていました（トレミーはこのような恒星や惑星を「ドーリーフォーリー」と呼びました）。これらの状況は夜明け直前の東の空のスカイマップを見ることにより確認できます。また、これらの概念は、現代のホロスコープ解釈でもオリエンタル天体（太陽の前に昇っている天体）の重要性として考慮されています。

恒星の見え方のサイクル

夜空を見上げながら星々の動きを見ていると、多くの星は太陽の動きと同様に東の空から昇り、西の空へ沈んでいくのがわかります。しかし、北半球の日本では北極星を中心にいつも夜空にあり地平線の下には沈まない星々があります（これを「沈まない周極星」と呼びましょう）。また、南十字星など、日本からは見えない南の空の星々もあります（これを「昇らない周極星」と呼びましょう）。

実は、このような星々の見え方は観測者の地球上の位置、特に緯度によって大きく異なります。逆に、同じ緯度の地域では、いろいろな季節や時間に見える星々は共通になります。つまり、どの恒星が普通に地平線から昇り地平線へと沈んでいくのか。どの恒星が沈まない周極星か。どの恒星が昇らない周極星か。ということは、観測場所の緯度によって変わってくるのです。

古代の人々は、星々を神と同一視していました。そうすると、このような一日の恒星の動きの特徴の違いも神さまの性質や役割の違いとして見えてくるでしょう。沈まない周極星は、いつも夜空に見えますが地平線には触れないので地上の人間にとって「手が届かない」存在です。それに対して、地平線から昇り、地平線へ沈む恒星は、ときどき地上へと降りてくる神さまだと認識されるわけです。さらに、昇らない周極星は、冥界から出てこない神さまと認識されるかもしれません（遠くへ旅をした人のみが知っている伝聞上のみの神さま）。

さて、基本的に恒星は毎日こうして周回運動をしているのですが、これらに太陽の1年の動きが組み合わさると、一日の恒星の見え方もより複雑になってきます。なぜなら、太陽のすぐそばにある恒星は太陽と共に地平線の上に昇っているので一日中見えなくなってしまうからです。

この影響を整理してみると、それぞれの恒星の周回運動のパターンは、4種類に分けられることがわかりました。このうち沈まない周極星と昇らない周極星の2種類は単純です。これらは、基本的に一年中変わらず沈まない周極星、あるいは、昇らない周極星の状態でいるのです。

残りの2種類は、地平線から昇り地平線へと沈んでいく動きをする恒星ですが、これらは2パターンに分類されます。そのうちの一つは、黄道より北にある恒星（観測場所が北半球の場合）です。これらは、太陽との位置関係により、夜その恒星が見えている間中地平線を横切らず、「あたかも沈まない周極星のように見える」期間がある見え方のパターンを持っています（ブレイディは、ＣＰ［Curtailed Passage］と呼んでいます）。もう一つは、黄道より南にある恒星（観測場所が北半球の場合）です。これらは、太陽との位置関係により、昼太陽の光で見えない間にその恒星が地平線から昇り、「あたかも昇らない周極星のように見える」期間があることになります（ブレイディは、ＡＬＨ［Arising and Lying Hidden］と呼んでいます）。これらの2種類は、1年の間に状態が変化していきます。

このとき、夜の恒星が見えている間に地平線を横切るかどうか（ブレイディは、通過［passage］という言葉を使っています）がとても重要です。古代の人々にとっては、恒星が地平線を横切ることは、神さまが自分たちの活動しているこの地上に触れ、生活に関わってくれるという感覚に繋がったのかもしれません。逆に周極星のようにずっと天上の手の届かないところにいたり、あるいは見えないまま（北半球から見て南の周極星はそうなります）のような恒星は格が異なるように感じたのかもしれません。例えば、魂の転生というイメージで考えれば、解脱の状態に対応するかもしれませんね。つまり、地平線から昇り地平線へと沈んでいく動きをする恒星は、1年のある時期、「沈まない周極星のふり」あるいは「昇らない周極星のふり」をする期間があるのです。このような状態の変化を恒星のサイクルと呼びます。

実際には、それぞれの恒星のサイクルは次のように進みます。「沈まない周極星のふり」をする恒星は、1．アクロニカル・ライジング、2．「沈まない周極星のふり」、3．ヒライアカル・セッティング、4．通常の夜の間に地平線を横切る状態、という順です。

また、「昇らない周極星のふり」をする恒星は、1．アクロニカル・セッティング、2．「昇らない周極星のふり」、3．ヒライアカル・ライジング、4．通常の夜の間に地平線を横切る状態、という順です。

ここで言う「アクロニカル」というのは、「日没と共に」、「ヒライアカル」というのは「日の出と共に」という意味です。例えば、アクロニカル・ライジングは日没と共にその恒星が上昇するということ、ヒライアカル・ライジングは日の出と共にその恒星が上昇するということです。つまり、「沈まない周極星のふり」や「昇らない周極星のふり」をする状態と通常の地平線を横切る状態の切り替わりがヒライアカル／アクロニカル・ライジング／セッティングのタイミングだということです。[7]

注目すべきは、特別な状態から通常の状態へ戻ってくるきっかけが、ヒライアカル・セッティングやヒライアカル・ライジングになっていることです。つまり、これらの恒星は天上の知恵や冥界の知恵を地上にもたらしてくれるガイドになると考えることができるからです。ブレイディはこれらの状態にある恒星を「魂のガイド」であるとし、次のように説明します。

ヒライアカルライジングスターについて：「ヒライアカルライジングスターは、あなたと『冥府』（つまり神聖なもの、あるいは、魔法にかけられたもの）を結ぶ絆、『魂のガイド』です。この恒星が冥界から復活するとき、あなたのチャートに与えられるのは、多忙な日々のおしゃべりではありません。むしろ、自分の魂の領域、スピリチュアルな道筋に焦点が当てられているのです。この恒星とその神話的な象徴は、その人が本来持っている性質、自分の才能、そして人生を通してその人を後押ししたり引っ張ったりしている目に見えない先祖の問題についての深い感覚を与えてくれます。ヒライアカルライジングスターについて熟考し、その神話を探求することは、あなたの人生の使命や能力、そして使命を果たすために与えられた内なる存在からの贈り物についての洞察を得ることです。それはあなたの人生を通して、あなたを引っ張ったり、舵を取ったりするようです」

ヒライアカルセッティングスターについて：「あなたが誕生した時点で、この恒星は最も最近地球に戻ってきた『神聖な存在』であり、あなたに贈り物を提供しています。しかし、あなたの意識の中では、これらの贈り物の認識はゆっくりともたらされます。あなたのヒライアカルライジングスターの『要求』という内なるプレッシャーや、人生の浮き沈みと闘っているうちに、あなたは徐々にヒライアカルセッティングスターの贈り物を発見するのです」[8]

惑星の見え方のサイクル

このような見た目の変化のパターンは、恒星だけでなく惑星にもあります。太陽の周りを回る惑星の動きは恒星より複雑になります。ここではそのうち代表的なものを取り上げます。

まず、どんな惑星でも太陽のすぐそばにあるときは、太陽の光により一日中見えません。この現象は現代のホロスコープ占星術でもコンバスト（古典占星術では、惑星や月が太陽の前後8・5度以内にあるときをコンバストと呼び、惑星の力が表現できにくくなると考えます）として注目されています。地球より内側を回る水星や金星は、いつも太陽からそれほど遠くに離れないのでこのような状態になりやすいです。

また、水星や金星は太陽からそれほど離れないため、明け方、太陽が昇る前か、夕方、太陽が沈んだ後の短い時間しか見られません。これらは太陽との位置関係により変わり、南中時の太陽に対して東側にあるときは日没後西の空に輝き（オクシデンタルと呼ばれています）、南中時の太陽より西側にあるときには日の出前の東の空に輝きます（オリエンタルと呼ばれています）。

ビジュアルアストロロジーでは、特に金星は明るい惑星なので、それにより照らし出されるテーマが重要視されます。金星がオリエンタルの場合は、照らし出される象徴に「主張的」な特徴が加えられると言います。また、オクシデンタルの場合は、「従属的」、あるいは「喜んで協力する」などの特徴と関連づけられます。特に太陽との距離が離れていると明るく輝く状態になるので、金星は照らし出される象徴に対してより強力なパワーを与えると考えられます。つまり、ビジュアルアストロロジーでは、見た目のさまざまな特徴の変化から象徴的な意味を読み取っていくのです。

地球より外側を回る火星以遠の惑星も太陽との位置関係により見え方が変わります。特に火星は太陽とオポジションになる時期（逆行している）は地球との距離が近くなるため見た目の明るさが増します。反対にコンジャンクションになる時期には地球との距離は遠くなるため暗めになり、また、コンジャンクションの前後1ヶ月半程度はコンバストとなり一日中観察されない状態になるか、日没や日の出の付近の短い時間しか見られなくなります。木星や土星も太陽との位置関係が変化するにつれて同様の変化を辿ります。

古代のバビロニアでは、木星はマルドゥク神に関連づけられていましたが、同時に、このような太陽との関係で変化する状態に従って呼び方も変わっていました。例えば、コンバストの状態でしばらく見えなかった後、夜明けの東の空に見えるようになり始めたばかりの木星は、「スルパエ」と呼ばれており、木星の状態の中で最も強力だと考えられていました。また、夜半から東の空に昇ってくるが、南中する前に昇りゆく太陽の光にかき消されてしまう状態の木星は「ニビル（ネヘニ）」と呼ばれていました。それら以外の通常の木星の状態は「サグメガル」と呼ばれていました。

「ニビル」について、アッシリアの占星家は特に何の意味も与えていませんでしたが、ブレイディは、その状態の特徴から、例えば、「完成しない出来事や無に返る出来事、あるいは、責務を完遂することに失敗する人物や、成功が最も期待されるとき最後の瞬間に敗北する人物を象徴すると見ることもできるだろう」と新たな解釈の可能性を述べています。もっとも、わざわざ「失敗」や「敗北」と結びつけなくても、「成功や完遂ということにそれほど執着しない様子」などと描写をしてもよいかもしれませんね。[9]

パランの説明

さて、ビジュアルアストロロジーでは、古代の人々に倣って天空の見た目の状態からさまざまな意味を汲み取ってホロスコープの解釈に利用していきます。このとき、通常の西洋占星術で利用する円形で惑星が表示してあるホロスコープの背後にこのような全天の見た目の物語が結びついていると考えるのです。そのとき、もちろん惑星のスカイマップ上での見た目の状態の物語も考慮しますが、それとは別に、「パラン」と呼ばれる古代の占星術の独特な概念に基づいて特定の恒星と惑星を関連づけて利用します。これが、ブレイディが開拓しているビジュアルアストロロジーの大きな特徴ともなっているのです。

古代の人々は、恒星や惑星が一日の動きの中で地平線や子午線の上に乗るタイミングを重要視しました。地平線はまさに地面と天空が触れ合う線です。また、子午線はその恒星や惑星がその場所で見える最も高い位置に来るタイミングです。星のエネルギーが天空からまっすぐに降りてくる通り道のイメージです。ブレイディは、古代の占星家の考え方に基づいて、出生の日に、これらの位置に恒星と惑星が同時に存在するとき、その特定の恒星のエネルギーが特定の惑星の活動を通して表現される、と考えました。つまり、出生の日にその人の人生の中で働く恒星と惑星の繫がりが形成されると考えたのです。このとき、出生の瞬間だけでなく、日の出から翌日の日の出までの24時間を単位として考え、出生の瞬間を含む24時間を考慮するとしています（24時間の取り方は別の方法もありますが、ブレイディはこの方法を採用しています）。

このような方法論は、バビロニアやヘレニズム期の占星家たちが使用していたと考えられており、トレミーやヴィティウス・ヴァレンスなどの著書にも言及されています。さらに、３７９年の匿名占星家による著書の中には恒星と惑星のパランでの組み合わせについての解釈描写が書かれています。ブレイディは、それらを引用し、次のように付け加えています：

例えば、乙女座の麦束の中にある明るい星スピカについて、土星とパランしているとき、彼は次のように言っています。「……医学と予言の経験豊かな者は、秘密の事柄とイニシエーションの書物について高度に学ぶことになるだろう」。彼はさらに、木星とパラン関係にあるスピカについて次のように語ります。「スピカはより大きな幸運、名声、支配、覇権をもたらす」。彼の描写には、惑星の性質ともう一つの影響力である恒星の性質が融合していることがはっきりと見て取れます。もちろん、彼はこれを彼の時代の占星術の伝統の中で行な

図2

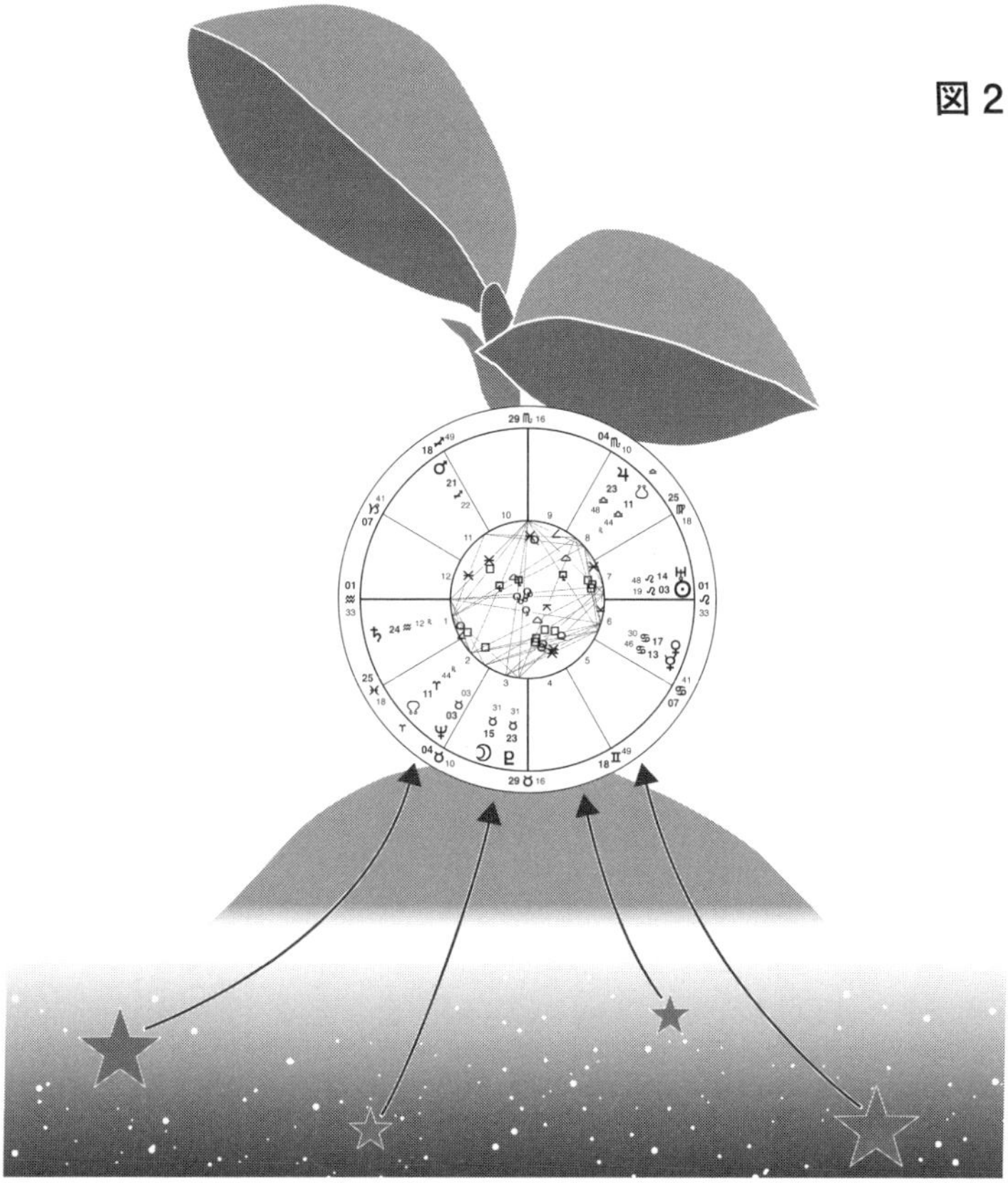

っているのです。私たちの実践においては、自分の発言をそれほど絶対的なものにしないことを選択するかもしれません。そして、その代わりに、私たちの時代の占星術の伝統の中で、占星術への現代的なアプローチが生み出す選択肢のいくつかを減らすのを助けるために、恒星を使うことを選ぶかもしれません。[10]

つまり、古代の方法論を参考にしながら、現代の文化に合わせた解釈ができるようになることを目標にしているのがわかります。

　この点をもう少し深く探求してみましょう。ブレイディは、通常のホロスコープの解釈を拡張する道具としてこの方法論を構築しています。つまり、古典的な方法論や心理占星術、ウラニアンやハーモニックなど、現代では、さまざまなホロスコープの解釈のアプローチが考案されていますが、どれも基本的には太陽や月を含む惑星を利用しています。ビジュアルアストロロジーでは、この個々の惑星の象徴を全天にちりばめられた恒星とパランという方法論を利用しながら関連づけて深めていきます。惑星のホロスコープとして象徴される個人の意識を「種」と考えたとき、恒星はその種が植えられた「土壌の状態」と考えてみると理解が深まるかもしれません（図2参照）。

心理学の3大巨匠と3種類のアプローチ

人間の心理の構造について考えるとき、20世紀前半に心理学の進歩を牽引した3人の巨匠、フロイト、ユング、アドラーを思い浮かべます。この3人が追求したものを整理すると「個人の意識」やそれが植えられている「土壌」について理解が深まるのではないかと筆者は考えています。無意識の発見者とも言われているフロイトは、「忘れた記憶に重要なものがある」と考えました。そして、無意識が意識に介入するメカニズムについて考察を深めました。それに対しアドラーは、「覚えている記憶に重要なものがある」と考え、目的論的なアプローチを追求しました。そして、ユングは、「セルフは無意識の領域に中心がある」と考え、未知へと向かう個性の成長プロセスの理解を深めました。これらの概念を、ホロスコープのメカニズムに関連させて考えるとき、とても大まかに関連づけると、「忘れた記憶に重要なものがある」と発想するフロイトは、過去の経験の分析が考察の中心になっていたので、ホロスコープを月の光で照らし出している側面の理解を深めたと言えるかもしれません。それに対して「覚えている記憶」に注目し「目的論」的なアプローチを追求したアドラーは、自分と共同体の未来を創り出す努力が考察の中心になっていたので、ホロスコープを太陽の光で照らし出している側面の理解を深めたと言えるかもしれません。そして、「セルフは無意識の領域に中心がある」と考えたユングは、意識だけでなく無意識も含めた心理プロセスが個性化を進めると考え（むしろ無意識側に重心がある）、無意識の中でアーキタイプ的な集団的な心理エネルギーがどのように表面化し個人の未来を創るプロセスに関与するのかという点に着目していました。ホロスコープに関連づけると社会天体（木星〜冥王星）、特にトランスサタニアン（天王星、海王星、冥王星）のテーマに注目していたと考えられますが、さらに象徴の整理の仕方によっては、アーキタイプとして恒星の次元を関連づけていたと考えることもできるでしょう。

ユングはすでにビジュアルアストロロジーを応用していた!?

実は、ユング自身、占星術に精通していたことが知られていますが、そればかりでなく、すでにビジュアルアストロロジーと同様な発想をもしていたのです。「*Visions*」の Volume2 Spring Term Lecture V（１９３２年６月８日の講義）の中でユングは次のように語っています：

一連の黄道宮は、天空を取り巻く星座の帯からなっており、太陽の通り道として性格づけられています。しかし、これらの星座の他にも、黄道宮と同じくらい神話的な星座の数々があります。例えば、白羊宮［牡羊座］、金牛宮［牡牛座］、宝瓶宮［水瓶座］、双魚宮［魚座］と並んで、冠座、大熊座、南の魚座、その他にもたくさんあります。それらは一見したところ、現代の占星術においてはほとんど何の役割も果たしていませんが、もともとはなにがしかの意味を持っていました。というのも、黄道宮の象徴学が星々の中に書かれていたのではなく、人間の無意識から生まれて空に投影されたものであるように、当然、天空の他の星座もすべて無意識内容の投影によって生み出され特徴づけられてきたものだからです。それゆえ、黄道宮に何らかの種類の心理学的神話があるならば——明らかにあります——他の星座もやはり心理学的意味を含んでいると考えなければなりません。……[11]

ユングは、このような発想を獣帯のサインの理解を深めるために応用していますが、発想自体はまさにビジュアルアストロロジーに通じます。特に人類の集合無意識的なアーキタイプが天空一面に投影されているというイメージは、その中を動く惑星を個人個人の意識に対応させると意識の構造自体を象徴的に整理して理解する大きな指針やヒントになるのではないでしょうか。

恒星、惑星、地上の特定の場所との間の「契約」

さて、ブレイディは、このような全体性を持った天空の象徴の物語と個人を効果的に関連づけるためにパランを利用しようと考えました。ブレイディは、ホロスコープ上の物語を表す象徴、例えば、天体同士のアスペクトを解釈する場合、さまざまな表現の範囲や可能性のスペクトラムがあると説明します。しかし、チャートの解釈を深めるためには、集団的なアーキタイプや具体的な問題を見分け、それらを意味のある独特な人生の物語や表現へと統合する力が必要だと指摘します。その際、最善の方法については決定的な結論はないが、単に地球と惑星の関係の象徴にだけ注目するよりも、全天と地球、惑星の関係の象徴に注目した方が真の洞察へと近づくことができるのではないかとブレイディは考察します。[12]

確かに、パランは全天の恒星と惑星を結びつけるだけでなく、それと同時に地球上の特定の場所（特に緯度）と結びつけているので、象徴的にも「地球上の物語」、つまり、実際の人生の物語に関連づけやすくなるはずです。通常のホロスコープ占星術では、生まれた瞬間の天体配置の象徴の物語をその人の人生に関連づけるのですが、パランの場合は生まれた日の1日の間（夜明けから24時間）に形成されるパランの全てをその人の人生の物語として関連づけます。「生まれた瞬間」に比べれば期間は長くなりますが、その土地、特に特定の緯度にはしっかり結びついています。その日の同じ緯度に存在するグループ魂の共通のテーマが刻まれるイメージかもしれませんね。

恒星を基準に4つの位置で分類するとわかりやすい

24時間の中では、さまざまなパランが形成されますが、私たちの注目する「恒星パラン」では、恒星と惑星の組み合わせに注目します（恒星同士や惑星同士でもパランになることがありますが、ここでは恒星と惑星の結びつきに焦点を合わせています）。成立している恒星パラン（恒星と惑星が設定した時間のオーブ以内のタイミングで正確な位置になる）では、恒星の普遍的なアーキタイプ的テーマが惑星を通してその人の人生の中に持ち込まれ経験されると考えられます。このとき、パランが形成される地平線及び子午線上の4つの位置は、次のように呼ばれています：ライジング＝地平線の東側、セッティング＝地平線の西側、カルミネート＝子午線の南側（北半球、南半球の場合は北側、地軸を基準）、ナディア＝子午線の北側（北半球、南半球の場合は南側、地軸を基準）。つまり、どんな特定の恒星と惑星の組み合わせでも、恒星の4箇所に対して惑星の4箇所が考えられるので、16通りの配置の可能性が考えられるのです（緯度により周極星となる場合、ライジングやセッティングの位置に来ないこともある)。しかし、最初のうちは惑星の位置については考慮せず、恒星の位置のみに注目しながら（4種類）人生におけるその恒星の働きのイメージを理解していくとよいでしょう。

　ブレイディは、３７９年の匿名占星家の説を参考にしながらそれぞれの位置にある恒星の影響について次のように説明しています。恒星パランにおいてライジングとなっている恒星のエネルギーは、その人の人生を通して表現され、最も強力な配置だと考察されます。しかし、そのピークは早期にやってきて、その人が若い頃にとても強力になるようです。ゆっくりと成功へと上り詰めていくという表現ではありません。カルミネートの場合もライジングと似たように幼少期から表現され、人生を通して継続し、生まれた町での成功を与えますが、その恒星のエネルギーの表現は特に職業や社会的な立場などコミュニティーにおける立ち位置に関連し、そのため野心や衝動はとても若い頃から確立されるものの、エネルギー自体の表現は中年頃に増強されていくと考えられます。セッティングでは、恒星のエネルギーは中年の頃に知らない土地（未知の領域）で表現されます。そして、ナディアの場合は、恒星のエネルギーは老年になってから表現され、「その人の死は広く注目され認知される」と考えられます。ナディアは大きな資源であり、表面の下に隠されたものを意味するので、これらの恒星のテーマは地下の温泉のように強力であるが隠されているもの、すぐには明らかにならないが、一度発見されると真の宝になるものを示すと考えられます[13]。

　ブレイディはこのように説明しますが、占星術の象徴は大きなサイクルで見られるような流れの特徴がより小さいサイクル、短い期間でも繰り返されるように進みます。全てのサイクルはまるで入れ子構造のようなものなので、人生全体でのこのようなサイクルの感覚は、例えば、学生時代、独身時代などの人生のある段階の中でも、あるいは、1年や1ヶ月、1日などのサイクルの中でもより小さな規模で繰り返されながら経験が深まっていくと考えることができるでしょう。

これらの情報をどのように統合したらよいか？

さて、ビジュアルアストロロジーは、通常のホロスコープを恒星と惑星、地球上の特定の場所（緯度）の結びつき（恒星パラン）などを利用して、全天の星の物語に関連づけながら拡張する方法論だということがわかってきました。では、これらの情報をどのように利用したらよいのでしょうか？

すでにお話ししましたように、ブレイディはビジュアルアストロロジーを古典でも現代占星術でもあらゆるホロスコープ占星術のアプローチを拡張するために利用することができると考えています。筆者は、心理占星術をメインに追求しており、心理占星術とビジュアルアストロロジーを組み合わせていくことに深い可能性を感じています。先ほどお話しした心理学の3大巨匠フロイト、ユング、アドラーのアプローチは、理論的な整理をする際に役立ちます。筆者の整理の仕方では、人間の感情や行動のパターン形成を次のような典型的な物語に沿って展開すると想定しながら理解を深めていきます（詳しくは、拙著『子ギツネ心理占星術』参照[14]）：

人間は出生時の天体配置（恒星などの関連含む）に象徴される独特なテーマや方向性を持って生まれてくるが、幼少期の環境は必ずしもそれらを理解しサポートしないかもしれない。そのような環境の中で形成された幼少期の感情や行動パターンの特徴は無自覚に働き続け、大人になって自分の力で自己実現できる状況になっても働き続けている。無自覚に続いている感情や行動パターンを意識化し、同時に自分自身がもともと持っている独特なテーマや方向性に気がつき、必要であればそれに向かいやすいように感情や行動パターンを調整していくことが人生の充実のサポートになるだろう（子ギツネの物語の要点）。

このうち、特に幼少期の感情や行動のパターン形成のメカニズムについては、フロイトのアプローチ（防衛機制、対象関係論などにも関連：ホロスコープから過去を理解する努力に対応）が理解を深めるヒントを与えてくれます。しかし、大人になって無自覚に働いている感情や行動パターンを意識化し脱却していくためにはアドラーのアプローチ（認知行動療法、交流分析、ゲシュタルト療法、短期療法などにも発展：ホロスコープから具体的な未来を創り出す努力に対応）が有効ではないかと考えられます。さらに個人の深層の部分の理解を深め人生全体の意味意義を究めていくのにはユングのアプローチ（アクティブイマジネーション、サイコシンセシス、トランスパーソナル心理学など、あらゆる次元の分裂を統合へ向かわせる自然な力を回復させる：統合の範囲を広げ、個と全体の有機的な繋がりを活性化する努力に対応）がとても重宝します。ビジュアルアストロロジーは、これらのうち特にユングのアプローチの部分に強く関連しますが、これらの全体の理解や過程が深まることで全体的な効果が深まるのではないかと筆者は考えています。

心理占星術との連携

前述のような過程は、比喩的な物語があるとわかりやすくなります。筆者は、イソップの狐とぶ

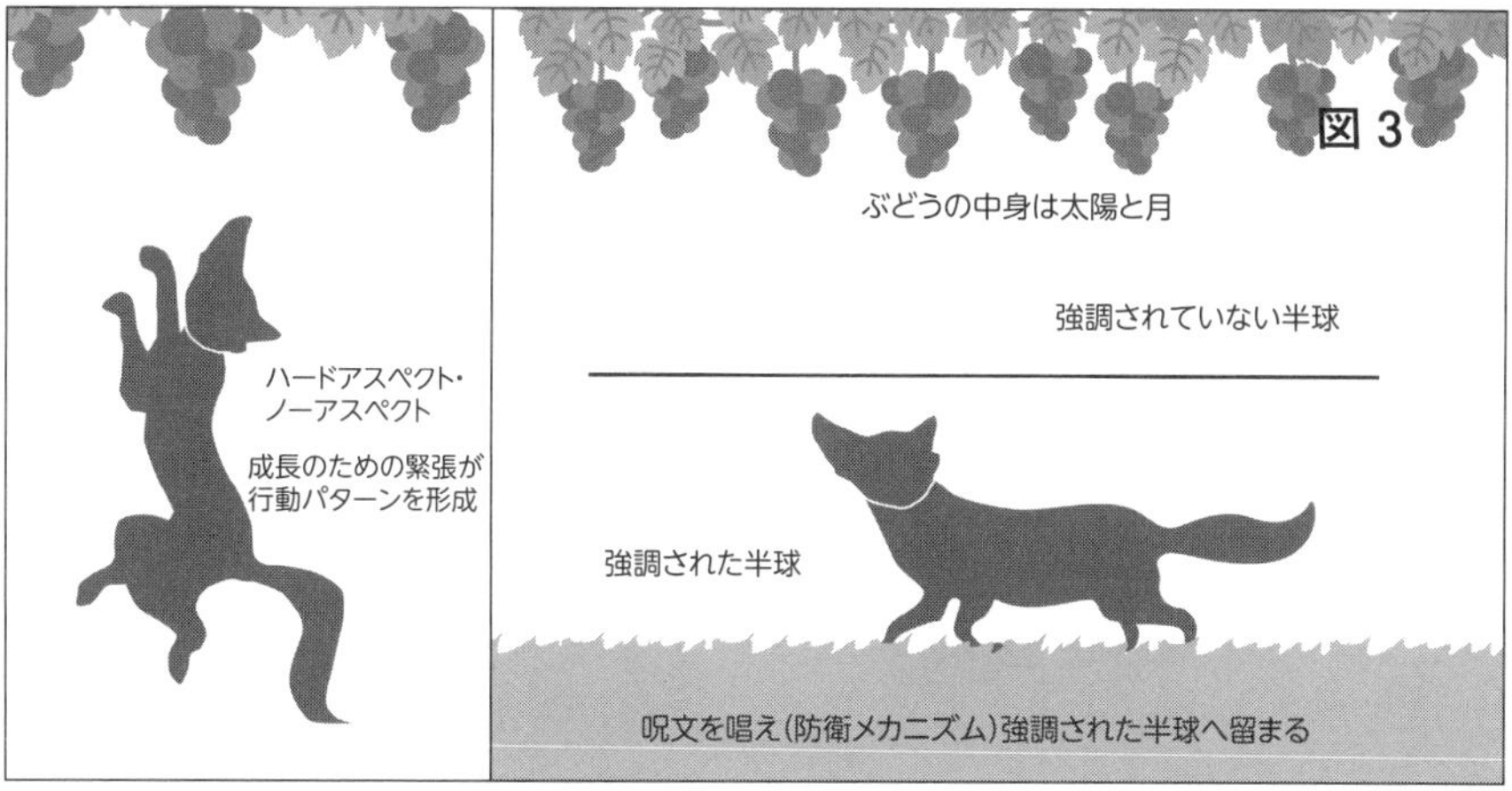

どうの話を利用して、人生の中で特定の行動パターンがどう形成され影響するかを考えるヒントにしています。イソップの物語では、狐は木の上にぶら下がる美味しそうなぶどうに飛びついても手が届かず「あのぶどうは酸っぱい」と言って諦める話ですが、「子ギツネの物語」ではこれは子供の頃の話で、大人になってから重要な続きの話があるのです。子ギツネは大人になり、背が伸びて、ぶどうに手が届きいつでも望めば少しの努力で手に入るようになっています。しかし、子供の頃の感情のパターンは残っており、「このぶどうは酸っぱい」と思い込み、ぶどうに手を伸ばすことを避け続けているのです。「酸っぱい」という反応は、欲しいのに手に入らないものに気持ちを向けずに届く範囲に意識を留めるため子供の頃に必死に行なった工夫なのだということに気がつき、無自覚に動いてしまうこのような反応を乗り越えて、美味しく栄養になるはずのぶどうに手を伸ばし食べることができるようになることが望ましいのです。

この際、次に挙げるホロスコープの4つの要素に注目をすると整理しやすくなります（図3参照）：

①太陽や月（そしてサインや恒星）に象徴される「ぶどうの中身」
②半球の強調などハウスの次元に象徴される「幼少期の環境の偏りや特徴」

図 4

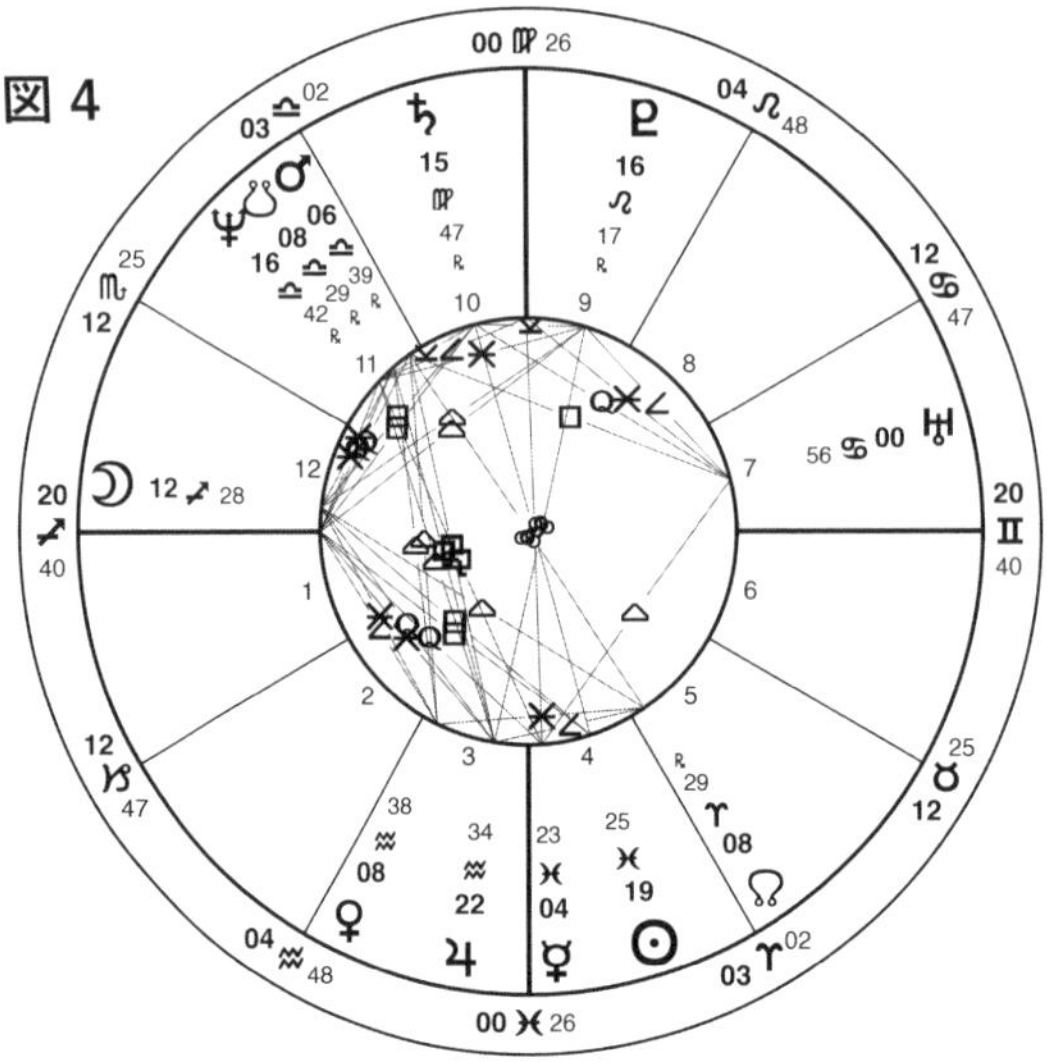

ベルナデット・ブレイディ
出生時間：
1950年3月10日23時15分
出生地：オーストラリア、
アデレード

③ハードアスペクトやノーアスペクトに象徴される「幼少期の具体的な困難の焦点」

④ホロスコープ上で利用できるあらゆる要素を使って身につける「状況を納得するための工夫＝防衛メカニズム」

これらの象徴を組み合わせながら実際の人生の経験に注目し、物語を整理していくのです。これらは、時期表示を組み合わせるとより効果的に考察を深めることができます。たくさんの時期表示のうちどれを選んで利用するかについてはこの本の範囲を超えますが、ここでは、特にソーラーアークを利用して重要な行動パターンの形成や変化の時期を追跡してみます。

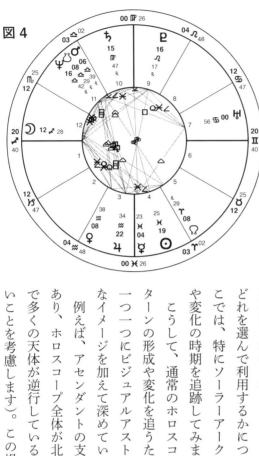

こうして、通常のホロスコープを利用して心理的な感情や行動パターンの形成や変化を追うための象徴を選び出しますが、それらの一つ一つにビジュアルアストロロジーで関連している恒星の象徴的なイメージを加えて深めていくのです。

例えば、アセンダントの支配星の木星がノーアスペクトで水瓶にあり、ホロスコープ全体が北に偏っているとしましょう（ある半球で多くの天体が逆行している場合、反対側の半球に意識が向きやすいことを考慮します）。この場合、成長の物語の一部には、自分のビジョンや意見､冒険心を理解されにくいという「困難」を経験しながら（木星のノーアスペクト）、広い世界へ出ていくことは後回しにし、身内に認められる範囲で成長しようという行動パターンが形成されるわけですが、大人になって無自覚に働くそのパターンに気がつき脱却し、真の自分のテーマに気がついていくというような物語が想定されます。このとき、木星のスカイマップ上での状態やパランしている恒星のイメージを加えながら物語を追求していくのです。

実は、これはベルナデット・ブレイディの出生図の特徴です（図4参照）。

ブレイディのノーアスペクトの木星は、ライジングのデネブ・アルゲディ、セッティングのズベン・エシャマリ、ナディアのメンカルとパランになっています（157ページの表の矢印参照）。35ページ表1の恒星のキーワード表を見ると、デネブ・アルゲディは「法を与える者」、ズベン・エシャマリは「プロフェッショナルな援助者」、そして、メンカルは「集合無意識の扉を開く」です。ビジュアルアストロロジーという新しい占星術の方法論を確立し先導して活躍するブレイディは、まさにこれらのキーワードを結びつけた「集合無意識の扉を開く」「プロフェッショナルな援助者」であり、「法を与える者」として活躍されていますね。しかし、最初から占星術を追求していたのではありません。もともと20代前半までは科学を学び微生物学を追求していました。

ここで、恒星パランにおける4つの位置について思い出してください。ライジングのデネブ・アルゲディの「法を与える者」のエネルギーは小さい頃から活発に動き始めていたのでしょう。それは高度な学問を身につける方向に導いたのかもしれません。

しかし、次第にセッティングのズベン・エシャマリが象徴する「プロフェッショナルな援助者」やナディアのメンカルが象徴する「集合無意識の扉を開く」エネルギーが年齢が上がるにつれて強く働き始めていったと考えると方向転換の様子にとても重なります。もちろん、通常のホロスコープから考えられる「理解されにくく独自に模索していた自分の奥にあるビジョンや意見、冒険心を社会へ発信できるようになっていく」という成長の物語も働いており、ソーラーアークの木星が太陽とコンジャンクションになった20代後半のあるとき、交通事故でしばらく入院したことをきっかけに科学ではないものを探求し始め、占星術に出会っていったとのことです。[15]

もっとも、ホロスコープ上の他の要素に注目しながら、恒星に象徴されるエネルギーに注目すると、さらに同様な「成長の物語」をたくさん見つけることができるでしょう。

ビジュアルアストロロジーの材料をそろえよう

さて、実際にビジュアルアストロロジーを応用しようとするとき、必要な材料を揃えなければなりません。天空の図であるスカイマップ、魂のガイドであるヒライアカルライジングスター及びヒライアカルセッティングスター、生まれた瞬間に地平線や子午線に触れていた恒星、そして、恒星パランのリストです。特に恒星パランやヒライアカルライジング／セッティングについては、ブレイディの計算方法で行なう必要があります（ここでは詳しい説明は省きますが、計算方法が変わると正しいリストが得られません）。これらは、ブレイディが開発した「Starlight」という占星術ソフトで計算するのが最も応用がききますが、インターネットサイトのAstrodienst（astro.com）を利用すれば基本的な材料を無料で揃えることができます。ここでは、Astrodienst の使い方を説明します。[16]

Astrodienstを使った ビジュアルアストロロジーのデータ出力方法

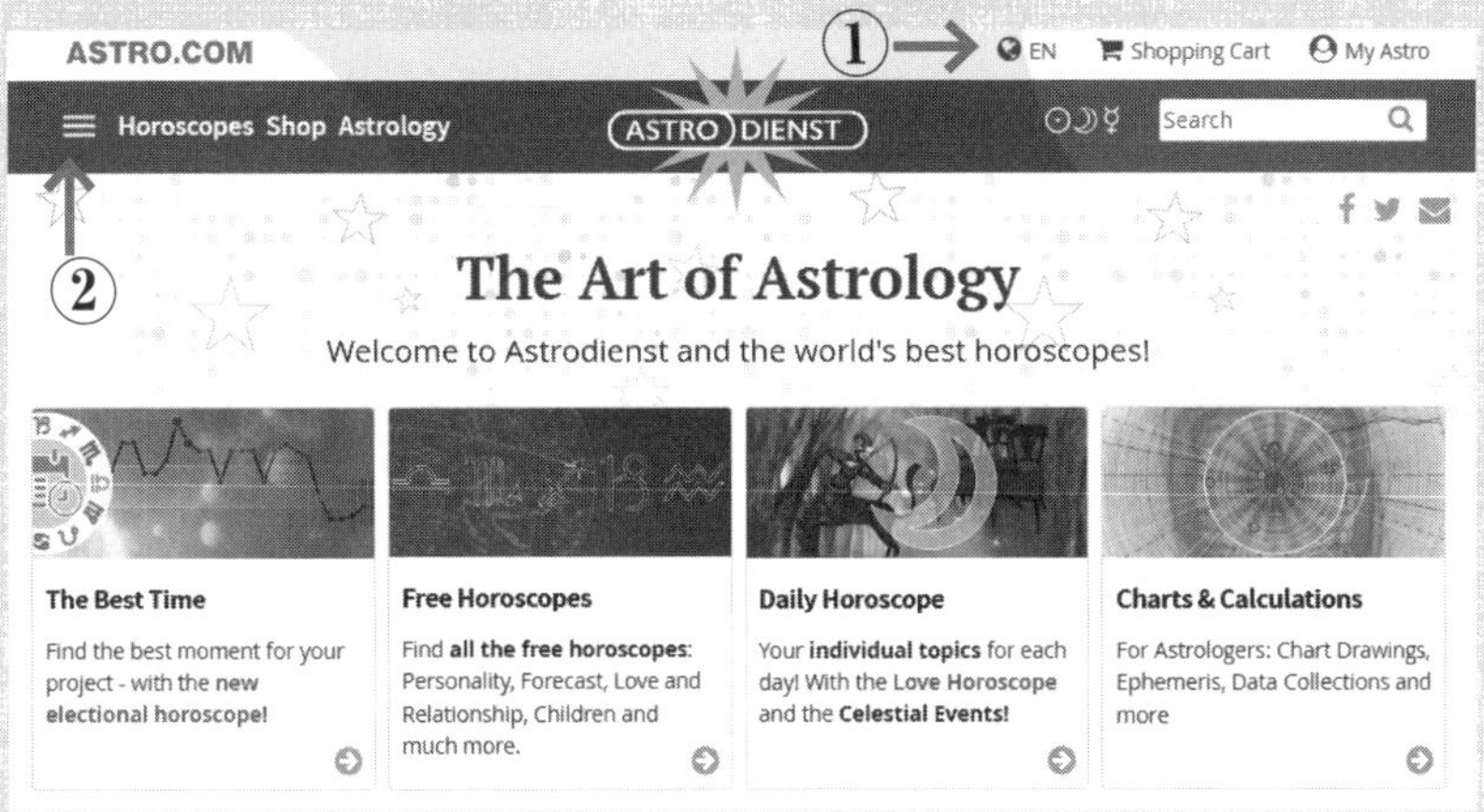

まず、インターネットのブラウザのURL入力にastro.comまたはアストロディーンストと入力します。すると上記のウェブサイトが開きます。
（https://www.astro.com/horoscope）
ページ右上の地球アイコン（①）をクリックするとメニューが開き言語を設定できるので「日本語」を選びます（ユーザー登録をすると複数の出生データを保存できるようになります）。

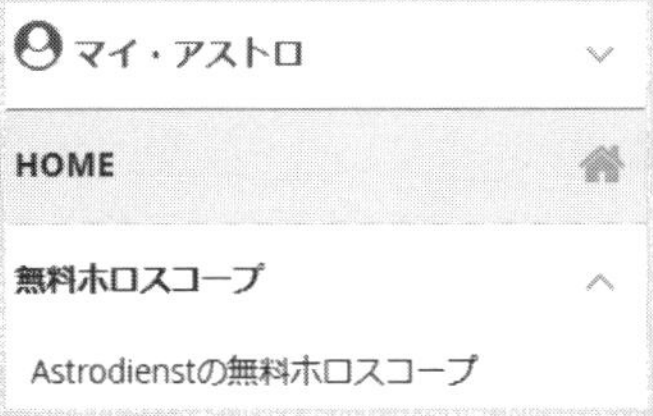

②左上の「≡」をクリックして開いたメニューから「無料ホロスコープ」「Astrodienstの無料ホロスコープ」の順でクリックしていくと、「ホロスコープ各種チャート作成」のメニューページが開きます。

③「出生データによるいろんなチャート」を選択します。

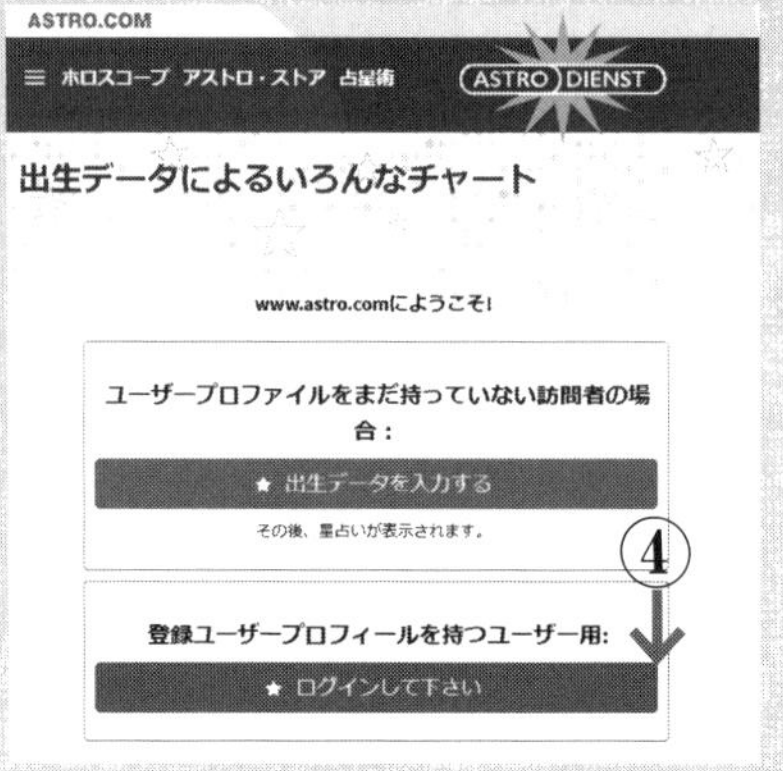

④ユーザー登録をする場合はここで「ログインしてください」を選んでください。

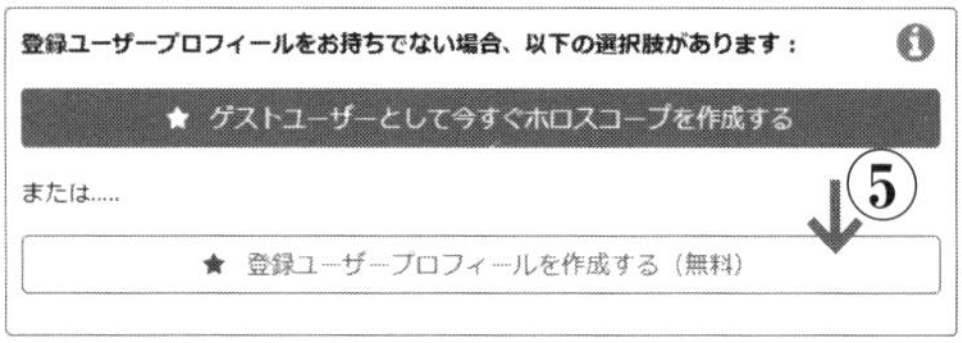

⑤次のページで「登録ユーザープロフィールを作成する」を選んでください。

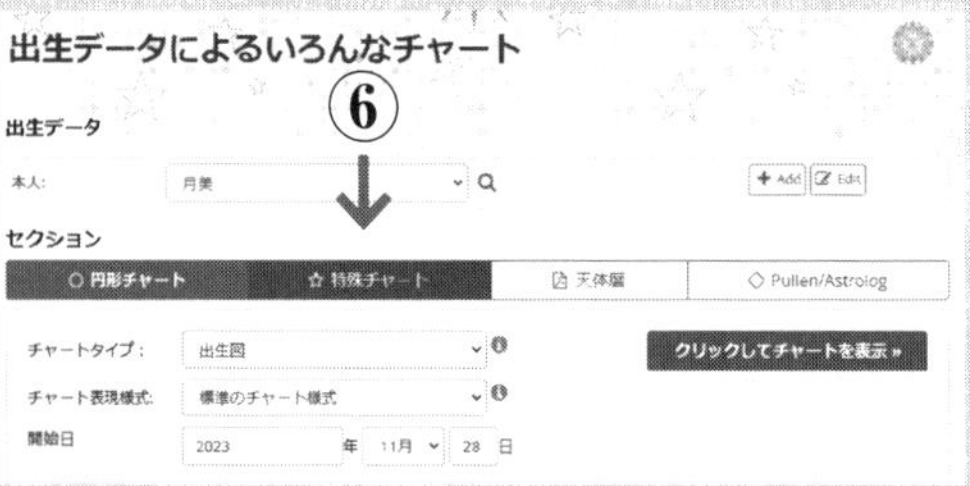

出生データを入力して「続ける」をクリック、次のページに移動した後、出てきた画面の中央あたりの「セクション」の中の4つのうち「特殊チャート」⑥を選択します。

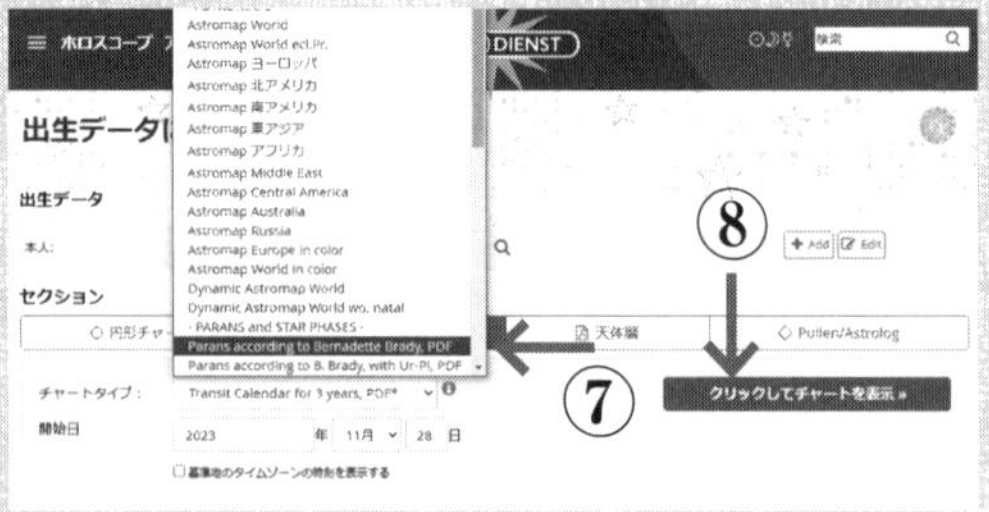

ここで、「チャートタイプ」の選択肢から「Parans according to Bernadette Brady, PDF」または「Parans according to B. Brady, with Ur-Pl, PDF」⑦のどちらかを選択します。

「チャートタイプ」の選択に2種類あるのは、トランスサタニアン天体（天王星、海王星、冥王星）を含めるかどうかの違いです。そして、右側の緑色の「クリックしてチャートを表示」⑧をクリックします。

すると新たなタブが開き２ページにわたるＰＤＦが表示されます（必要であればファイルをダウンロード、保存してください）。２ページ目に表示されているのが、ビジュアルアストロロジーに必要な「ヒライアカル・ライジング及びセッティングスター」、「生まれた瞬間の地平線及び子午線上の恒星（もしあれば）」、そして「恒星パラン」のリストです。

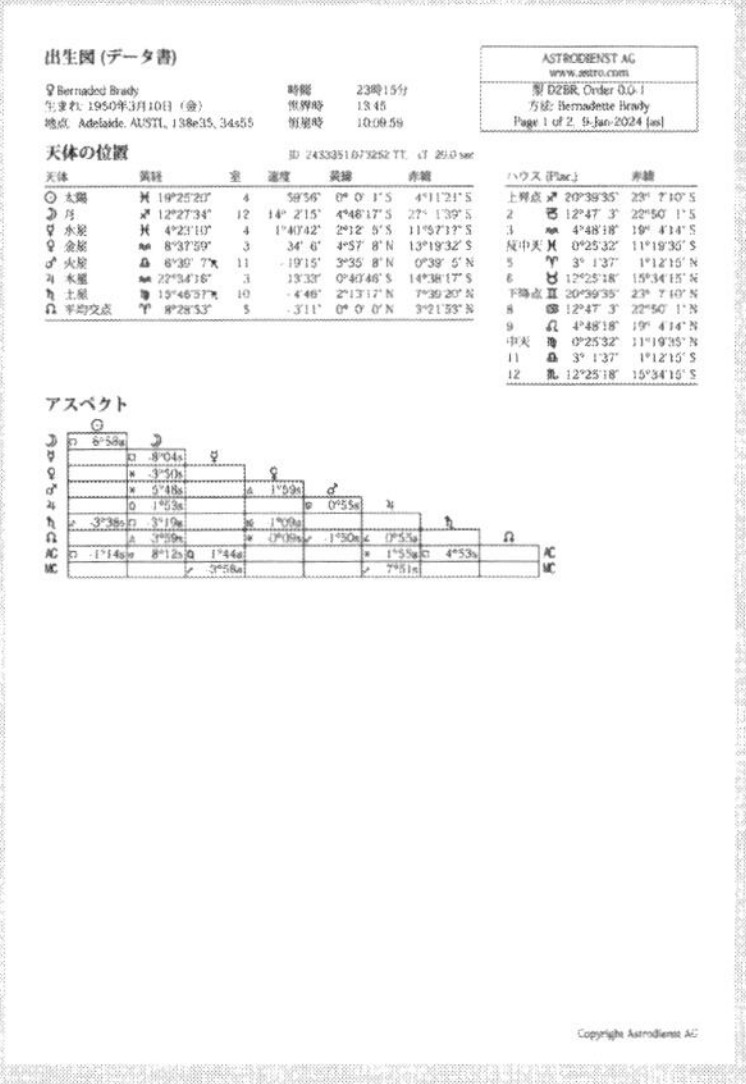

出生図 (データ書)

♀Bernaded Brady 時閣 23時15分
生まれ: 1950年3月10日（金） 世界時 13:45
地点: Adelaide, AUSTL, 138e35, 34s55 恒星時 10:09:59

ASTRODIENST AG
www.astro.com
型 D2BR, Order 0.0-1
方法: Bernadette Brady
Page 1 of 2, 9-Jan-2024 [as]

天体の位置

JD 2433351.073252 TT, ΔT 29.0 sec

天体	黄経	室	速度	黄緯	赤緯
☉ 太陽	♓ 19°25'20"	4	59'56"	0° 0' 1" S	4°11'21" S
☽ 月	♐ 12°27'34"	12	14° 2'15"	4°48'17" S	27° 1'39" S
☿ 水星	♓ 4°23'10"	4	1°40'42"	2°12' 5" S	11°57'17" S
♀ 金星	♒ 8°37'59"	3	34' 6"	4°57' 8" N	13°19'32" S
♂ 火星	♎ 6°39' 7"℞	11	-19'15"	3°35' 8" N	0°39' 5" N
♃ 木星	♒ 22°34'16"	3	13'33"	0°40'46" S	14°38'17" S
♄ 土星	♍ 15°46'57"℞	10	-4'46"	2°13'17" N	7°39'20" N
☊ 平均交点	♈ 8°28'53"	5	-3'11"	0° 0' 0" N	3°21'53" N

ハウス (Plac.)		赤緯
上昇点	♐ 20°39'35"	23° 7'10" S
2	♑ 12°47' 3"	22°50' 1" S
3	♒ 4°48'18"	19° 4'14" S
天底/反中天	♓ 0°25'32"	11°19'35" S
5	♈ 3° 1'37"	1°12'15" N
6	♉ 12°25'18"	15°34'15" N
下降点	♊ 20°39'35"	23° 7'10" N
8	♋ 12°47' 3"	22°50' 1" N
9	♌ 4°48'18"	19° 4'14" N
中天	♍ 0°25'32"	11°19'35" N
11	♎ 3° 1'37"	1°12'15" S
12	♏ 12°25'18"	15°34'15" S

アスペクト

	☉	☽	☿	♀	♂	♃	♄	☊
☽	□ 6°58a							
☿		□ -8°04s						
♀		⚹ -3°50s						
♂		⚹ 5°48s		△ 1°59s				
♃		□ -1°53s			0°55s			
♄	⚺ -3°38s	□ -3°19a		⚹ 1°09a				
☊		△ -3°59s		⚹ -0°09s	⚺ -1°30s	∠ 0°53a		
AC	□ -1°14s	☍ 8°12s	☌ 1°44a			⚹ 1°55a	□ 4°53s	
MC			⚺ -3°58a			⚺ 7°51s		

Copyright Astrodienst AG

出生図 (データ書)
: Bernaded Brady, 1950年3月10日

Page 2 of 2
型 D2BR Order 0.0-1

Heliacal stars and parans according to Bernadette Brady

Star list: B.Brady (64 stars); Orb for parans: 0°30' in RA, for position at axis: 1°00' in RA
方法: Real parans between two sunrises

Your heliacal rising star: Sadalmelek (13 days earlier)
Your heliacal setting star: Canopus (3 days earlier)

Stars Rising ("Stars of Your Youth")
☉ 太陽 土星 (Set-Rise, 0°06'), Facies (LCul-Rise, 0°03'), Aldebaran (Cul-Rise, 0°16')
☽ 月 Murzim (Set-Rise, 0°19')
♀ 金星 Castor (Set-Rise, 0°21')
♂ 火星 Scheat (Set-Rise, 0°23', alh)
♃ 木星 Deneb Algedi (Rise-Rise, 0°28')

Stars in Culmination ("Stars of Your Prime")
☉ 太陽 Alnilam (Set-Cul, 0°20'), Ras Algethi (Rise-Cul, 0°24')
♀ 金星 Sualocin (Cul-Cul, 0°04'), Agena (Rise-Cul, 0°15')
♂ 火星 平均交点 (LCul-Cul, 0°10')
♄ 土星 Zosma (Cul-Cul, 0°05'), Alnilam (Rise-Cul, 0°15')

Stars Setting ("Stars of Your Latter Years")
♂ 火星 Vindemiatrix (Set-Set, 0°21')
♃ 木星 Zuben Eschamali (Cul-Set, 0°07')
♄ 土星 太陽 (Rise-Set, 0°06'), Canopus (Set-Set, 0°24')

Stars in Lower Culmination ("The Hearthstone of Your Life")
☉ 太陽 Ras Alhague (Set-LCul, 0°04'), Rigel (Rise-LCul, 0°20')
☽ 月 Antares (LCul-LCul, 0°02')
♀ 金星 Deneb Adige (LCul-LCul, 0°14', alh), Sualocin (LCul-LCul, 0°22'), Al Rescha (Rise-LCul, 0°27'), Zuben Eschamali (Set-LCul, 0°29')
♂ 火星 平均交点 (Cul-LCul, 0°17'), Facies (Rise-LCul, 0°19')
♃ 木星 Menkar (Rise-LCul, 0°13')
♄ 土星 Ras Alhague (Rise-LCul, 0°01'), Zosma (LCul-LCul, 0°03')

Copyright Astrodienst AG

データ書を読む

では、出力した表示の中身を見てみましょう。計算結果の表は2ページ分出力されるのですが、1ページ目は占星術の一般的な基本データであり、2ページ目の方がビジュアルアストロロジー関係のデータです。例えば、ベルナデット・ブレイディの出生時の恒星パランのリストを見ると、「Stars Rising（ライジング）」の左側の列に木星があり右側の列には「Deneb Algedi（デネブ・アルゲディ）」、「Stars Setting（セッティング）」の左側の列にも木星があり右側の列には「Zuben Eschamali（ズベン・エシャマリ）」、「Stars in Lower Culmination（ナディア）」の左側の列にも木星があり右側の列には「Menkar（メンカル）」があるのがわかるでしょう。日本語モードでの出力でも項目は英語で書かれています。これは「Starlight」ソフトウェアの出力と多少異なっており、「Starlight」では、「Rising（ライジング）」「Culminating（カルミネート）」「Setting（セッティング）」「On Nadir（ナディア）」という項目名になっています。それぞれの項目がどう書かれているかを覚えておくとよいでしょう。

恒星パランの表は見慣れるまでわかりづらいかもしれません。それは、恒星も惑星も4つの位置の可能性があり、慣れるまではどちらを中心に考えているかがこんがらがってしまうからでしょう。恒星パランを考えるときには「恒星の位置を中心に考える」ということを覚えておくとよいです。表では恒星の位置によって4つに分類されています。それぞれの分類について、左側の列には惑星が、右側の列には恒星が書かれています（右側にも惑星が書かれているときもありますがここでは考慮しなくてもよいでしょう）。左側のそれぞれの惑星に対してパランで関連づいている恒星が右側に書かれています。恒星パランでまず知りたいのは、形成されている恒星と惑星の組み合わせの恒星側

出生図 (データ書)
： Bernadette Brady [Adb]，1950年3月10日

Heliacal stars and parans according to Bernadette Brady
Star list: B.Brady (64 stars); Orb for parans: 0°30' in RA; for position at axis: 1°00' in RA
方法: Real parans between two sunrises

Your heliacal rising star: Sadalmelek (13 days earlier)
Your heliacal setting star: Canopus (3 days earlier)

Stars Rising ("Stars of Your Youth")
☉	太陽	土星 (Set-Rise, 0°06'), Facies (LCul-Rise, 0°03'), Aldebaran (Cul-Rise, 0°16')
☽	月	Murzims (Set-Rise, 0°19')
♀	金星	Castor (Set-Rise, 0°21')
♂	火星	Scheat (Set-Rise, 0°23',alh)
♃	木星	Deneb Algedi (Rise-Rise, 0°28')
♅	天王星	Rukbat (Set-Rise, 0°01')
♆	海王星	Spica (Rise-Rise, 0°25'), Mirfak (LCul-Rise, 0°29')
♇	冥王星	Altair (Set-Rise, 0°13')

Stars in Culmination ("Stars of Your Prime")
☉	太陽	Alnilam (Set-Cul, 0°20'), Ras Algethi (Rise-Cul, 0°24')
♀	金星	Sualocin (Cul-Cul, 0°04'), Agena (Rise-Cul, 0°15')
♂	火星	平均交点 (LCul-Cul, 0°10')
♄	土星	Zosma (Cul-Cul, 0°05'), Alnilam (Rise-Cul, 0°15')
♇	冥王星	Arcturus (Set-Cul, 0°06'), Alphard (Cul-Cul, 0°09')

Stars Setting ("Stars of Your Latter Years")
♂	火星	Vindemiatrix (Set-Set, 0°21')
♃	木星	Zuben Eschamali (Cul-Set, 0°02')
♄	土星	太陽 (Rise-Set, 0°06'), Canopus (Set-Set, 0°24')
♆	海王星	Arcturus (Set-Set, 0°28')

Stars in Lower Culmination ("The Hearthstone of Your Life")
☉	太陽	Ras Alhague (Set-LCul, 0°04'), Rigel (Rise-LCul, 0°20')
☽	月	Antares (LCul-LCul, 0°02')
♀	金星	Deneb Adige (LCul-LCul, 0°14',alh), Sualocin (LCul-LCul, 0°22'), Al Rescha (Rise-LCul, 0°27'), Zuben Eschamali (Set-LCul, 0°29')
♂	火星	平均交点 (Cul-LCul, 0°17'), Facies (Rise-LCul, 0°19')
♃	木星	Menkar (Rise-LCul, 0°13')
♄	土星	Ras Alhague (Rise-LCul, 0°01'), Zosma (LCul-LCul, 0°03')
♇	冥王星	Alphard (LCul-LCul, 0°10')

Definitions according to B.Brady:
- "Your heliacal rising star": Using Brady's star list, this is the star (or stars) which last ended its (or their) "alh" phase (explained below). This star may have actually risen with the Sun at sunrise a number of days before, but no other stars have completed this phase since it did. Equally although it has risen before the Sun, the star may not yet be visible in the predawn glow.
- "Your heliacal setting star": This is the star (or stars) which last ended its (or their) "cp" phase (explained below). This star may have actually set at sunrise a number of days before, but no other stars have completed this phase since it did.
Calculation method: Parans are calculated for the times at which the stars and planets really rise, set, or culminate on the day of birth. The day of birth is considered to start at the preceding sunrise and end at the following sunrise.
Underlined objects were at one of the four main axes at the time of birth. In parentheses, the following information is given:
- The axis at which an object is positioned when forming the paran.
- Precision in degrees (RA), applying (a) or separating (s)
- Phase in the year cycle:
"cp": The star is in a period where it is above the horizon the whole night through. i.e. it rises before sunset and sets only after sunrise. (Ptolemy's "curtailed passage")
"alh": The star is in a period where it is above the horizon only during the daylight hours. (Ptolemy's "arising but lying hidden")
For astrologers wishing to know the meanings of these fixed stars in their natal chart more information can be gained from www.zyntara.com or from B. Brady's book "Star and Planet Combinations", 2008. Bournemouth, UK: Wessex Astrologer.

の位置です。しかし、この表では惑星側の位置もわかるようになっています。それは、恒星の名前の後にあるカッコ内に惑星の位置－恒星の位置の順番で略号で書かれています（ライジング＝Rise、カルミネート＝Cul、セッティング＝Set、ナディア＝LCul）。後に書かれている恒星の位置の方は各分類の中では全て共通になっているはずです。もし惑星の位置を知りたい場合は、先に書かれている惑星の位置を見ればよいのです。

この表には、恒星パランではありませんがビジュアルアストロロジーで重視しているいくつかの材料もリストされています。まず最初に出てくるのが、「恒星のサイクル」で説明したヒライアカル

Astrodienstで
スカイマップを出力する方法

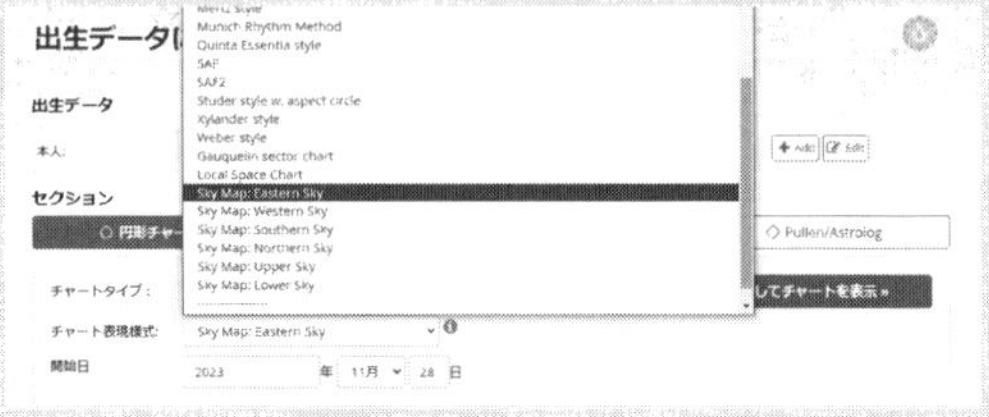

さて、「astro.com」では、スカイマップを表示することもできます。前のタブに戻り、「セクション」の中の「円形チャート」をクリックします。
「チャートの表現方式」の選択肢の中から６種類のうちどれかの「Sky Map」を選んだのち、「クリックしてチャートを表示」をクリックするとスカイマップが表示されます。

各種のスカイマップについては、恒星の星座の間のどの辺の位置にそれぞれの惑星があるのか、ビジュアル的に確認し、物語をイメージしてみます。また、いろいろな地域や文化で各星座にまつわるさまざまな言い伝えや物語を調べるとイメージが深まりますので、それらと合わせながら考えてみてください。

さらに、「astro.com」では普通の出生図も表示できるので、必要であれば同じ出生データを利用して一緒に作成することもできて便利です。「astro.com」のサイトを利用してこれだけの情報を集めれば、しっかりとビジュアルアストロロジーを応用できます。

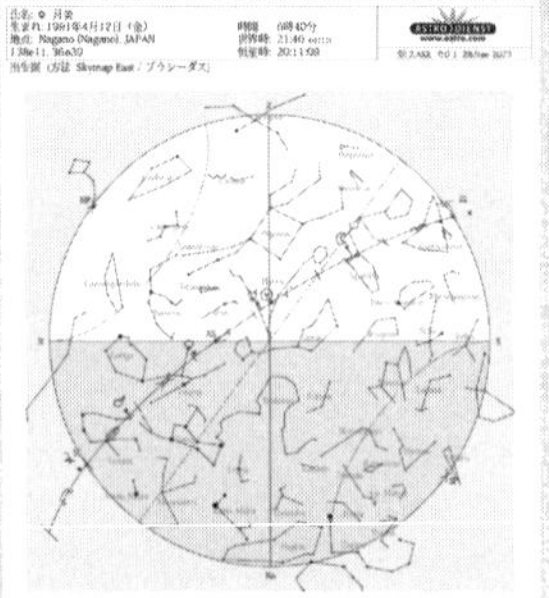

ライジングスターとヒライアカルセッティングスターです。次に出生の瞬間に地平線、子午線に触れる恒星（「Stars at Natal Horizon or Meridian」）がリストされています。この項目は、当てはまる恒星がない場合は項目自体も表示されません（ブレイディのリストにはこの項目は表示されていません）。しかし、当てはまる恒星がある場合は、その恒星の象徴は直接的に強力に人生に関連してくるので、しっかり注目するとよいでしょう。

どのように恒星の意味を考えるか

それぞれの恒星のイメージを考える際には、ぜひ想像力を利用していろいろなイメージを考えてみていただきたいのですが、ここではヒントになるポイントをいくつか挙げておきましょう。まず、ブレイディはたくさんある恒星の中で64の恒星を選出して利用しています。他の恒星についても実践をしながらうまく利用できるものが見つかったら加えていくとよいですが、まずはブレイディの選出した64の恒星を使い慣れていくことをお勧めします。これらの恒星については属する星座とアーキタイプ的な意味を考えるためのキーワードをリストにしましたので参考にしてください（次ページ表1参照）。

恒星の意味を考えるポイント

さらに、一般的に恒星の意味を考えるポイントをいくつか挙げてみましょう。まずは、見た目の特徴はとても重要な要素になります。明るいか暗いか、何色をしているか、ぼやっとしているか（星団、星雲、銀河など）、鋭い光か、など、いろいろなポイントから印象を考えることができます。天文

El Nath（エル・ナト）	牡牛座	攻撃力の焦点化
Facies（フェイシーズ）	射手座	凝視
Fomalhaut（フォーマルハウト）	みなみのうお座	理想主義
Hamal（ハマル）	牡羊座	意志と決断
Markab（マルカブ）	ペガスス座	安定性
Menkar（メンカル）	くじら座	集合無意識の扉を開く
Mirach（ミラク）	アンドロメダ座	受容と寛大
Mirfak（ミルファク）	ペルセウス座	行動への愛
Murzims（ムルジム）	おおいぬ座	告知者
Phact（ファクト）	はと座	探求
Polaris（ポラリス）	こぐま座	道しるべ
Pollux（ポルックス）	双子座	痛みを伴う洞察
Procyon（プロキオン）	こいぬ座	変化し続けるもの
Ras Algethi（ラス・アルゲティ）	ヘルクレス座	自然の法則
Ras Alhague（ラス・アルハゲ）	へびつかい座	ヒーラー
Regulus（レグルス）	獅子座	報復しなければ成功する
Rigel（リゲル）	オリオン座	教育者／学者
Rukbat（ルクバト）	射手座	不動心
Sadalmelek（サダルメレク）	水瓶座	幸運を創り出す
Sadalsuud（サダルスード）	水瓶座	最たる幸運（流れに乗る力）
Scheat（シェアト）	ペガスス座	真実を探求
Shedar（シェダル）	カシオペヤ座	気品
Sirius（シリウス）	おおいぬ座	犠牲を伴う輝き
Spica（スピカ）	乙女座	天賦の才能
Sualocin（スワロキン）	いるか座	遊び心
Thuban（トゥバン）	りゅう座	宝の守り手
Toliman（トリマン）	ケンタウルス座	教師
Vega（ベガ）	こと座	魅力
Vindemiatrix（ビンデミアトリックス）	乙女座	収集する
Zosma（ゾスマ）	獅子座	犠牲
Zuben Elgenubi（ズベン・エルゲヌビ）	天秤座	奉仕活動
Zuben Eschamali（ズベン・エシャマリ）	天秤座	プロフェッショナルな援助者

表 1

パランで使用する恒星64種 ｂｙベルナデット・ブレイディ

恒星	星座	元型的キーワード
Achernar（アケルナル）	エリダヌス座	急速な変化
Acrux（アクルックス）	みなみじゅうじ座	物質世界を理解
Acubens（アクベンス）	蟹座	生命への愛
Aculeus（アキュレウス）	蠍座	原石を磨く
Acumen（アキュメン）	蠍座	批判
Agena（アゲナ）	ケンタウルス座	ニーズを汲み取る
Al Rescha（アル・リシャ）	魚座	結びつける
Alcyone（アルキオーネ）	牡牛座	インナービジョン
Aldebaran（アルデバラン）	牡牛座	いかなるときも内なる声に忠実
Alderamin（アルデラミン）	ケフェウス座	名誉とリーダーシップ
Algol（アルゴル）	ペルセウス座	激情
Alhena（アルヘナ）	双子座	アイデアの推進
Alkes（アルケス）	コップ座	高貴なものを運ぶ
Alnilam（アルニラム）	オリオン座	繋げる
Alphard（アルファード）	うみへび座	強烈なこだわり
Alphecca（アルフェッカ）	かんむり座	代償を伴うギフト
Alpheratz（アルフェラッツ）	アンドロメダ座	スピードと自由
Altair（アルタイル）	わし座	大胆さ
Ankaa（アンカー）	ほうおう座	再生
Antares（アンタレス）	蠍座	強迫観念と紙一重の深い情熱
Arcturus（アルクトゥルス）	うしかい座	道を見つけ出す人
Bellatrix（ベラトリックス）	オリオン座	ストレスの伴う成功
Betelgeuse（ベテルギウス）	オリオン座	輝かしい成功
Canopus（カノープス）	りゅうこつ座	支配する指導者
Capella（カペラ）	ぎょしゃ座	独立性
Capulus（カプラス）	ペルセウス座	突き進む
Castor（カストル）	双子座	物語の語りべ
Deneb Adige（デネブ・アディジェ）	はくちょう座	スピリチュアルな戦士
Deneb Algedi（デネブ・アルゲディ）	山羊座	法を与える者
Denebola（デネボラ）	獅子座	異端
Diadem（ディアデム）	かみのけ座	献身
Dubhe（ドゥーベ）	おおぐま座	受動の強さ

表2

ブレイディによる恒星のグループ分け
（11カテゴリ）

名声/成功……ベテルギウス、ベラトリックス、シリウス、アルデバラン、アンタレス、レグルス
犠牲……ゾスマ、アルフェッカ、ディアデム
喜び/幸福……アクベンス、スワロキン、ミラク、サダルスード、サダルメレク
知識/学び……デネブ・アルゲディ、ラス・アルゲティ、リゲル、シェアト、スピカ、カストル、ビンデミアトリックス、ポルックス、トリマン
尊厳……シェダル、アルデラミン、ドゥーベ、ラス・アルハゲ
信頼性……マルカブ、ルクバト、アルニラム
使命感……アルヘナ、アゲナ、アルケス、デネボラ、ムルジム、ポラリス、ズベン・エルゲヌビ
神秘主義/洞察力……アルキオーネ、ベガ、フォーマルハウト、アル・リシャ、アンカー
困難/重圧……アルファード、アケルナル、メンカル、アルゴル、カプラス、フェイシーズ、アキュメン、アキュレウス
権力/世俗世界……アクルックス、トゥバン、エル・ナト、ミルファク、プロキオン
冒険……アルクトゥルス、ファクト、カノープス、カペラ、ハマル、アルフェラッツ、アルタイル

学に精通している人は恒星までの距離や種類などを考慮してみるとよいでしょう（Michael Erlewine参照）[17]。

さらに、その恒星が属している星座の神話やイメージなどを参考にすることもできます。星座の神話はギリシア神話が有名ですが、ブレイディはシュメールやエジプトの神話も参考にしています[18]。また、その他の地域の神話も人々が星座を見上げながらいろいろな地上の経験や感情を投影したものなので、参考にできるはずです。現代社会の経験を新たに集団的に投影し追加している様子も考えてみてもよいでしょう。さらに、星座の中の位置からイメージを汲み取ることもできます。例えば、星座が人間の場合は、頭にある、ハートの位置にある、ベルトの位置にある、手や足の位置にあるなどによりイメージを得ることもできます。身体の右側は意識的に動きをつくる、左側は無意識で周囲に反応したり流れに乗ったりするイメージとして考えることもできます。

また、黄道に近く明るい４つの恒星はロイヤルスター[19]と呼ばれ、特別な意味が付加されています。ブレイディは、２０１８年のＵＡＣの講義の中で11のグループ分けを提案しました（表2参照）。これらのグループのテーマを参考にすることもできます。では、実例の中でいくつかの恒星の特徴をご紹介していきます。実際の人物をイメージしながらその恒星のエネルギーがどう染み出しているのかということを意識しながら注目するとそれぞれの恒星の「感覚」が摑めてくるのではないでしょうか。

パラン実例

このセクションではパランにフォーカスし、恒星パラン（と出生時に地平線、子午線に触れる恒星）がどのように働いているのか、実例をいくつかご紹介します。

パランによって結びついている天体（太陽系の太陽、月、惑星）は、宇宙の肥沃なエネルギーをたっぷりチャージしています……つまり、パランする恒星を知ることにより、天体のポテンシャルが見えてくるということです。天体の潜在能力をどのように活かすか、そのヒントは出生図の中にあります。サンプルの出生図をご覧いただきながら、惑星の解釈をパランしている恒星のイメージと結びつけてみてください。

アルフェッカとの結びつきを持つ英王室、日本の皇室の人々

アルフェッカ（かんむり座／グループ「犠牲」／キーワード「代償を伴うギフト」）

アルフェッカはかんむり座アルファ星。冠はロイヤリティの象徴ですが、実は草花で作られた自然素材の冠が本来の姿であり、これには棘つきの植物も混ざっています。棘は冠をかぶるものが引き受ける代償、責任、背負い込む影を象徴するものです。アルフェッカが示す冠はある種のステイタスの象徴であるがゆえに、自力で社会的地位を勝ち取るのではなく、いわばギフトのようにステ

イタスを授けられると考えられます。しかしながら、ギフトを得ると同時に暗く重い時代を経験することにもなるでしょう。

「犠牲」のグループにある恒星は、バランスを崩した他者や環境を癒す、整える、援助する活動に強くリンクします。ただし、この奉仕活動は見返りを求めない真の犠牲的精神を発揮するときに限り成功します。しかし、見返りを求めないというのはそう簡単なことではありません。時には援助者のみならず、その人の家族をはじめとした大切な人たちの生活にまでリスクが及ぶこともあるでしょう。そのようなリスクを含めた上で、人々や環境を助けるために全力で活動を展開すること…それがアルフェッカのリンクを持つ人たちの魂に課せられたテーマなのかもしれません。

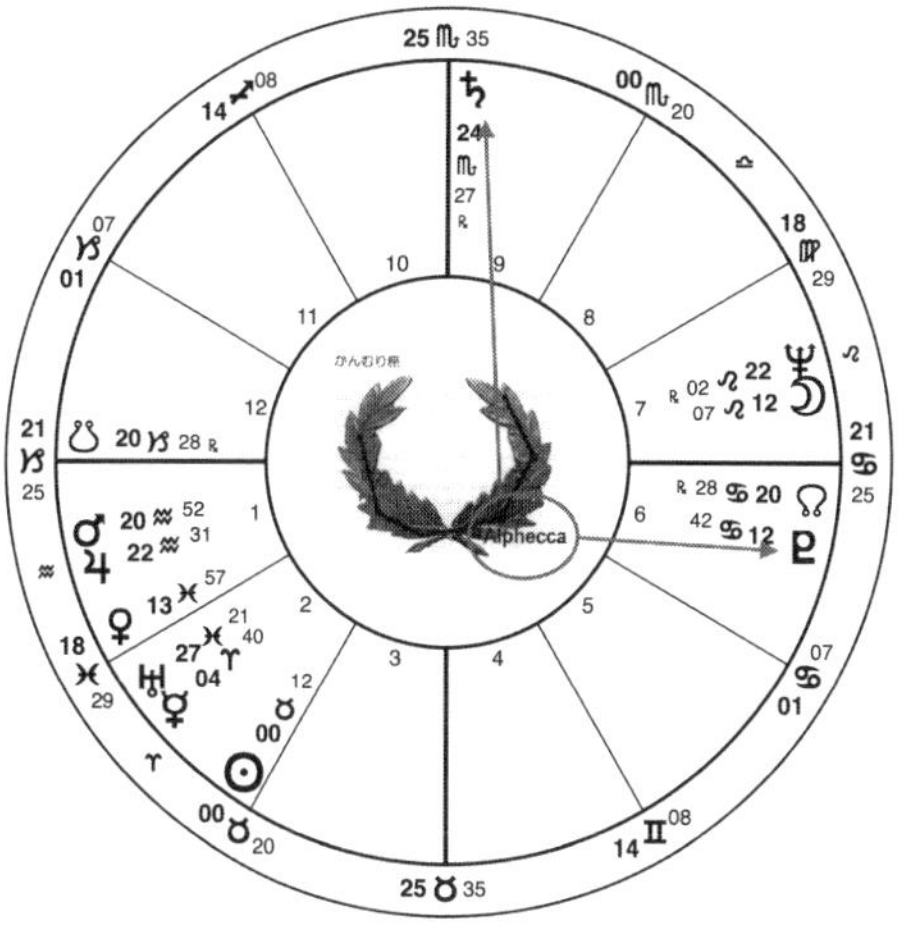

エリザベス２世

・エリザベス2世(1926/4/21 02:40 London, England)

出生時の子午線にアルフェッカ／ライジングで冥王星とパラン／カルミネート&ナディア（魂の軸）で土星とパラン

在位期間は70年２１４日と、イギリス史上最高齢かつ最長在位の君主だったエリザベス2世。カルミネートとナディアにはしばしば同じ恒星が現れることがありますが、同じ天体とパランするとは限りません。同じセットがある場合、それは魂の軸にあるパランとなり、その人の人生において重要な象徴になると考えることが出来ます。出生図において、アルフェッカのエネルギーが注がれた土星はアセンダントの支配星で

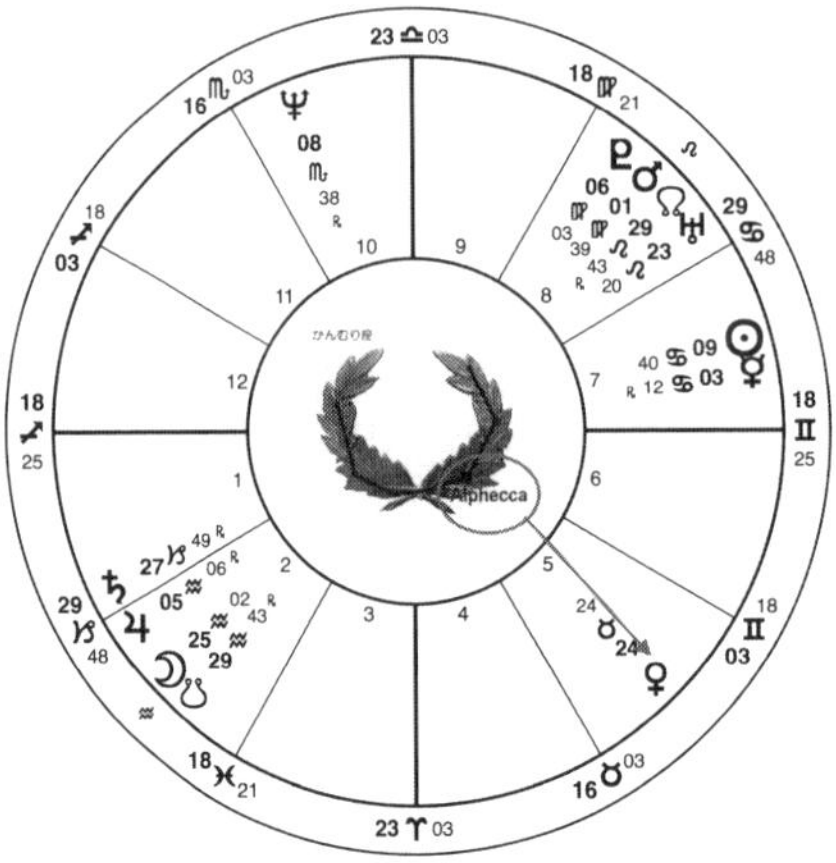

ダイアナ元妃

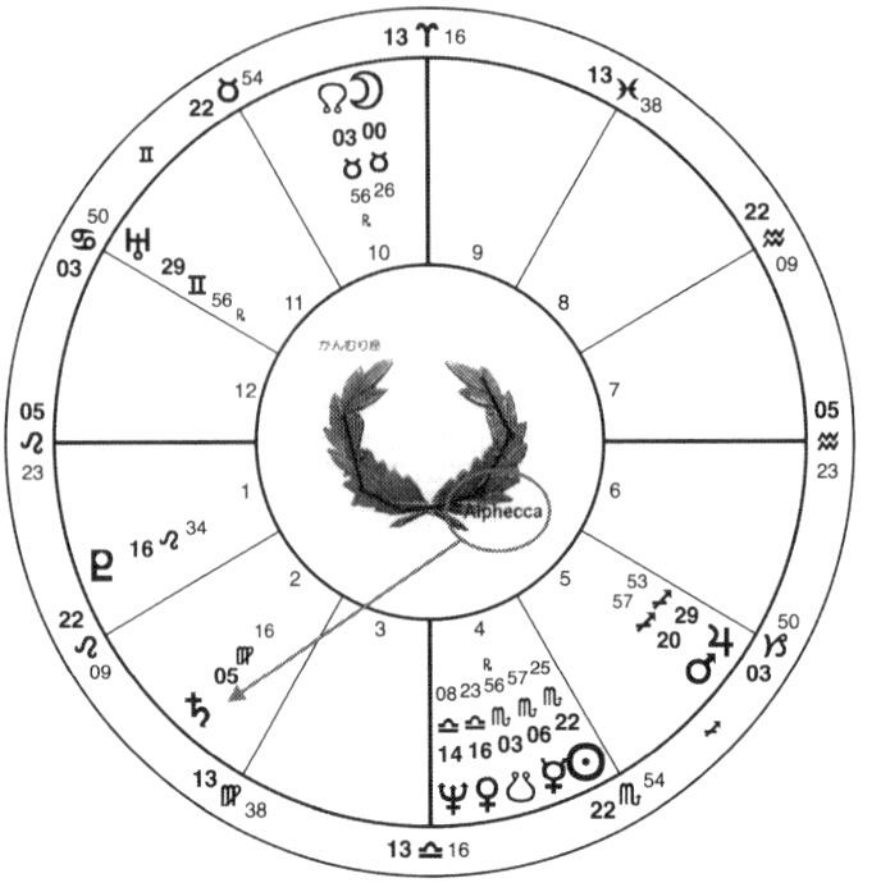

チャールズ3世

ありMCにコンジャンクション。さらに火星、木星、海王星とでTスクエアを形成。アルフェッカが責任ある地位やそれに関する葛藤に結びついています。

・チャールズ国王(チャールズ3世)(1948/11/14 21:14 London, England)

ナディアで土星とパラン

母と同じく、ナディアにおいてアルフェッカが土星とパランしているチャールズ国王。土星そのものはソフトアスペクトを形成していますが、2ハウスに在籍し6ハウスを支配しています。義務や課せられた職務をこなしていく上でのプレッシャー、課された責務をこなすまでに長い時間がかかり、それが彼自身の自己価値に強く影響すると考えることができます。出生図において非常に印象的な土星にアルフェッカが結びついているということです。

・ダイアナ元妃(1961/7/1 19:45 Sandringham, England)

カルミネートで金星とパラン

チャールズ皇太子と結婚し皇太子妃となった後、さまざまな苦難を経験したダイアナ元妃。後に別居、離婚という経緯をたどりながらも、彼女は地雷撲滅運動をはじめとした国際慈善活動に全精力を注ぎ、積極的に活動を展開し続けました。MCを支配する出生の金星は、月、天王星とTスクエアを形成。結婚を通してステイタスやそれに付随する葛藤を経験する様子と重なります。

・ウィリアム皇太子（1982/6/21 21:03 Paddington, England）

カルミネート&ナディア（魂の軸）で金星とパラン

母ダイアナと同じく金星とのパランを持っていますが、ウィリアム皇太子の場合は魂の軸でのパランとなっているところに注目。母ダイアナが抱えていたテーマを継承し、社会において自分らしい活動を展開することでそのテーマを昇華していくのでは。ICを支配する出生の金星は天王星とオポジションかつ海王星、冥王星を底辺としたヨッドを形成。トランスサタニアンの重みを受け止める象徴的な金星にアルフェッカのエネルギーが流れ込んでいます。

・上皇后美智子（1934/10/20 7:43 Tokyo, Japan）

ライジングで太陽とパラン

庶民からはじめて皇室入りし、宮内庁の反発などを受けながらも皇室改革や奉仕活動を精力的に展開。アルフェッカのエネルギーが注がれた出生の太陽はMCを支配し、金星、天王星、冥王星と

Tスクエアを形成。

・皇后雅子（1963/12/9 22:37 Tokyo, Japan）

セッティングで水星、火星とパラン

ハーバード大卒業で外交官という華々しいキャリアを捨て、皇太子妃となってからはさまざまな確執に揉まれ心身ともに不調に苦しんだ時期も長かった雅子さま。美智子妃、雅子妃そろってアルフェッカのパランを持っているのが興味深いところです。おそらくは美智子妃が辿った道程を、雅子妃も強く意識されていたのではないでしょうか。出生図では水星火星がコンジャンクションし木星とスクエア、かつ天王星、冥王星のコンジャンクションとトラインを形成。水星と火星は共にアウト・オブ・バウンド（『鏡リュウジの占星術の教科書Ⅳ』「パラレルとデクリネーション」参照）でオーブ2度弱のコンジャンクション。[20]

・悠仁親王（2006/9/6 08:27 Tokyo, Japan）

セッティングで太陽とパラン／ナディアで金星とパラン

次の天皇は悠仁さまか愛子さまか…そんな論争がある中、パランを調べてみると悠仁親王はアルフェッカのパランをお持ちでした。ただし、アルフェッカがあるから天皇になるとも限りません（昭和天皇も平成天皇も現在の徳仁天皇も愛子さまもアルフェッカのパランは持っていない）。アルフェッカが悠仁親王にどのように影響をしているか、今後を見守りたいところです。

・王室、皇室以外でアルフェッカを持つ人々

グレース・ケリー（カルミネート&ナディアで火星とパラン）、オノ・ヨーコ（ナディアで太陽とパラン）、ブラバツキー夫人（ナディアで土星とパラン）、フジコ・ヘミング（セッティングで土星とパラン）、ヘレン・ケラー（ライジングで土星とパラン）、アン・サリバン（カルミネートで木星とパラン）等々。[21]

テーマの共有を象徴する恒星

二人、あるいは二人以上の人たちが共通する恒星を持っていることがあります。同じ恒星を持っているということは、魂レベルにおいて同じソースに結びついているということです。

エイブラハム・リンカーンとネルソン・マンデラのケース

エイブラハム・リンカーン　1809/2/12 06:54 Hodgenville, Kentucky, U.S.A.
ネルソン・マンデラ　1918/7/18 15:54 Mvezo, South Africa

生まれた時代も出生地の緯度もまるで異なる二人の人物ですが、同じ恒星を7種も共有していることに驚かされます。奴隷解放を訴え反対派に暗殺されたリンカーンとアパルトヘイト廃止を訴え続け投獄をされたマンデラ。いずれも人間は誰もが平等であること、人間の尊厳の重要性、自由で平等な世界に誰もが生きる権利を持っていることを訴え、それを阻害する「差別制度」の撤廃のために奔走しました。以下は二人が共通して持っている恒星のリストアップです。リンカーンとマンデラの活動の動機に同じ恒星のエネルギーが流れていたことが見えてきます。

・ベラトリックス（オリオン座／オリオンの左肩／グループ「名声／成功」／キーワード「ストレスの伴う成功」）

古代エジプトの人たちは夜空で輝く人の形をしたオリオン座を、神々や民衆から愛されたオシリス神と同一視しました。右手に剣を持ち、左手に盾を持つオシリス神。左肩は相手が振り下ろす剣を受け止める側です。攻撃や衝撃などに揉まれ奮闘しつつも成功に向かうエネルギー。政治家、活動家にはベラトリックスを持つ人が多い印象があります。

リンカーン（セッティングで木星とパラン）
マンデラ（セッティングで木星とパラン）

セッティングは社会において人々や環境と関わる際に強調される領域です。同じセッティングという領域において、同じ天体（木星）とパランしているという符合。リンカーンもマンデラも社会においてさまざまなものと対峙し、時に社会から排除され、時に攻撃を受けながらも、決して彼らの信念を曲げることはありませんでした。むしろそのような摩擦の中で、彼らが掲げる理想の社会のビジョンをより強化していったのではないでしょうか。

・ベテルギウス（オリオン座／オリオンの右肩／グループ「名声／成功」／キーワード「輝かしい成功」）

ブレイディはオシリスのことを「偉大なるもの」であると語っています。偉大なる王の攻撃性をも秘めていると。人々に農耕を教え、文化的な生活をもたらし、エジプトを平和のうちに統治したオシリス。さらにオシリスは偉大なるものの攻撃性をも持ち、ベテルギウスはその攻撃性を意識的に発信することになります。自らの意志で難関を切り抜け、自らの道を切り拓くエネルギーです。

リンカーン（ライジングで冥王星とパラン／ナディアで木星とパラン）
マンデラ（セッティングで冥王星とパラン）

・アンタレス（蠍座／蠍の心臓／グループ「困難／重圧」／キーワード「強迫観念と紙一重の深い情熱」

北半球の夏の夜、南の空の低い位置で蠍座の美しいシルエットを観察することができます。蠍の心臓であり赤く輝く星アンタレスはロイヤルスター、西の空を支配する番人であり、非常にパワフルなエネルギーに満ちています。ギリシア神話では蠍の一撃によって巨人オリオンやアポロンの息子パエトーンを死にいたらしめました。エジプト神話では、オシリス亡き後、オシリスの妻イシスが蠍を使って太陽神ラーを強迫し太陽を自由に操ったとされます。このイシスの行為は息子ホルスを守るためであり、息子を守るためならば手段は選ばないというイシスの執念によるものでした。緊迫した状況の中、発揮されたイシスの激情の力がアンタレスと重なります。猛毒を持つ蠍とリンクする蠍座は、生死の分かれ目の鍵を握る星座です。生きるか死ぬかという強迫観念にも似た思いを建設的な動機に変換することができたなら、爆発的にパワーを発揮し目標を達成することができるでしょう。

リンカーン（ナディアで水星、冥王星とパラン）
マンデラ（ライジングで水星とパラン）

・ゾスマ（獅子座／獅子の背中／グループ「犠牲」／キーワード「犠牲」）

獅子座のモデルは、ギリシア神話に登場するネメアの獅子です。最強の怪物を両親に持ったこの獅子はネメアの谷に住み、人や家畜を食い漁ったとされます。剣や槍では貫けない頑強な毛皮を持っていたため、ネメアの獅子は長い間、無敵でした。そこに送り込まれたのがギリシア神話の英雄ヘラクレス。彼はゼウスの妻ヘラによって12の難題を課せられましたが、その筆頭の難題がネメアの獅子退治でした。結果的に無敵だった獅子は、ヘラクレスによって背中（腰）を潰されて殺されてしまいました。ライオンは百獣の王であり、威厳を持って君臨する王の象徴です。ゾスマは王の泣きどころであり、傷を受ける場所、弱点であると言えるでしょう。獅子の犠牲によってヘラクレスの武勇伝は揺るぎないものになったように、ゾスマとパランする天体を持つ場合、その天体に関して何らかの犠牲を払うことになるとブレイディは説明しています。また、犠牲者となるだけではなく、社会的弱者や犠牲者たちの世話をする役割を担うことも。

リンカーン（セッティングで金星とパラン）
マンデラ（ライジングで木星とパラン）

・アルヘナ（双子座／ポルックスの踵／グループ「使命感」／キーワード「アイデアの推進」）

古代エジプトでは春分と夏至の日に、神が天空から地上に降りてくると考えられていました。永遠の命の象徴である天空から物質世界の象徴である地上に降り立つ際に、神は踵に傷を負ったのだと。踵を傷めるという代償を払いながらも、神は大地に足を降ろしました。アルヘナは神の子ポルックスの踵に位置する星。双子のカストルは陽の側から、そしてポルックスは陰の側から世界や物事を見つめ洞察を深めるエネルギーです。アルヘナはこれらのエネルギーを大地に根付かせるために聖なる行進を指揮するものです。思想の旗を掲げ一歩ずつ進むプロセスにおいて払うべき代償があるとも。アルヘナについて考えるときヒントになるのがドラクロワの絵画「民衆を率いる自由の女神」に描かれたジャンヌ・ダルクの姿です。活動家、政治家に限らずさまざまな分野において先駆的活動を行なう多くの人がアルヘナとの関わりを持っています。

リンカーン（ライジングで木星、ナディアで冥王星とパラン）
マンデラ（カルミネートで火星とパラン）

・ラス・アルハゲ（へびつかい座／へびつかいの頭／グループ「尊厳」／キーワード「ヒーラー！」）

へびつかいのモデルはギリシア神話の名医アスクレピオス。賢者ケイローンから教育を受けたアスクレピオスは素晴らしい名医となり、ついには死者を蘇らせてしまいました。そのため冥界の王ハデスの怒りに触れ、最終的にはゼウスにより雷を落とされて亡くなり、アスクレピオスの象徴である蛇（死と再生、不老長寿のシンボル）と共に天に上げられ星座になりました。古代ギリシアきっての医者だったこともあり、傷ついたもの（人、集団、もの、環境、政治…etc.）を修復することがこの星の原動力になっています。傷ついた社会を修復すべく「世直し」を試みる等、癒し、バランスを取り戻す活動にリンクします。広い意味での「ヒーラー」として、あらゆる人の人権、尊厳を取り戻すために尽力することになるでしょう。

リンカーン（ライジングで水星とパラン）
マンデラ（カルミネートで金星とパラン）

・フェイシーズ（射手座／射手の視線／グループ「困難／重圧」／キーワード「凝視」）

黄道12サインの射手座と恒星の射手座という星座を混同しないように、とブレイディは語っています。恒星の世界の射手座は、獰猛とされるケンタウルス族がモデル（賢者ケイローンではない）です。狙った獲物は必ず仕留める弓矢の名手であり、その佇まいはまさに戦士。しかも、恒星の世界の射手座は鍛え抜かれた特殊部隊の戦士です。緊迫した中、矢を構え、ターゲットを凝視する彼の視線の先に位置するのがフェイシーズという星（星団）です。困難／重圧のグループに属するフェイシーズは非常にパワフルな恒星であるだけに「何にフォーカスするか」を意識化することがとても重要になります。目的が明確にならない間はフェイシーズのパワーに振り回されてしまうことすらあるからです。何らかのターゲットを定め、緊張のエネルギーを一点集中して注ぎ込むことができたなら、新しい次元への扉を開くことさえ可能になるでしょう。

リンカーン（カルミネートで冥王星とパラン）
マンデラ（ナディアで火星とパラン、ヒライアカルセッティングスター）

ジョン・レノン、ポール・マッカートニー、オノ・ヨーコのケース

ビートルズの音楽というのは実に不思議です。時代が21世紀になった今であっても、いつ聴いても常に新鮮でちっとも古臭く感じることがありません。聴けば聴くほど面白く、気づけばどっぷりハマってしまうのです。レノン&マッカートニーというコンビネーションはまさにミラクルな組み合わせだったと言えるでしょう。ビートルズのメンバーそれぞれが人生の節目を経験する流れの中、ジョン・レノンはオノ・ヨーコと出会い、その後結婚に至ります。この頃、それまでビートルズの潜在下に流れていた不協和音が顕在化。目に見えて変化し続けるジョンを前にして、ポールはどれだけやきもきしたことでしょう。因縁的な印象さえ受ける3人……表面的にはぶつかり合うような印象をも受けますが、実は三人とも共通する恒星を持っていました。ジョンとポールとヨーコは魂の源泉において同じエネルギーを共有していたのです。

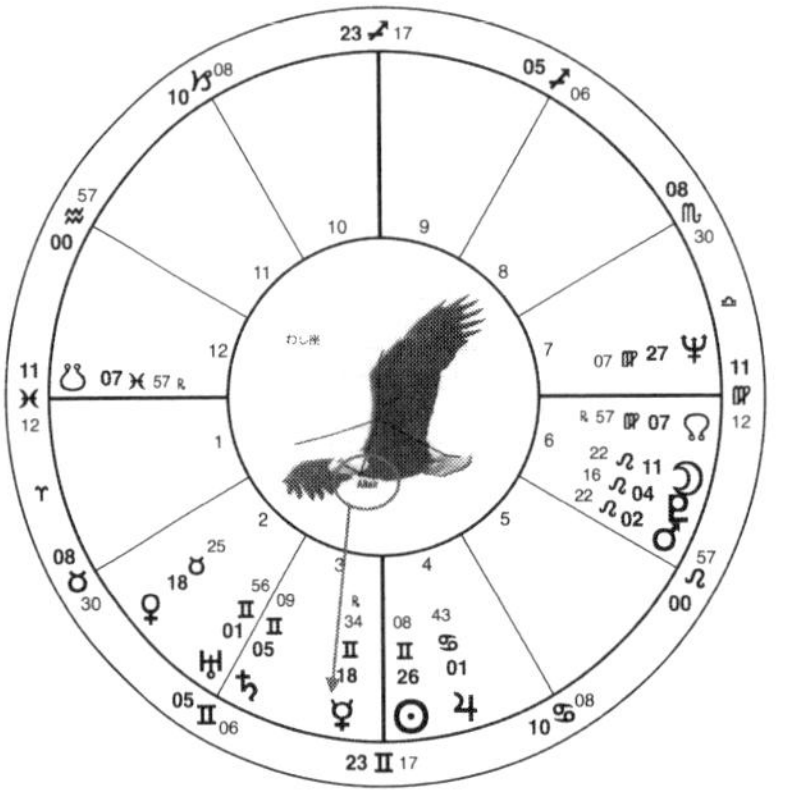

ポール・マッカートニー

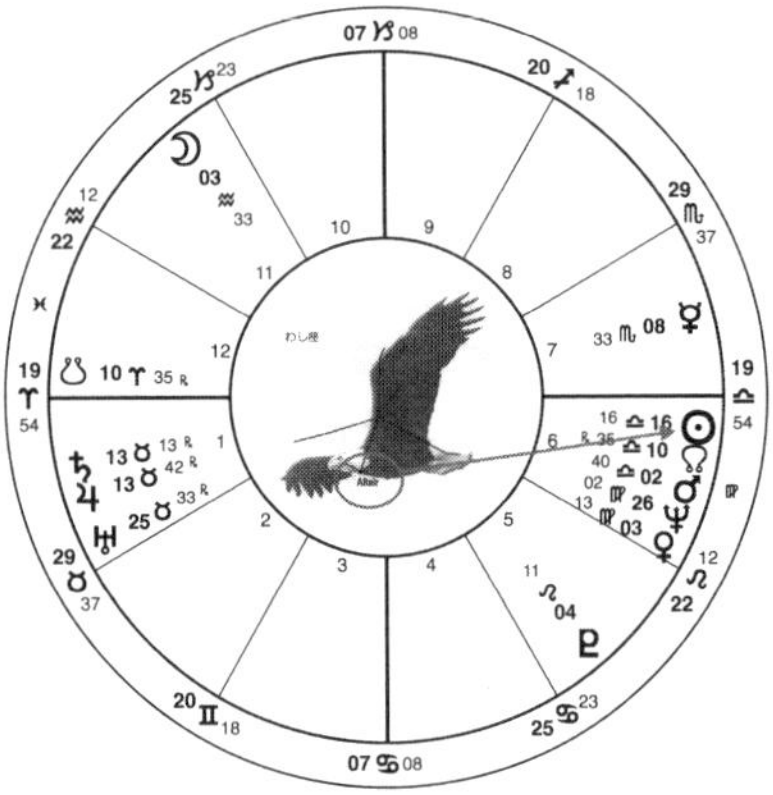

ジョン・レノン

・アルタイル（わし座／飛翔する鷲／キーワード「大胆さ」／グループ「冒険」）

ギリシア神話では、ゼウスは鷲に変身し美少年ガニメデスを天界に連れ去りました。鷲はゼウスの化身でもあり、ゼウスに仕える存在として雷の矢や神の火を運ぶ存在でもありました。あるとき、人間に同情し神の火を与えたプロメテウスを罰するために、ゼウスは鷲にプロメテウスを襲わせ拷問にかけます。この無慈悲な神の仕打ちに怒り狂ったヘラクレスはゼウスの鷲を矢で射貫き殺してしまいます。ゼウスは鷲を天に上げ星座にしたとされます。大空を悠々と飛翔する鷲は行動力の塊のようなシンボルです。いかなるときも危険を顧みず大胆に、時には執拗なまでの決意を持って目的を成し遂げるエネルギーを象徴します。アルタイルとの関わりがある場合、ゼウスに仕えた鷲のごとくあくまでも利他的な動機のもと活動を展開することに。みんなのため、社会のために、リスクを恐れず持ち前の行動力を大胆に発揮することができるでしょう。

ジョン・レノン（ライジングで太陽とパラン）1940/10/9 18:30

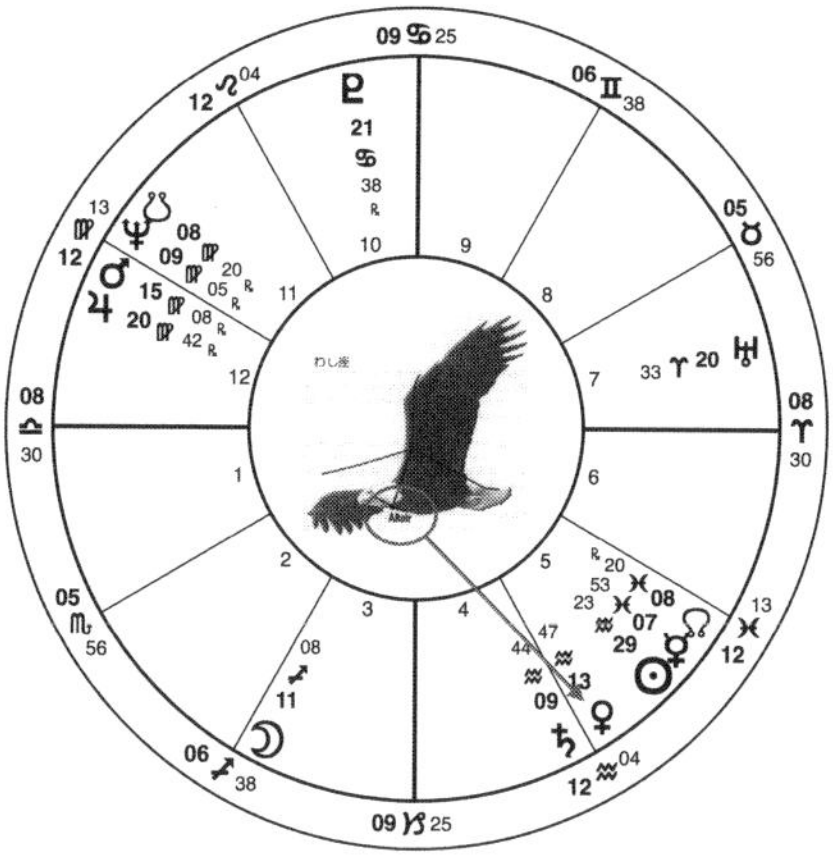
オノ・ヨーコ

Liverpool, England

ポール・マッカートニー（ライジングで水星とパラン）1942/6/18 14:00 Liverpool, England

オノ・ヨーコ（セッティングで金星とパラン）1933/2/18 20:30 Tokyo,Japan

3人とも周囲をあっと言わせるような大胆さと超人的な行動力を持っていました。リスクがあるとわかっていても新たな領域に飛び込まずにいられないアルタイルのエネルギーを、ジョンは太陽（人生を創るエネルギー）、ポールは水星（知性、技術）、ヨーコは金星（芸術、美意識）を媒介として世に放ってきたのでしょう。

芸術／創造性の元型エネルギーを象徴する恒星

クリエイティビティの元型エネルギーを表す恒星は実はたくさんありますが、ここではミラクという恒星をご紹介します。

・ミラク（アンドロメダ座／アンドロメダの腰／キーワード「受容と寛大」／グループ「喜び／幸福」）

アンドロメダは恒星の世界のロイヤルファミリーの美しき姫君でした。母親のカシオペア女王が「私の娘は神々よりも美しい」と自慢したことにより、海の神ポセイドンの怒りをかい、アンドロメダは海の怪物くじらの生贄にされてしまいます。その後勇者ペルセウスによって助け出され、アンドロメダとペルセウスは結婚します。麗しきアンドロメダの腰に位置するのがミラクです。腰は人体の要であり、女性にとっては命を生み出す場所でもあります。母の驕りにより自らが犠牲になることさえも受け入れるような受容性。自分を生贄にした父と母を許す寛大さ。アンドロメダの行為は愛に満ちています。彼女はさまざまなものを生み出す肥沃な土壌のシンボルであり、愛、芸術、美、直観などを体現する存在と言えるでしょう。通常の占星術で扱う「金星」の特大バージョンのような恒星です。

草間彌生（芸術家）月、金星とパラン、オノ・ヨーコ（芸術家）金星とパラン、サルバドール・ダリ（芸術家）木星とパラン、フィンセント・ファン・ゴッホ（画家）土星とパラン、エドヴァルド・ムンク（画家）土星とパラン、レオナルド・ダ・ヴィンチ（芸術家）水星とパラン、ジョン・レノン（ミュージシャン）月とパラン、グレン・グールド（ピアニスト）金星とパラン、内田光子（ピアニスト）太陽とパラン、アルトゥール・ルービンシュタイン（ピアニスト）太陽とパラン、エルトン・ジョン（ミュージシャン）木星とパラン、ノエル・ティル（心理占星術、オペラ歌手）金星とパラン等々[22]

ユングの人生を扱ったビジュアルアストロロジーの応用例

では、これらの恒星のイメージを心理占星術的なホロスコープの解釈と結びつけながらユングの人生について理解を深めてみましょう。ビジュアルアストロロジーは、ホロスコープを解釈するさまざまなアプローチと連携させて利用することができますが、ここでは心理占星術と連携させる例をご紹介します。

心理占星術では、象徴からホロスコープの持ち主の特徴を具体的に決めつけることはせず、まず、感情や行動パターンの形成や変化という成長の物語の要点や骨格を捉え、鍵となるタイミングの目星をつけます。それらの骨格的な情報を元に、実際の人生の経験や感情と結びつけ、その人を理解するための重要なヒントや洞察を得ます。この過程にビジュアルアストロロジーからの要素を加えると、より彩り豊かに見えてくるというわけです。

ユングのチャートから

ユングのチャートを使いながら実際にこの過程を進めてみましょう。* まずは、ホロスコープから人生の物語に関する要素を整理します。

まず、太陽と月のサイン、そして半球の強調から人生全体の物語の要点を摑みます。「子ギツネの

* 出生データ＝1875年7月26日19時32分（LMT）、スイス、ケスヴィル生まれ　使用ソフトウェア＝IO Edition（アセンダントは水瓶座1度33分）

物語」を思い出してください。ユングの場合、月は牡牛、太陽は獅子、強調されている半球は西半球です。このことから、「もともと備わっている才能や資質、価値観を育み伸ばしていこう」という問題意識（牡牛の月）を持ち、「生命力や創造性をドラマティックに表現する」エネルギー（獅子の太陽）を活かしながら問題解決に取り組もうという動機の循環のイメージが考えられます。

しかし、幼少期には「何らかの要因」で、それらの光で自分自身を照らし出すことを後回しにしながら目の前の相手や課題に意識を向ける偏った行動パターンが形成されてくると考えられます（西半球の強調）。

そして、人生全般を俯瞰して考えれば、先に発達した「他人の資質に関する理解力」や「個性表現のテーマに関連した協力の力」を土台にしながらも、次第に自分の活動の中に自分自身の奥から湧き上がるテーマをしっかり反映できるようになっていくという流れが想像できます。

さらに、「何らかの要因」については、ホロスコープ上のハードアスペクトやノーアスペクトなどの緊張のテーマから考えます。ユングの場合は、特に土星と冥王星のスクエアや太陽と海王星のスクエア、月と天王星のスクエアなどに注目するとよいでしょう。それぞれの象徴は、さまざまなテーマに関連する可能性がありますが、例えば、土星と冥王星は「ルールや秩序に関する本音と建前の矛盾、強要、抑圧」など、太陽と海王星は「自我に関する困惑、自己表現と集団の感情との葛藤」、月と天王星は「個性豊かな集団内の人々との繋がりづくりの葛藤、慌てて反応しなければならない緊張」などとしてイメージを深めることができるかもしれません。

統合イメージを思い描く

これらの要素が組み合わさってどのような行動パターンが形成されるかを、いくつか具体的に考えてみます。象徴の表現はさまざまなので、具体的なポイントは象徴から考えられる可能性としては理にかなっていたとしても、実際の人生の中で必ずしもその通りに経験されるわけではありません。しかし、特に複数の要素を複合する場合、具体的にイメージしておくことで、実際の人生経験と関連づける際に認識しやすくなるのです。例えば、月と天王星の緊張と西半球の強調を組み合わせたときのポイントを考えれば、「幼少期の環境の中で、両親や家族との一貫しないやりとりや互いの独特な個性表現に反応し対応しなければならない緊張（月と天王星）の中で、自分らしさを探求し表現することを後回しにしながらそのような環境に慣れる努力をしたり、その喧騒に対抗しながら自分を主張する力をつける（西半球）などの行動パターンを身につける様子」がイメージできるかもしれません。

このようなイメージの「元」をつくったら、それを実際の人生経験と関連づけながら確認していきます。ユングの人生を調べてみると、例えば、母方の家系には霊媒師など、特殊な特徴を持った人々がいたこと、母親自身親しみやすく愉快な人物かと思えば不気味で得体の知れない印象を与えたりと一貫性がなかったことなどが当てはまるかもしれません。こうして、行動パターンの形成過程を辿るとき、ソーラーアークを利用して、人格形成上重要な経験のタイミングに注目することができます。例えば、ソーラーアークの月と天王星は8〜10歳の頃に土星と冥王星に接触するので、この頃の経験を整理すると行動パターンの形成上の重要な要素や構図が把握できる可能性が考えられ

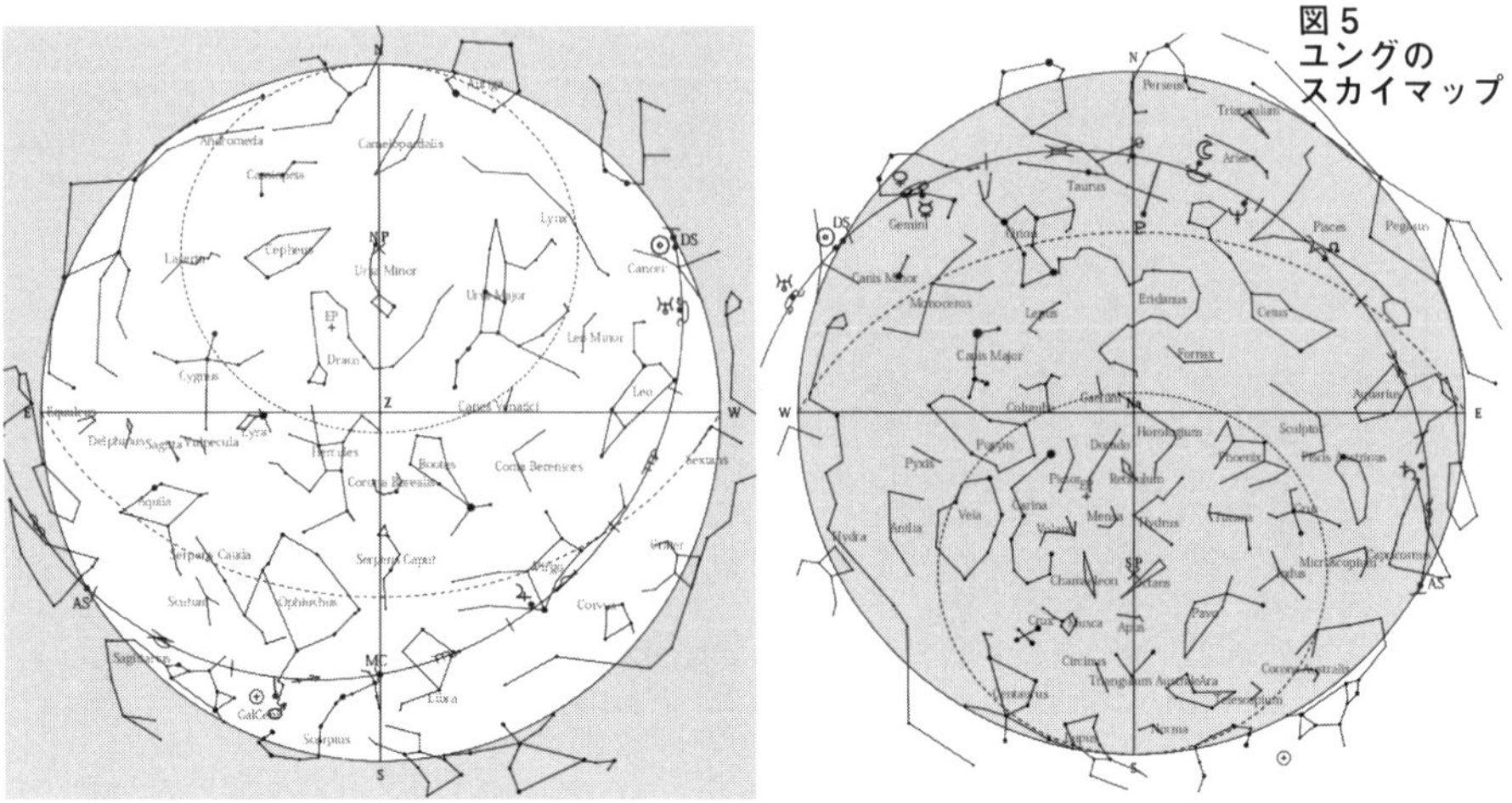

図5
ユングのスカイマップ

ます。さらに11〜12歳の頃にはソーラーアークの太陽と海王星が出生図の月と天王星に接触し、自己表現に関する困惑も加わってきます。月は水星や金星とセクスタイルになっていますが、これらはソーラーアークでは2〜4歳の頃にお互いに正確にアスペクトを形成します。

ユングは、自伝の中で3歳頃に母親がひどい鬱になり、その経験を次のように描写しています。

> 母が遠く離れていることに私は深く心を痛めました。それ以来、『愛』という言葉が話されると常に不信感を抱くようになりました。私が『女性』と結びつけた感情は長い間、本質的な頼りなさというものでした。[23]

この頃に強力に働いていたソーラーアークの月、水星、金星のテーマを考えると、これらの経験が女性に対する考え方のパターンに関連して経験されていくことは理解できます。また、9歳の頃に突然妹が出現したことからも、不信感を強めたということでした。このときの緊張は月と天王星の「一貫性のない関係性への対応」だけでなく、土星と冥王星の「本音と建前の緊張」という側面も加わっていたのでしょう。表向きのルールや秩序（土星）と表現されていない本音（冥王星）の矛盾は、強い不信感に繋がりそうです。出生図上で月や冥王星は3ハウス内にあり、金星は3ハウスの支配星になっているので、これらの状況は母親のみでなく兄妹が関与しながら経験されたのかもしれません。さらに、12歳の頃には神経症的な痙攣発作（天王星）によって不登校状態（海王星）になり、その回復過程で神秘体験（海王星）をします。これらの経験は月と天王星の組み合わせと太陽と海王星の組み合わせの接触のテーマと辻褄が合います。

　また、これらのテーマはユング自身が独特な感性を持っていることを周囲がなかなか理解してくれなかったというかたちで経験をする可能性もあります。実際、幼いながらもキリスト教の教えに疑問を感じたり、ライン川の滝から流れ落ちてきた水死体に興味を示したり、墓地での埋葬やキリスト教の祈りの際の言葉に強い不安を感じたり、普通の子供ならば何も感じないような場面で、強い好奇心や不安を感じたりすることが多かったようです。重要なポイントは、このような緊張に晒されながら「自分自身の探求を後回しにして、目の前の状況に対応する力をつける」という行動や感情のパターンが形成されていったと考えられることです。ということは、その後の人生では、「後回し」にした自分自身の探求をしっかり行なっていくことが統合へ向かう自己実現の鍵になると考えることができます。そして、それはユングの人生の中では、主にフロイトと対立した後、人生の中年の危機の軌道修正のテーマとして経験されていったのでしょう。

　このような人生のシナリオは、象徴的な概要としてはとても簡単に構成できますが、要点は、象徴のイメージを利用して実際の人生と関連づけながら「裏付け」を確認していくことです。それをしなければまるで的外れなもの、あるいは概念的すぎて役に立たないものとなってしまうでしょう。このように、心理占星術を利用しながら考察しておいた人生のシナリオをガイドに育っていくものを種から成長する植物にたとえれば、さらにビジュアルアストロロジーの視点で夜空の星座や恒星の象徴を利用しつつ、この植物が吸い上げる栄養がどう成長に浸透していくかという具合にイメージを深めることができます。

統合イメージをさらに恒星で色付ける

スカイマップを見るとユングの月はくじら座の目の前にあります(図5参照)。海の生き物は集合無意識を象徴しますので、ユングはそのようなテーマに問題意識を持ちやすいとイメージできるでしょう。また、恒星パランでは月はライジングでフォーマルハウトと、そしてセッティングでアルファードと結びついています(次ページ図6参照)。フォーマルハウトはみなみのうお座、アルファードはうみへび座です。両方とも海の生き物なので、やはり感情や集合無意識に関係します。恒星のキーワードリストを見るとフォーマルハウトは「理想主義」、アルファードは「強烈なこだわり」となっています。また、ライジングでパランしている恒星は人生の早いうちから、セッティングでパランしている恒星は人生の中盤から後半になって活性化することを思い出すと、フォーマルハウトが活性化している幼少期の最初の行動パターン(自分を後回し)形成時には「神秘や魔法の感覚」が強調され、アルファードが活性化している人生の後半の軌道修正(自己探求で統合へ)時には「深い感情の炸裂」や「カオスのクリエイティブな新興エネルギー」が強調されると考えることができます。このように、人生の中での変遷を一つの天体に注目しながら活性化する恒星の違いから変化をイメージすることができます。

また、それぞれの恒星は、太陽と同じように自分自身で光やエネルギーを創り出し放出していま

出生図 (データ書)
： Carl Jung [Adb], 1875年7月26日

Page 2 of 2
型 D2BR2 Order 0.0-1

Heliacal stars and parans according to Bernadette Brady

図6

Star list: B.Brady (64 stars); Orb for parans: 0°30' in RA; for position at axis: 1°00' in RA
方法: Real parans between two sunrises

Your heliacal rising star: Rigel (12 days earlier)
Your heliacal setting star: Ras Alhague (4 days earlier)

Stars at Natal Horizon or Meridian
Acubens (Set, 0°17',alh), Sadalsuud (Rise, 0°56',cp)

Stars Rising ("Stars of Your Youth")

☉	太陽	Markab (Set-Rise, 0°12',cp), Sadalsuud (Set-Rise, 0°21',cp)
☽	月	Fomalhaut (Rise-Rise, 0°02'), Zuben Eschamali (Set-Rise, 0°21')
♀	金星	海王星 (LCul-Rise, 0°06'), Acumen (Set-Rise, 0°09'), Alphecca (Cul-Rise, 0°19')
♃	木星	Spica (Rise-Rise, 0°04')
♄	土星	Deneb Algedi (Rise-Rise, 0°29'), Zuben Eschamali (LCul-Rise, 0°30')
♇	冥王星	Alpheratz (LCul-Rise, 0°30',cp)

Stars in Culmination ("Stars of Your Prime")

♀	金星	Rukbat (LCul-Cul, 0°22')
♆	海王星	Rukbat (Rise-Cul, 0°28')
♇	冥王星	Alcyone (Cul-Cul, 0°21'), Regulus (Set-Cul, 0°29'), Alderamin (Rise-Cul, 0°29')

Stars Setting ("Stars of Your Latter Years")

☽	月	Alphard (LCul-Set, 0°10',alh), Hamal (Set-Set, 0°17')
♂	火星	El Nath (Rise-Set, 0°24')
♃	木星	Al Rescha (Rise-Set, 0°11'), Denebola (Set-Set, 0°22')
♅	天王星	Menkar (Cul-Set, 0°26')

Stars in Lower Culmination ("The Hearthstone of Your Life")

♀	金星	Rukbat (Cul-LCul, 0°17')
♅	天王星	Aldebaran (Set-LCul, 0°07')
♆	海王星	金星 (Rise-LCul, 0°06')
♇	冥王星	Sadalmelek (Set-LCul, 0°06'), Alcyone (LCul-LCul, 0°21')

Definitions according to B.Brady:
- "Your heliacal rising star": Using Brady's star list, this is the star (or stars) which last ended its (or their) "alh" phase (explained below). This star may have actually risen with the Sun at sunrise a number of days before, but no other stars have completed this phase since it

す。つまり、何らかの新しい要素を世の中にもたらすエネルギーと考えてもよいでしょう。それぞれの恒星のイメージを参考に、その人がどんな焦点に独特な光を当てて新しい要素を生み出していったのか考えてみましょう。

ユングは、ライジングでアルフェッカ、アキュメンと金星がパランしています（図6参照）。アルフェッカは「代償を伴うギフト」のテーマ、アキュメンは「批判」のテーマです。ユングは美意識や価値観（金星）を発達させる際、独特な感性に対する批判というかたちの代償を払いながら洗練させていったのでしょうか？ ライン川の滝から流れ落ちてきた水死体に興味を示したり、墓地での埋葬やキリスト教の祈りの際の言葉に強い不安を感じたりという独特な感受性は批判にさらされながらも強力な価値観として洗練されていったのではないでしょうか？ さらに金星は、カルミネートやナディアでルクバトとパランし

ています（図6参照）。ルクバトは「不動心」がテーマです。ユングが生涯を費やした心理学の探求は、このように洗練されていった価値観が頑強な哲学の土台となっていたのかもしれません。

こうしてユングの成長過程を心理占星術とビジュアルアストロロジーの象徴を組み合わせながらたどっていくと、ユングはとても濃い独特な価値観を心の中に強力に形成しながらも、人生の前半ではそれらの探求は「後回し」にしながら、（投影された）独特な個性の家族と関わる力をつけたり、（無意識に染まっていた）自分自身の特殊な感性が周囲に受け入れられないことに対処する行動パターンを形成していったものと考えることができそうです。さらに、それらのポイントは大人になり、特に人生の後半になって、自分自身の全体性を統合する準備ができたときに個性化の過程として追求されると考えることができるのではないでしょうか。

最初の行動パターンが形成された幼少期の家族から独立して大人になって、より大きな集団である社会と直接やりとりするようになると、太陽が中心となって心の中のさまざまな要素を新しい環境に合わせて改めて統合を進めていきます。このとき、過去に形成されたパターンは、月が中心となって無自覚に繰り返されています。太陽は必要に応じて新しい行動パターンを創り出していくだけでなく、無自覚に繰り返されている過去の行動パターンの中から適切なものとそうでないものを見分けて更新していくことが理想的ですが、その過程は必ずしもスムーズに進むとは限りません。ユングの太陽は獅子座にあり、海王星とスクエアで接触しています。命を創り出すクリエイティブなエネルギーを目に見えない理想や集団的な感情、イメージ、心理などのテーマと共に動かす力をつけていく発達過程を想定できますが、幼少期にはそれを自分らしさの探求と連携できにくく後回しのパターンができる可能性が考えられます。ソーラーアークでこれらのテーマが活性化していた12

歳の頃の不登校や神秘体験の経験は、そのような行動パターンが形成されていくのをサポートしたかもしれません。また、20～21歳の頃は父親が亡くなり、これらのエネルギーを発揮する次元が大きく変化していく様子が考えられます。誰の人生でもだいたい45歳頃にソーラーアークの全ての天体が出生の位置に対して45度になり、中年の危機と呼ばれる軌道修正のタイミングを迎えます。この年齢付近でソーラーアークで太陽が活性化するときに、その人の人生において重要な自己表現や主要な成果や結果へ向けた活動が進むきっかけがあるかもしれません。ユングにとっては、これらは「赤の書」や「ボーリンゲンの塔」の制作など、彼の人生の重要な土台を確認している頃にあたります。

とすると、太陽にパランで接触している恒星は、このような個性化や自己実現へ向けて進もうとする意志の働きにニュアンスを加えると考えることができます。ユングは、ライジングでマルカブ（キーワードは「安定性」）とサダルスード（キーワードは「流れに乗る力」）が接触しています（図6参照）。これらの恒星はどちらもライジングなので、幼少の頃から人生全体にわたりユングの個性の特徴をつくる要素として顕著に働いていたのかもしれません。マルカブはペガスス座の首の付け根にあり、鞍を乗せる位置です。ペガススの四辺形は論理の力を示し、それを使いこなす様子をイメージしてもよいでしょう。また、サダルスードは心理のエネルギーの自然な流れを摑む力として考えてもよいのではないでしょうか。論理の力で心理エネルギーの自然な流れを摑む力を身につけ、次第に後回しにしていた自分らしさの探求を深め、その成果で世の中に貢献をしたのでしょう。

人生全体に影響を与える要素

さて、心理占星術では背後で長期的に働き続ける要素として、環境とのやりとりにより表面的に形成されてくる行動パターンの特徴に注目させる「半球の強調」や内面の欲求充足を全体的に統括する動機の循環を象徴する「太陽と月のブレンド」に注目しますが、これらのそれぞれに対応してビジュアルアストロロジーにおける恒星のイメージを連携させることができます。半球の強調に対応するのが、出生時に地平線や子午線に触れていた恒星です（ユングの場合はアクベンス）。そして、太陽と月のブレンドに対応するのがヒライアカルライジングスター（ユングの場合はリゲル）とヒライアカルセッティングスター（ユングの場合はラス・アルハゲ）です（図6参照）。

では、これらに関するユングの配置の特徴について考えてみましょう。地平線や子午線（これらはハウスを計算する基準点、つまり、象徴的にハウスという概念自体を代表します）に触れていた恒星のアクベンス（キーワードは「生命への愛」）は、ハウスの次元、つまり、地球上での具体的な経験の現場で現れてくると考えられるエネルギーの種類です。アクベンスは、エジプトでは神聖な昆虫とされているスカラベに関連するのですが、ユング自身が経験した幻覚や共時性を説明する際に使った例の中にもスカラベは登場します。アクベンスの「生命への愛」のエネルギーは、ユングの人生が独特な特徴を表現しようとするときにまさに変容のエネルギーとして現れてきたのでしょう。

さらに、内面の動機へ注目すると、心の中を照らし続け、その人の動機の循環（月の問題意識を太陽の創造性で解決しようとする）を動かし続けている太陽と月のブレンドは、それぞれのサインのテーマに基づいて動きをつくると考えられますが、ヒライアカルライジングスターとヒライアカルセッティングスターは、そんな太陽を「ガイド」すると考えられるのです。ユングの場合は、ヒライアカルライジングスターのリゲル（キーワードは「教育者／学者」）とヒライアカルセッティングスターのラス・アルハゲ（キーワードは「ヒーラー」）によりガイドされています。ユングの魂は、素晴らしい教育者になるべく努力をし、その過程で自分自身の奥に眠っていた「ヒーラー」の力に気がつき、それを効果的に表現できる力をつけていきながら成長を進めていったとイメージすることができるでしょう。

まだまだたくさんのポイントを考えていくことができますが、ここでは考察の流れがわかりやすいポイントに絞ってまとめています。このように、通常の心理占星術でホロスコープの持ち主を理解していく過程（一歩一歩実際の人生と照らし合わせながら洞察を深めていく過程）にビジュアルアストロロジーの要素を加えることにより、考察の幅が広がり、奥行きもとても深まるのではないでしょうか。ぜひ、これを参考にビジュアルアストロロジーの世界を堪能してください。

注釈及び参考文献

1．ブレイディは、数冊のビジュアルアストロロジー関係の本を著しています。代表的なものを挙げておきましょう：

Brady, Bernadette, *Brady's Book of Fixed Stars*, York Beach, ME: Samuel Weiser, Inc., 1998 この本はパランの概念を広く占星術界に紹介した本です。理論的な説明がとても深くなされています。

Brady, Bernadette, *Stars and Planet Combinations*, Bournemouth, UK: The Wessex Astrologer Ltd, 2008 この本はビジュアルアストロロジーを実践する上で役立つよう、それぞれの恒星の意味やイメージのみでなく、ヒライアカルライジングスターやヒライアカルセッティングスターになったときの意味、出生時に地平線や子午線に触れていたときの意味、恒星と惑星の組み合わせの意味などをクックブック的に網羅しています。また、この本はさくらいともみの翻訳により『ブレイディの恒星占星術』太玄社、２０２１年として日本語で出版されています。なお、ブレイディのパランの方法論は、松村潔『トランシット占星術』説話社、２０１０年（pp215-319）の中でも紹介されています。松村潔は、さらに恒星をヘリオセントリックの次元へと拡張した『三次元占星術』説話社、２０１５年を著しています。

2．また、パランの重要性については、１９９４年出版の*Astrology's Special Measurements*, St. Paul, MN, 1994（Noel Tyl 編集）の中でマイケル・マンケイシーが記事を書いています。Michael Munkasey, *Astrology and the Fixed Stars: An Introduction to Stellar Astrology*, pp251-281

この本の中で黄道へ投影する方法を含んだ恒星に関する参考書籍が紹介されています。その中からいくつか代表的なものを挙げましょう：

Allen, Richard Hinckley, *Star Names, Their Lore and Meaning*, New York: Dover Publications, 1963
Robson, Vivian, *The Fixed Stars and Constellations in Astrology*, York Beach, ME: Samuel Weiser, Inc., 1923
Ebertin, R. and Hoffmann, *Fixed Stars and their Interpretation*, Tempe, AZ: American Federation of Astrologers, 1971

3．恒星の核融合反応の理解の歴史についてはWikipedia「恒星内元素合成」参照：https://ja.wikipedia.org/wiki/%E6%81%92%E6%98%9F%E5%86%85%E5%85%83%E7%B4%A0%E5%90%88%E6%88%90

4．「ビジュアルアストロロジーの紹介」（Starlight のホームページより）：
https://zyntara.com/introduction-to-visual-astrology/
サイトの紹介文から一部を引用しました。翻訳は筆者。

5．ブレイディの本：ビジュアルアストロロジー以外、代表的なもの：
Brady, Bernadette, *Predictive Astrology: The Eagle and the Lark*, San Francisco, CA: WeiserBooks, 1992
Brady, Bernadette, *Astrology, a Place in Chaos*, Bournemouth, UK: The Wessex Astrologer Ltd, 2006

また、ブレイディは、ダレリン・ガンズバーグと共に、ウェブサイトを通して占星術の学習教材を多数用意しています。その中には古典占星術に関するものも多数含まれています。
Web Site : AstroLogos：https://astrologos.co.uk/

6．スカイマップについて。スカイマップは本文で紹介した通り、次のウェブサイトで作成できます：
AstroDienst：https://www.astro.com/cgi/genchart.cgi

また、ブレイディはビジュアルアストロロジー専用のソフトウェア「Starlight」を開発しています。このソフトはブレイディの計算方法でパランを算出できるほか、ホロスコープとスカイマップを同時に表示したりそのまま時間を動かしたり、ビジュアルアストロロジーを行なうための便利な機能がたくさん備わっています。「Starlight」については次のウェブサイトから入手することができます：
「Starlight」の販売サイト：https://zyntara.com/
その他、スカイマップのみについては、主要なプラネタリウムソフトウェアやアプリを利用したり、星座早見盤を使用したりすることにより確認することができます。プラネタリウム・アプリなどでは、惑星と恒星や星座の見た目の位置関係を把握できるので、それらを象徴としてホロスコープ解釈に応用することができます。星座早見盤の場合は、惑星の位置を知ることはできませんが、恒星や星座の動きに慣れるにはとても手軽で便利な道具になります。

7. 恒星のサイクルについては、Brady, Bernadette, *Brady's Book of Fixed Stars*, のパート4「Star Phases」pp317-341に詳しく説明されています。

8. Brady, Bernadette, *Stars and Planet Combinations*, pp9-10 翻訳は筆者。

9. 惑星の見え方のサイクルについて、ブレイディはニュースレター（ブレイディは２００５年～２０１２年ビジュアルアストロロジー関連のニュースレターを発行していた）や講座などの中で解説しています。古代バビロニアで木星の名前が見え方により変わることについては、２００６年12月や２００９年５月のニュースレターなどで説明しています。現在はニュースレターのバックナンバーを見ることはできないようですが、記事の一部は「Starlight」のサイト上のアーカイブで読むことができるようです：https://zyntara.com/articles/

10. Brady, Bernadette, *Stars and Planet Combinations*, p3 翻訳は筆者。

11. ユングが恒星について語っている資料は、ユングの行なった講義を記録した本に収められています。ユング『ヴィジョン・セミナー』クレア・ダグラス編、氏原寛・老松克博監訳、創元社、２０１１年、796ページ。また、ユングのこの論については、エディンジャー『ユングの「アイオーン」を読む』（青土社）の中に鏡リュウジによる解説があります。『魚座から水瓶座、そしてペガサスへ　ユングの宇宙論的歴史観をめぐって』。ユングのこの発想は、ビジュアルアストロロジーにおける星座の意味の理解にもとても参考になります。

12. Brady, Bernadette, *Star and Planet Combinations*, pp3 要約は筆者。

13. Brady, Bernadette, *Brady's Book of Fixed Stars*, pp33-36 要約は筆者。

14．心理占星術に関する資料：心理占星術といってもさまざまなアプローチがあります。筆者は主にノエルティルのアプローチを学んでいます。また、さまざまな心理療法を参考に効果的なアプローチを考案し利用しています。このアプローチについて理解するための参考になる材料をいくつか挙げておきましょう：
・石塚隆一著、コラム「心理占星術とは何か」：松村潔『完全マスター西洋占星術Ⅱ』pp511-519
・石塚隆一『子ギツネ心理占星術：～単純化したアプローチ～』Kindle版
・Noel Tyl『心理占星術：コンサルテーションの世界 復刻版』石塚隆一監訳、ＡＲＩ占星学総合研究所
・Noel Tyl『心理占星術２：クリエイティブな理論と実践 復刻版』石塚隆一訳、ＡＲＩ占星学総合研究所

15．ケプラーカレッジによるブレイディのインタビューがYouTubeに公開されています：https://www.youtube.com/watch?v=C5AcqIOyBU4

16．Webサイトの記載や操作法に関しては、２０２３年9月現在の状態を記しています。

17．Erlewine, Michael. *The Astrology Of Space: Astrophysical Directions*, An ebook from Startypes.com, 2006

18．ブレイディは*Brady's Book of Fixed Stars*の中で、恒星の意味をあらゆる地域の神話や伝承を参考に考察したと書いています。中でも古代メソポタミアやエジプトの神話を重要視しています。これらのテーマについては、例えば、近藤二郎『星座の起源』誠文堂新光社、２０２１年やマイケル・ベイジェント『古代メソポタミア占星術』倉本和朋訳、太玄社、２０２１年、なども参考になります。

19．ロイヤルスターとは、東西南北の空でひと際強い輝きを放つ一等星。古代ペルシアではこれらの4つの星を「特別な星」であると考えていました。ロイヤルスターは東西南北それぞれの領分の空を支配する番人（東はアルデバラン、西はアンタレス、南はフォーマルハウト、北はレグルス）であり、パワフルなエネルギーをパランする天体に刻印します。しかし、強力なエネルギーを私的に濫用すると「ネメシス」と呼ばれる天罰が下るとされます。

20．皇后雅子の場合、たまたま水星と火星は同じ恒星とパランしていますが、通常出生図においてオーブがほとんどないタイトなコンジャンクションがあったとしても、同じ恒星とパランするとは限りません。「コンジャンクション」とは黄道上の経度が同じという意味であり、黄道上の緯度や赤道上の経度、緯度は必ずしも同じではありません。パランはそのような位置の違いによっても差異が出ます。

21. 出生データのリスト（データは※印以外はアストロデータバンク）：
グレース・ケリー：1929/11/12 05:31 Philadelphia, Pennsylvania, U.S.A.
オノ・ヨーコ：1933/2/18 20:30 Tokyo, Japan
ブラバツキー夫人：1831/8/12 02:17 Ekaterinoslav, Ukraine
※フジコ・ヘミング：1932/12/5 出生時刻不明 Berlin, Germany (Wikipedia 英語版)
ヘレン・ケラー：1880/6/27 16:00 Tuscumbia, Alabama, U.S.A.
※アン・サリバン：1866/4/14 出生時刻不明 Feeding Hills, Massachusetts, U.S.A. (Wikipedia)

22. 出生データのリスト（データは※印以外はアストロデータバンク）：
※草間彌生：1929/3/22 出生時刻不明 Matsumoto, Nagano, Japan (Wikipedia)
オノ・ヨーコ：本文参照
サルバドール・ダリ：1904/5/11 08:45 Figueras, Spain
フィンセント・ファン・ゴッホ：1853/3/30 11:00 Zundert, Netherlands
※エドヴァルド・ムンク：1863/12/12 出生時刻不明 Ådalsbruk, Norway (Wikipedia)
※レオナルド・ダ・ヴィンチ：1452/4/15 22:00 Vinci, Italy (Starlight)
ジョン・レノン：本文参照
グレン・グールド：1932/9/25 19:34 Toronto, Ontario, Canada
※内田光子：1948/12/20 出生時刻不明 Atami,Shizuoka, Japan
アルトゥール・ルービンシュタイン：1887/1/28 22:00 Lódz, Poland
エルトン・ジョン：1947/3/25 出生時刻不明 Pinner, England
ノエル・ティル：1936/12/31 15:57 West Chester, Pennsylvania, U.S.A.

23. ユングの人生については自伝によく語られています。引用はC. G. Jung. *Memories, Dreams, Reflections: An Autobiography,*Recorded and edited by Aniela Jaffé (Translated from the German by Richard and Clara Winston) London, UK: William Collins, 1967 3p より。翻訳は筆者。

なお、本稿執筆にあたり、「大倉山占星術研究会」を筆者と共同運営するチャンドラケイより多くの材料やアイデアをいただきました。また、「大倉山占星術研究会」でもビジュアルアストロロジーを学ぶ教材を用意しています：
https://www.astro-okurayama.com/

星座早見盤ホラリー

スカイマップの星座を利用するのに慣れる一つの方法は、「星座早見盤ホラリー」です。プラネタリウムや天文台のグッズ販売などで入手できる星座早見盤は、工夫をすると「ホラリー」を行なう道具として使うことができます。このとき通常のホラリーではホロスコープ上の惑星の動きを利用しますが、ここでは星座早見盤上の恒星や星座の動きを使うのです。例えば、図7は「横浜でいなくなったヘビはいつ見つかるか」という星座早見盤ホラリーを行なった様子です（2021年5月19日午前9時52分大倉山。星座早見盤の扱い方は早見盤の説明を参照してください）。

ここでは、へびを象徴するのにふさわしそうな「うみへび座」が15分後ぐらいに東の地平線から昇ってくる様子がわかります。これは、日付の目盛りでは3〜4日程度になります。実際には、3日後の5月22日の午後に見つかったニュースが流れました。

図7

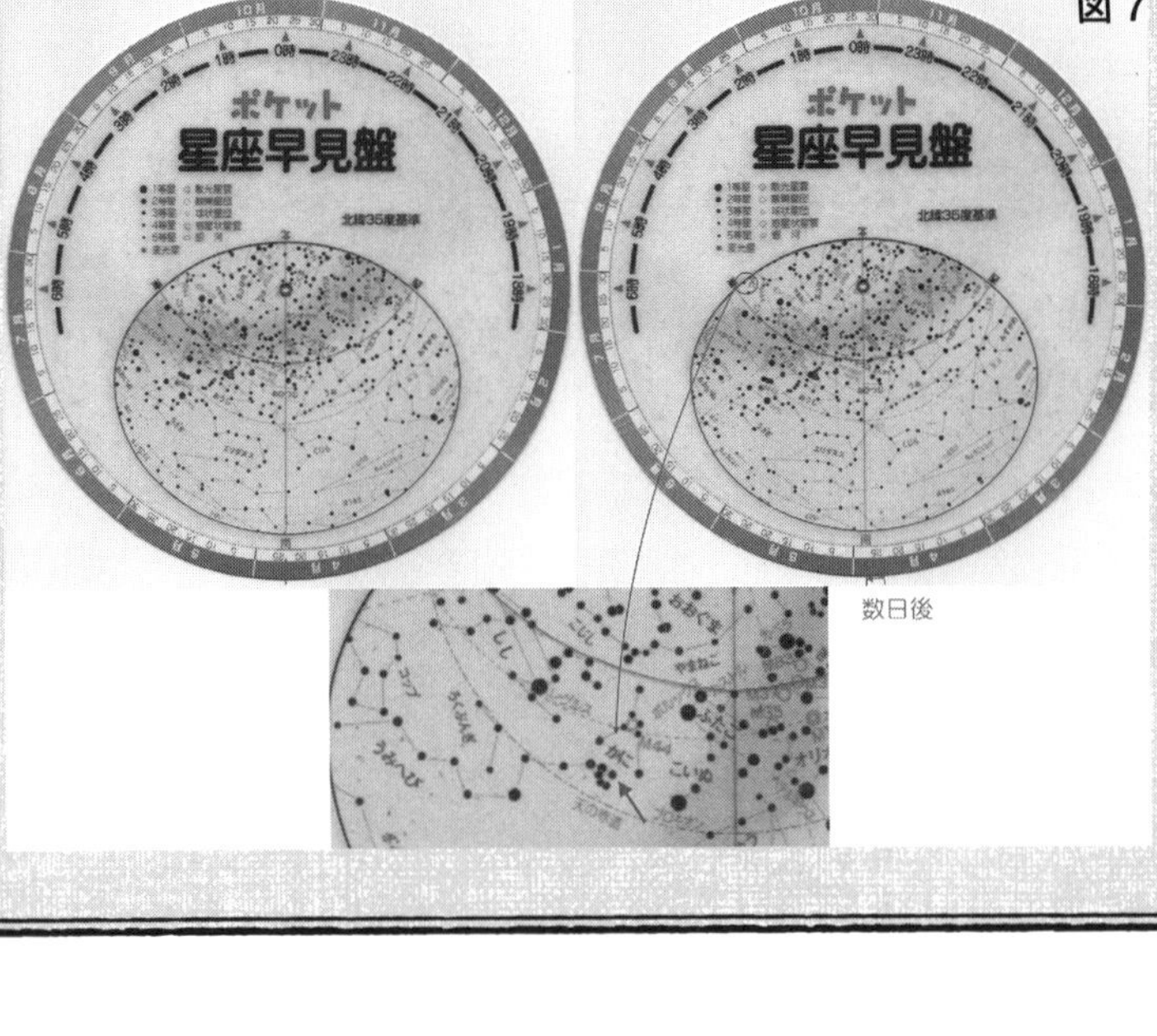

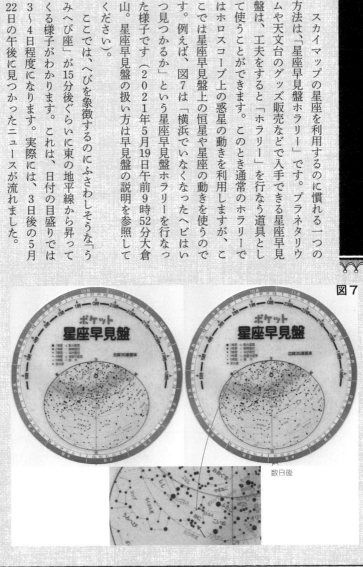

「場所」の占星術

アストロマップの魔法

鏡リュウジ

「いつ？」はＯＫ、では「どこで？」は？

夜空に輝く星たちを見上げると、僕たちはみな、不思議な感動にとらわれます。４つの大河のほとりで人類が文明ののろしをあげたころ、あるいはそのずっと前から古代の人々が情熱を注いで星と星をつなぎ星座を創り出し、地平線から昇る太陽、ときにループを描きながら複雑な運動をする惑星の航路をプロットしていったのは、星の輝きが生み出す神秘の感覚ゆえだったに違いありません。

現代人は、それに加えて、古代の人たちには感じられなかったであろう星空の神秘を感じることができます。それは時間と空間の緊密な関係性を知ったためです。

「光年」という単位をこの本の読者の方はきっとご存じでしょう。「年」というから時間の単位と思いきや、これは距離の単位です。光の速さが１年かかって到達できる距離が１光年。夜空の恒星たちの距離を示すのにしばしば使われます。

例えば全天で最も明るいシリウスは地球から４・３光年の距離にあるとのこと。となると、僕たちが今目にしているシリウスは、4年以上も前の姿なのですね。一方、天文学者たちによれば２８０億光年先の、つまり２８０億光年前の光を観測できるようになってもいるとのことです。

つまり、僕たちが見上げている夜空は、はるか過去の姿。夜空は壮大なタイムマシンでもあるわけですが、それは空間と時間が深く結びついているから、と言うことができるでしょう。いわば時間と空間（場所）は、双子の兄弟、あるいはコインの裏表なのです。

僕たちの占星術は、まずは時間のアートです。心理学者ユングは、「ある瞬間に生まれた、あるいは始まったものはその瞬間の時間の質を持つ」という有名な言葉を残していて、これが多くの占星術家の座右の銘になっています。出生ホロスコープはいわば、その人が生まれたときの「時間の質」を映し出したものだと言えるでしょう。

そしてそのホロスコープの上を移ろう星影たちをトランジットやプログレス、アーク、あるいはそのほかのさまざまな方法で「進行」させることによって占星術家は、人生の時間の旅の中でそれぞれの星のアーキタイプがどんなかたちで活性化され、響きあい、顕現していくかを見て取っているのです。

ですが、「時間」の双子の「空間」についてはどうでしょう？　通常の占星術では人生の大きなターニングポイントになる「時期」（「いつ」）に関しては相当の自信を持って指し示すことができます。その一方で「場所／空間」（「どこ」）について言及することは得意とは言えなかったのではないでしょうか。

確かに、古代から「場所」の占星術は存在します。古くから国と星座（サイン）の対応関係や緯度あるいは経度と黄道帯の対応などさまざまな方法論が考案されてきたのです。[1]ですがその応用法は限られていました。

ところが、20世紀に入ってコンピュータの発達によって、実に画期的な占星術技法がその伝統に新たな扉を付け加えたのです。それが「占星世界地図」、アストロマッピングです。僕がこの占星地図を初めて見たのはおそらく1980年代だったと思うのですが、地図の上にまるで人工衛星の

1　鏡リュウジ著『占星綺想』新・新装版、青土社、2023年に「星の統べる土地」の章にその技法を紹介している。

道のように投影された惑星のラインに度肝を抜かれたのをよく覚えています。コンピュータで出力されたこのマップを見て「こんなすごい〝科学的〟な占星術があるのか」と感動したものです。英国の著名な占星術家であり、長く英国占星術協会の会長を務められた故チャールズ・ハーヴェイは「私見では占星術の歴史全体の中で最も重要な発明の一つ」と評していましたから、当時、これが占星術業界にいかに興奮を巻き起こしたかわかるでしょう。

アストロマッピングの技法はアメリカの占星術家ジム・ルイス（１９４１〜１９９５）によって１９７０年代に生み出されました。

とはいえ、ルイスとて何もないところからこの方法を発明したのではありません。彼は伝統的に用いられてきた、占星術における「リロケーション」の技法を発展させたのです。

リロケーション（引っ越し）の考え方はシンプルです。例えば東京で生まれた人が、あるときからロンドンに長く住むことになったとしましょう。そのチャートでは、出生場所の東京でのホロスコープはもちろん、一生涯有効です。でも、ロンドンに居を移し、そこで有力なプロデューサーと出会って、ミュージシャンとして成功し人生が大きく変わったとしたら？

ロンドンへの転居が本人の運命を大きく変えたと考えられるわけですね。そこで、占星術家は昔から出生地の代わりに、重要な転居先を基準にしたホロスコープを作ることがありました。これが「リロケーショナル・チャート」です。この場合でも出生時など基準となる時間はそのまま用いますから、黄道における惑星の位置は全く同じです。しかし、場所が変わることによってアセンダントやＭＣの位置、それぞれの惑星のハウスの配置は劇的に変化します。東京で日の出のころに生まれた人はホロスコープではＡＳＣ近くに太陽が現れますが、もし地球の反対側に「リロケーション」

（リ・ロケート、つまり場所変え、引っ越し）すると、太陽はその反対側、つまりＤＥＳ近くに太陽があるホロスコープになるわけですね。ホロスコープの印象はがらりと変わってくるでしょう。

ジム・ルイスはこの考え方に基づき、惑星がホロスコープで最も重要なポイントであるアングル（ＡＳＣ－ＤＥＳ、ＭＣ－ＩＣ）に来る位置を世界地図に投影することによって可視化し、一目でわかるように工夫した上でこのマップを「アストロ＊カート＊グラフィ」と名付け、その名称を商標登録しました。

１９９０年代にはパーソナル・コンピュータの普及とともに、多くの占星術家が有力な武器として、個人のホロスコープやマンデン（政治経済などマクロなレベル）の占星術に用いるようになっていきます。飛行による長い距離の移動が身近になってきた20世紀後半以降、この技法の需要はとくに増してゆきました。

今では、アストロマッピングの技法は、ジム・ルイスが登録した名称ばかりではなく、アストロマップなどのより一般的な呼称で、多くの占星術ソフトや占星術専門プラットホームのサイトで無料でサービスされて広く用いられていますから、ここでは「アストロマップ」という言葉を用いるようにしましょう。

Astrodienst を用いた無料でのアストロマップの出し方は258ページに示しておきますから、ぜひご自身で試してみてください。

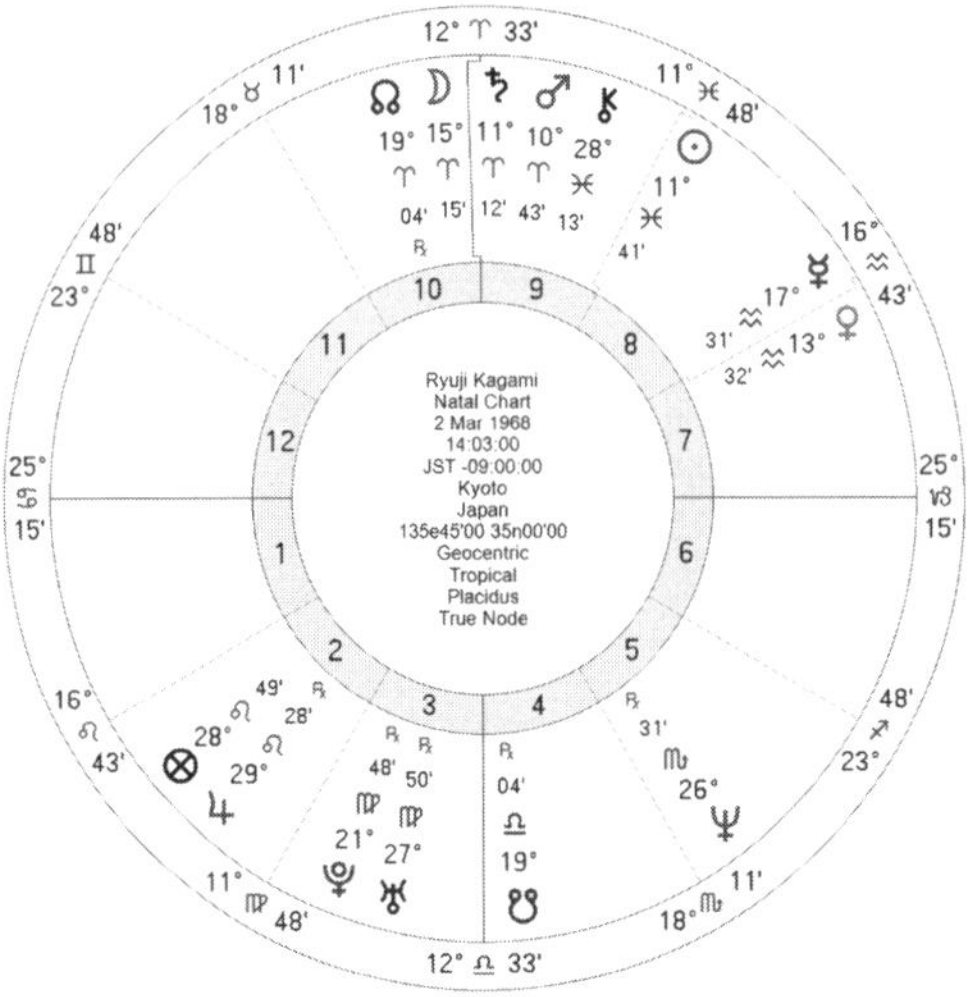

図1
鏡リュウジの出生図
出生時間：
1968年3月2日14時3分
出生地：京都

アストロマップの構造と基本の見方

アストロマップは一見、非常に複雑に見えますが、その原理、そして使い方はとてもシンプルです。まずは実例を見てみましょう。お恥ずかしくはありますが、僕にとって一番なじみのあるチャート、僕自身、鏡リュウジのホロスコープとアストロマップを取り上げます。

既刊の『占星術の教科書』シリーズにも掲載していますが、僕のホロスコープはこちらです(図1)。ここでのチャートやマップの作成は掲載の許可を得て占星術ソフトJanus[2]を用いました。

アストロマップ（202ページ　図2）には世界地図にたくさんのラインが描きこまれています。一瞬目がくらみそうになりますが、よく見ると、上下を結ぶ直線と曲線の二つからなっていることがわかります。そしてそれぞれの線には、惑星記号とA、M、D、Iの4つのアルファベットが添えられていることがわかるでしょう。

4つのアルファベットは以下を示しています。

A＝ASC　アセンダント（サイトやソフトによってはACあるいはRiseとして表記）

2　Janusは日本語のWindows OS環境でも使用でき、詳細な技法を網羅した優れたソフトウエア。プロにはお勧めできる。
https://www.astrology-house.com/

Ｍ＝ＭＣ
Ｄ＝ＤＥＳ　ディセンダント（サイトやソフトによってはDSあるいはSetとして表記）
Ｉ＝ＩＣ

ＭＣとＩＣのラインは垂直方向にマップを貫く直線として、ＡＳＣ、ＤＥＳのラインは曲線で現れています。

これはある瞬間に、それぞれの惑星がＡＳＣ、ＭＣ、ＤＥＳ、ＩＣに現れる地域を示しているのです。[3]

僕の通常の円形ホロスコープを見ると、アングルの上の天体として目立つのは、ＭＣのそばにある月、火星、土星でしょう。またノースノードも僕の天頂近くにあります（ノードについては既刊の『鏡リュウジの占星術の教科書Ⅳ』所収の賢龍雅人氏の章を参照）。

社会的活動を示すＭＣにこれだけ強力な惑星が集合していることは、端的に言えば仕事面での活動にエネルギーが当たることを示しています。僕は16歳のころから雑誌などさまざまな媒体に占星術や秘教に関する寄稿を始め、今に至るまでずっとメディアで仕事をしています。またＭＣに象徴される第10ハウスは、しばしば母親を象徴します。母は日本で最初に着付け学校を創設したパイオニアでした（牡羊座／先駆者、火星／強いエネルギー、土星／伝統、権威、月／ポピュラリティ、感

3　厳密には、黄経に投影された惑星の位置を示す円形の通常のホロスコープと実際に見える惑星の位置を示すアストロマップでは多少のずれが出る。とくに軌道の傾きの大きい冥王星ではその差はかなりのものになることがある。アストロマップの専門家マーティン・ディヴィスは、アストロマップでのラインは出生図の惑星の意味が実際に顕現しやすい場所を示すという。Martin Davis, *Astrolocality Astrology revised edition*, Wessex Astrology, 2014

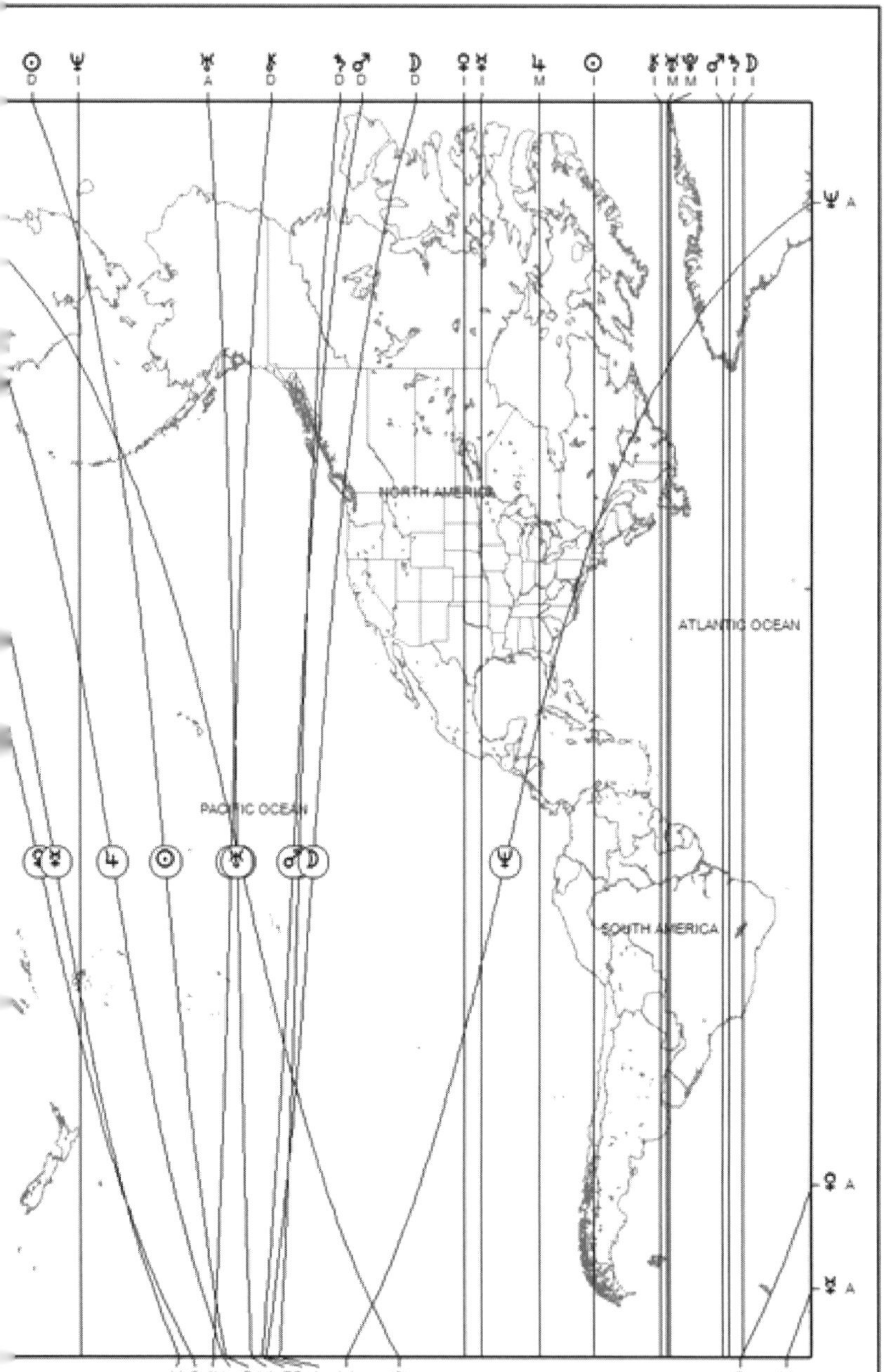

図 2
鏡リュウジの
アストロマップ
Janus より

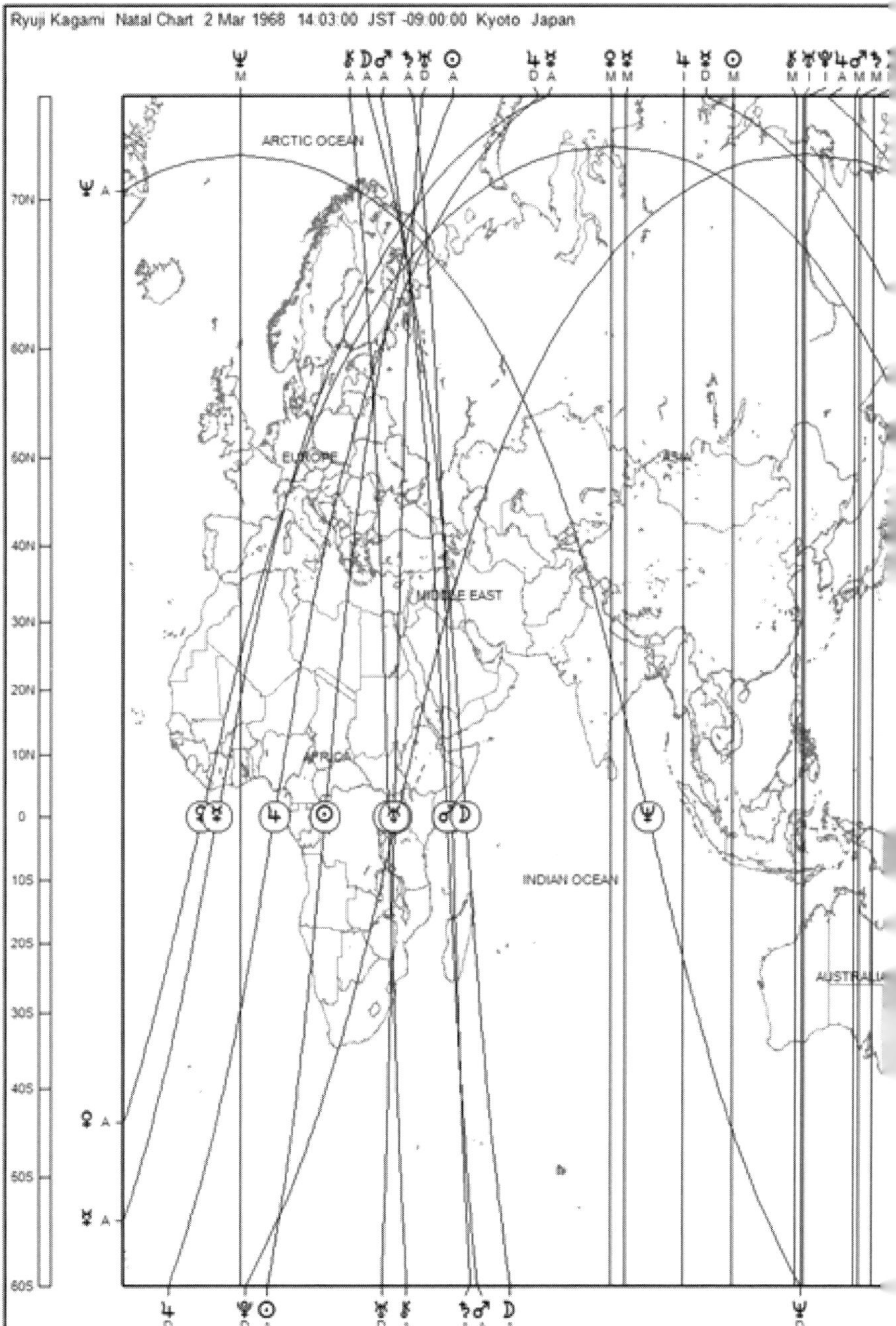
Ryuji Kagami Natal Chart 2 Mar 1968 14:03:00 JST -09:00:00 Kyoto Japan
ARCTIC OCEAN
EUROPE
MIDDLE EAST
AFRICA
INDIAN OCEAN
70N
60N
50N
40N
30N
20N
10N
0
10S
20S
30S
40S
50S
60S
20W
0
20E
40E
60E
80E
100E
120E

受性、想像力)。

以上のことを念頭に置き、アストロマップの方に目を向けてみましょう。僕が生まれたのは日本の京都ですから、世界地図のなかから日本を探してみます。

日本の上には3本のラインが通過していることがわかるでしょう。

そのラインを上にたどっていくと月M、土星M、火星Mとあるのがわかります。念のために日本のあたりを切り出した図（図3）を示しておきましょう。

つまり、この図は僕が生まれたとき、月、土星、火星がホロスコープのMCにあるのが日本であることを示しているわけです。

こうして見ると、出生ホロスコープの配置とアストロマップは別の視点から同じ星の配置を示していることがわかりますね。

では、マップの他の部分はどのようにして使うのでしょうか？

僕はあちこち旅行していますが、なんといっても縁があるのはイギリスです。大学に入ったころから、コロナの時期は別として毎年2回ほど、場合によっては3回もイギリスを訪ね、現地の占星術家や魔法の関係者と交流を重ねてきました。渡英回数は60回以上になるでしょう。ロンドンのオカルト書店のオーナーたちとはすっかり友人ですし、若いころには「黄金の夜明け」団の流れを引く魔術結社の人々に「魔法」の手ほどきを受けたこともあります。英国占星術協会にも長年関わり、そのジャーナルには何度か記事を寄稿しています。

図3

日本人としては寄稿数は今のところ最多でしょう。

そして、英国占星術界の重鎮であるジェフリー・コーネリアス博士やマギー・ハイド先生とは第二の家族のように関わらせていただいています。

イギリスと僕の縁はアストロマップではどのように現れているでしょう？　マップの上でのイギリスを探してみてください。

すると、イギリスの上、ロンドン付近を海王星Mのラインがまっすぐに通過していることがわかります。

ここをクローズアップするとこのようになります（図4）。

ここで僕の通常の円形ホロスコープをロンドンに「リロケート」（引っ越し）させてみましょう（図5）。

つまりもし僕が同じ時刻にロンドンで生まれていた

図４

図５

鏡リュウジの
リロケーション・チャート
1968年３月２日14時３分
ロンドン生まれとして算出した場合

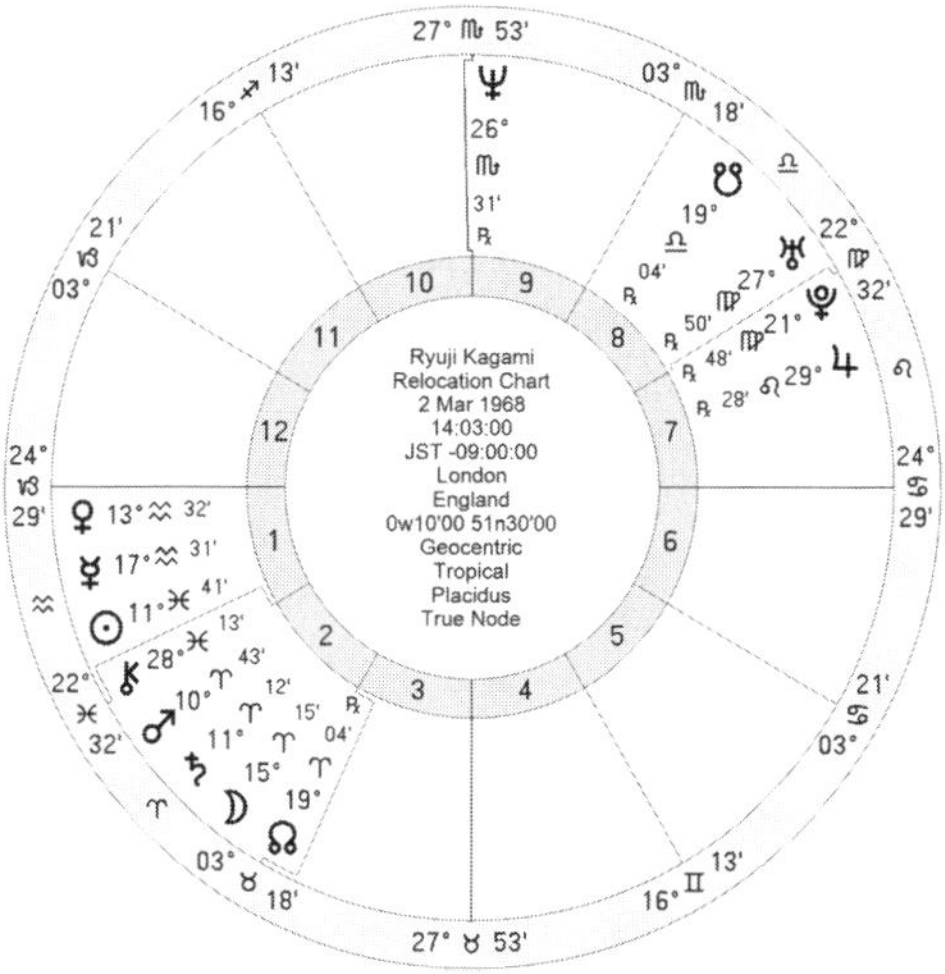

ら、出生ホロスコープになったであろうチャートです。

すると、海王星がＭＣのすぐそばに来ていることがわかります。アストロマップで、海王星ＭＣのラインがロンドンのそばを通過していることを反映しているのがわかりますね。

そこでこのリロケーション・チャートから考えると、僕はイギリスにいくと、まるで海王星がＭＣにあるホロスコープを持つような経験をすることになるわけです。

海王星は現実を超えた世界や目に見えない領域、この世界と異世界の境界をあいまいにする天体です。まさに魔法の星ですね。僕は占星術について歴史的な文献にも大変興味を持っていますが、それを実証的な科学としてではなく、人間の心の深いところから現れてくる象徴的なものだと考えています。イギリスで僕が学んできた占星術のアプローチは「イマジナル」[4]なものであり、元型的なもの、ダイモーン（運命の力や召命、守護霊のイメージ）のささやきに耳を傾ける営みであると感じていますから、まさに海王星的なものです。

僕はイギリスでこの海王星的な世界と深く関わり、そしてこの日本での活動において、そのエネルギーを活かしているわけです。

オノ・ヨーコとジョン・レノンの金星ライン

自分のことばかり言っていては興ざめでしょうから、ここでいくつか歴史的な著名人のケースを見てみましょう。

4　イスラム哲学者アンリ・コルバンの用語。単に空想上の存在である「イマジナリー」と区別し、客観的存在（「ある」）と空想上の存在（「ない」）の中間的領域を示す。心の中の存在でありながら、それ自身、自律的な現実性を持つ。ユング心理学でいう「心的現実」に近いと言えるだろう。

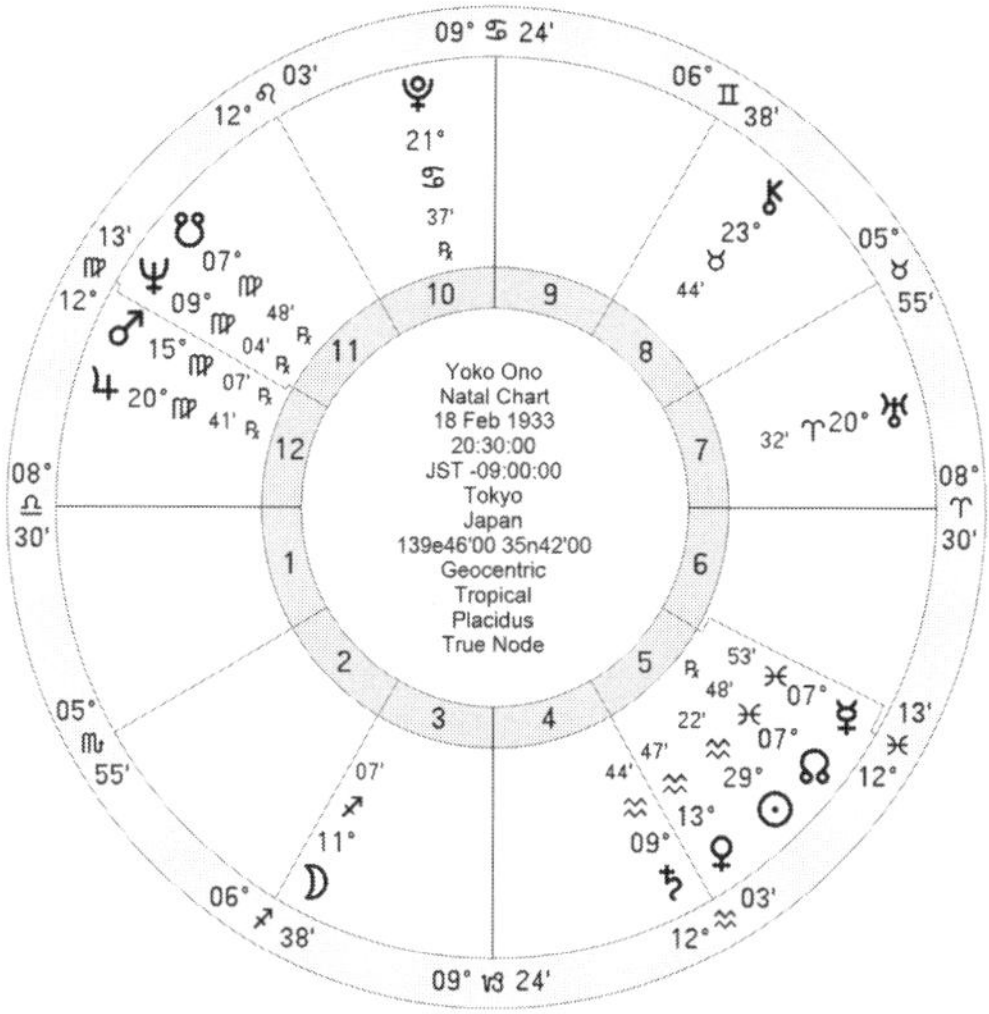

図6
オノ・ヨーコの出生図
出生時間：
1933年2月18日20:30
出生地：東京

ここに挙げたのはオノ・ヨーコ、言わずと知れたビートルズのジョン・レノンのパートナーであり、社会活動家としてもよく知られている人物のホロスコープです（図6）。

ヨーコがジョン・レノンと出会ったのは英国でした。金星のMCラインが見事にイギリス、そしてとくに「ビートルズの故郷」リバプールを貫いて走っているのが目につきます（図7、図8）。ヨーコはイギリスで、世界的なミュージシャンに生涯のパートナーとして出会い、またそのことで世に広く知られるようになりました。

同時に「重圧」の土星のラインがそのそばを通っていることは、「ビートルズを壊した女」としての悪評を得たことと関係があるようにも感じられます。愛を貫くことによって重荷を背負うことになってしまったのかもしれませんし、そこからのプレッシャーが逆に愛を鍛え強くしていったというふうにも見えてくるのです。

一方、ジョン・レノンのほうはどうでしょうか？　ジョンの出生時刻には諸説あり、世界基準の出生時刻の正確さの格付け（ロダン・レイティング）ではDD、つまり信用できないというものですが、ここでは広く用いられているデータで見てみましょう（図9）。

210ページのマップ（図10）を見ると、日本には金星のASCラインが通過しているではありませんか！　ジョンがヨーコと出会ったのは日本ではありませんが、日本の女性と愛で結ばれていることにはかわりがありません。そばには天王星のラインも通過していますから、そ

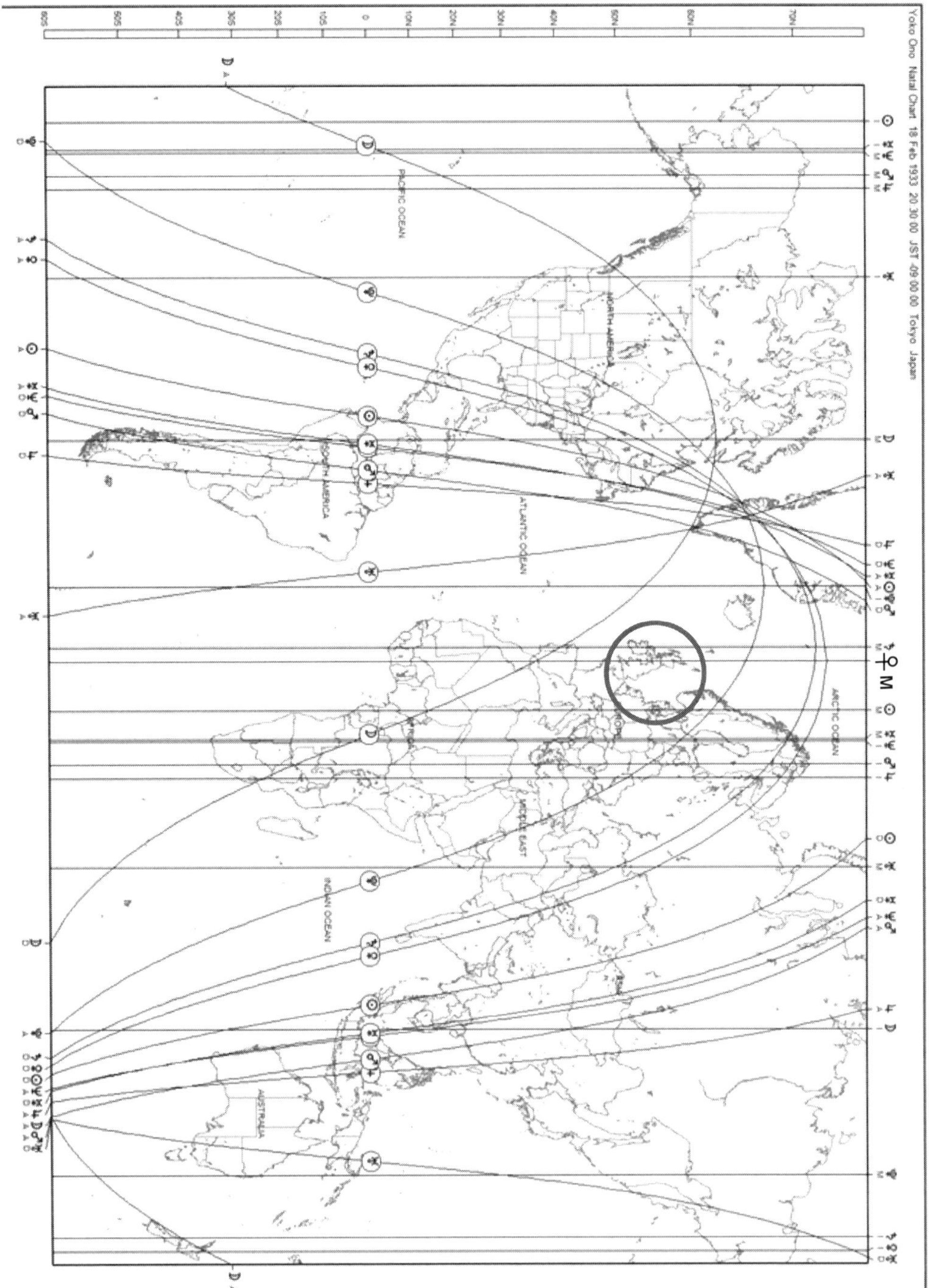

図 7　オノ・ヨーコのアストロマップ

図8

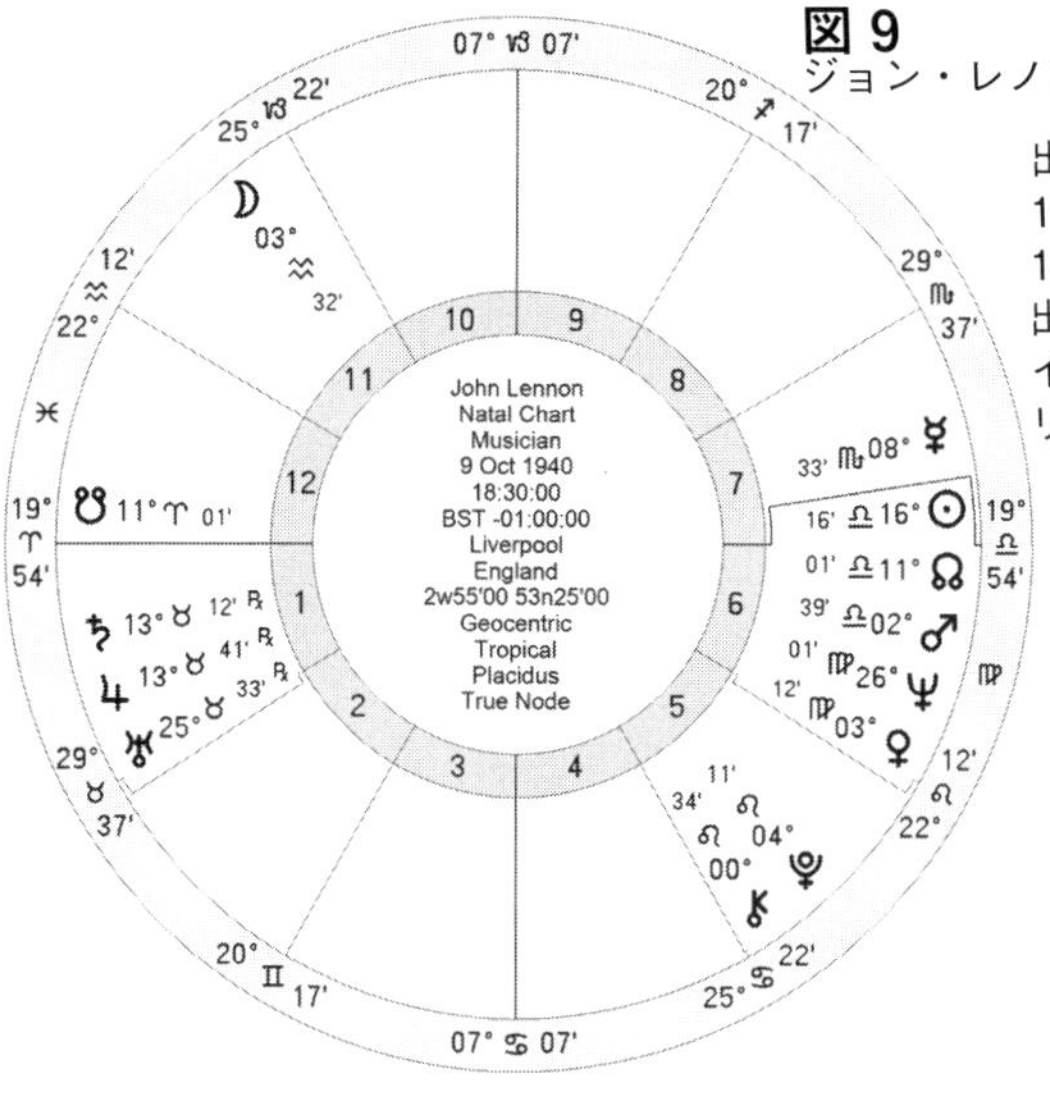

図9
ジョン・レノンの出生図

出生時間：
1940年10月9日
18:30
出生地：
イギリス、
リヴァプール

の出会いと絆が「驚き」を引き起こし、そしてそれがジョン本人にも、他者にも自由と独立の動きを促すものであったことも暗示しています。少なくともアストロマップを用いる限り、この出生時刻は相当の説得力を持っていると言えるでしょう。[5]

もう一つ、ジョン・F・ケネディのマップ（211ページ　図11）を見てみましょう。ケネディはダラスで暗殺されていますが、アストロマップを見ると、ダラスの近くを冥王星のMCラインが通過していることがわかります。

これもまた実に有名な例です。

ジョン・F・ケネディの
出生データ
出生時間：
1917年5月29日
15：00
出生地：
Brookline Village
Massachusetts, USA

5　ジョン・レノンが暗殺されたニューヨークは出生図のアストロマップでは特徴的なラインは通過していない。しかし、225ページで扱うプログレスのマップを見ると進行した火星、冥王星、月がニューヨーク付近を通過している。

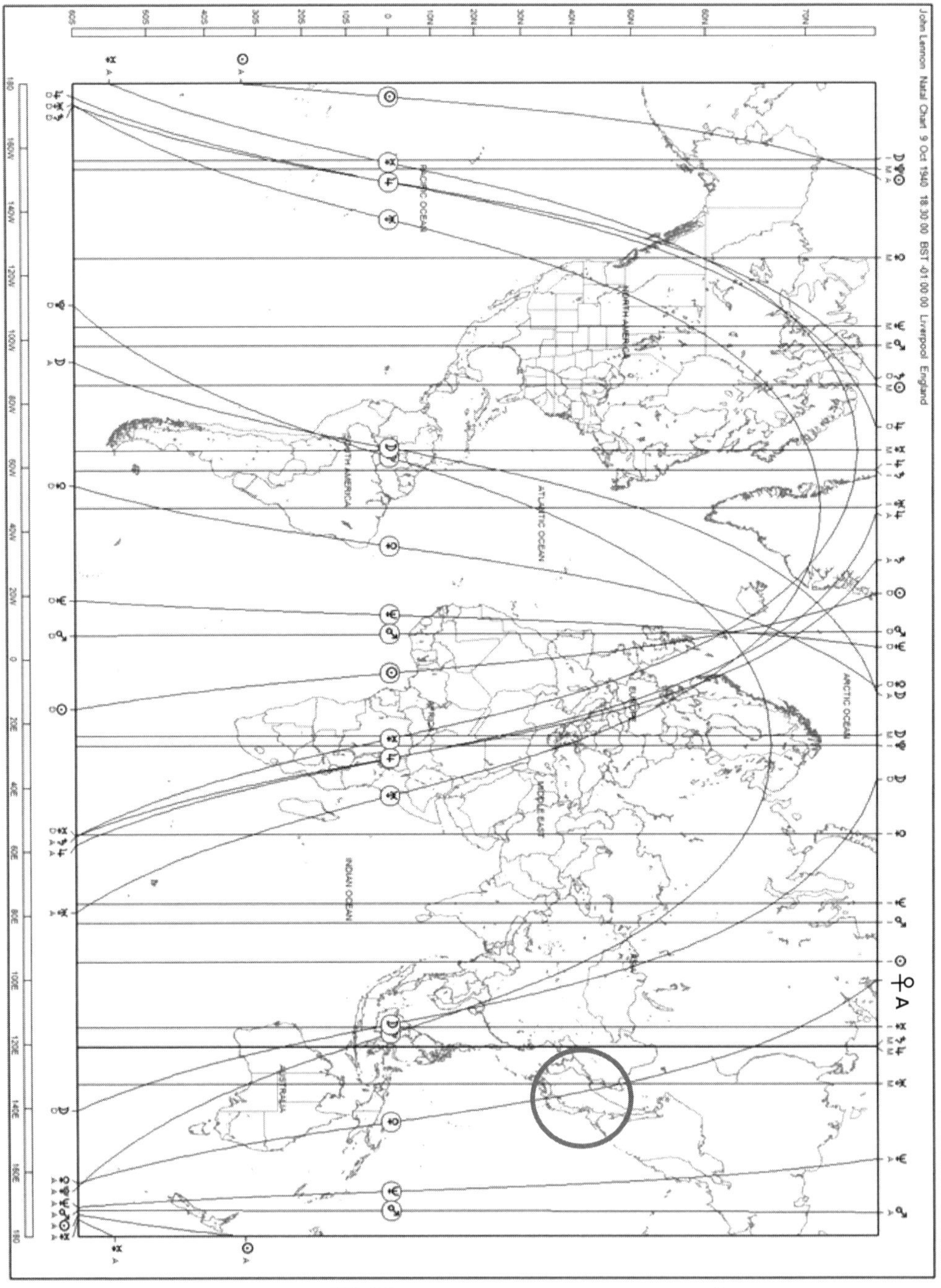

図 10　ジョン・レノンのアストロマップ

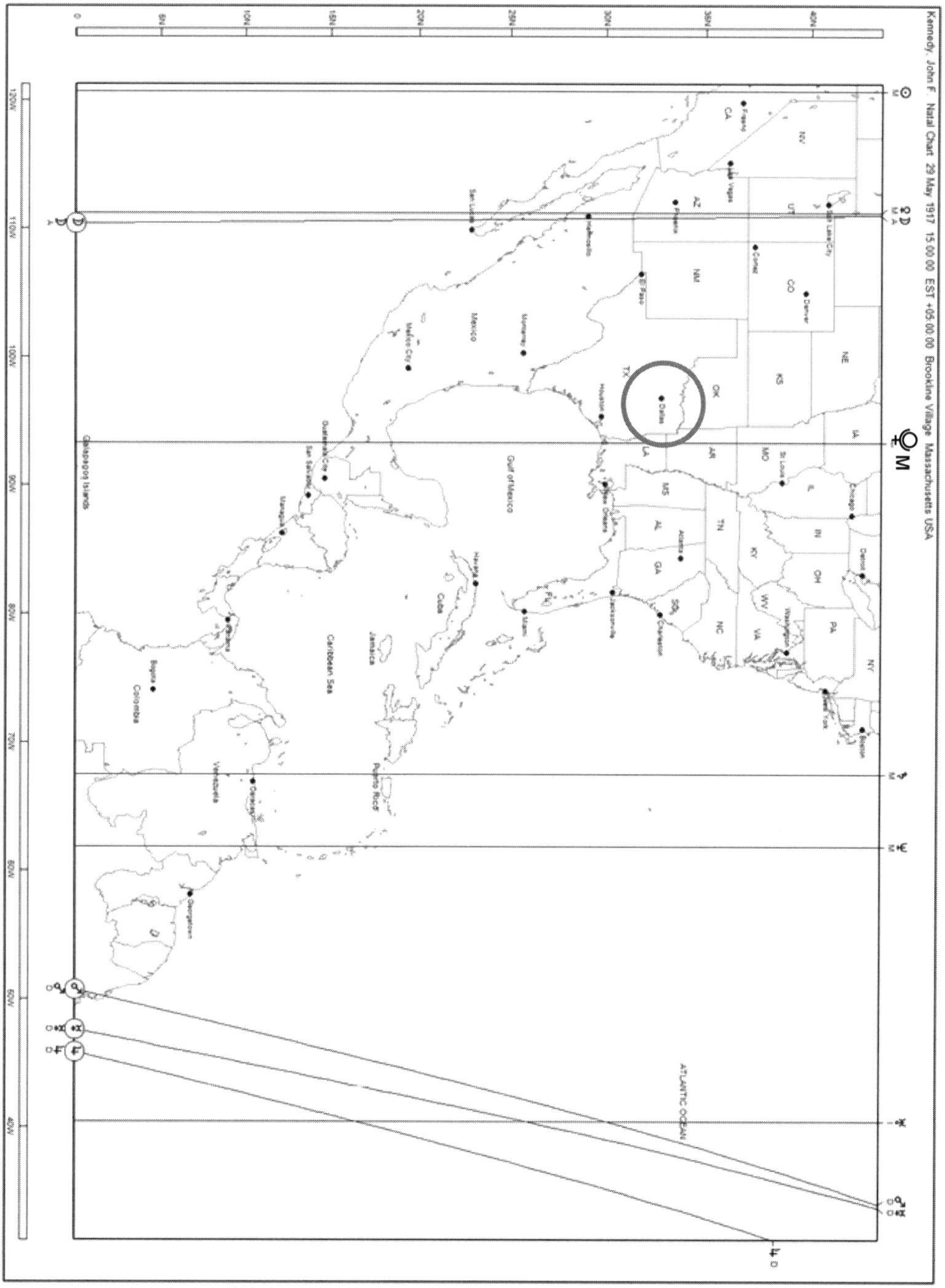

図 11　ジョン・F・ケネディのアストロマップ

注意！　正確な出生時刻がアストロマップには不可欠

占星術の学習者のみなさんにはもうおわかりかと思いますが、アストロマップのラインはホロスコープの「アングル」に依拠しています。アングルは地球の自転によるものですから、大変速い速度で動きます。具体的にはおよそ4分で1度ずつ動いていきます。ですから出生時刻の正確さがどうしても求められます。アストロマップの技法を使うには、正確な出生時刻が必要なのです。したがって、出生時刻があいまいな場合、わからない場合にはホロスコープにおいてハウスの判断ができないのと同じように、残念ながらアストロマップを用いることができません。

しかし、逆に言えばこのアストロマップの技法を応用すれば、いわゆる「出生時刻の修正」（レクティファイ）を試みることもできるでしょう。この技法に習熟してきたら、他の方法と合わせてアストロマップを出生時刻修正のために併用してみてはいかがでしょう。[6]

6　出生時刻の修正とは、出生時刻が不明ないし不詳な場合に実際に起こった出来事の時期から逆算して正確だと思われる時刻を推算する技法のこと。実際に記録が残っている場合でも正確を期すために出生時刻の修正を行う場合もある。ただ、個人的な意見としては「出生時刻の修正」は誤解を招きやすい面もあると考えている。正しい技法で正しく推算すれば、客観的に正確な出生時刻を確定できるという印象を与えてしまいやすいからだ。そもそも占星術が誕生したころには正確な時計はなかった。古い時代と現在では時間に対しての感覚が異なっていただろう。占星術における「正確な時間」の追求は一種の儀式的な態度であり、それは客観的、字義的に正確な時刻ではなく、むしろそれぞれの占星術家にとって有効で作動するチャートを生み出す象徴的な時刻なのではないかと僕は考えている。

アストロマップのラインの読み方

アストロマップが示すのはそれぞれの惑星のエネルギーを強く感じられる、あるいはそのホロスコープの惑星の元型的な力が強く顕現する場所ということになります。

繰り返しになりますが、**アストロマップのラインが通過する場所は、もしそこでその人が生まれていれば、その惑星がアングルに来ることを示します。**つまり、その人がその場所に行ったとき、あるいはどこにいてもその場所から該当する惑星の「エネルギー」を感じ、活性化すると考えられるわけです。

アストロマップの惑星ラインの働き方、現れ方は実にさまざまです。考えられるいくつかのパターンを列挙してみましょう。

惑星のラインの影響の現れのパターン

第一には、そのラインのある場所に引っ越し、長期間住んだ場合、その惑星の影響が強く出てくるということ。例えば、もともとおとなしく引っ込み思案だった人でも、なぜかある街に行くと元気になり、積極性が高まるという場合があります。僕の友人で日本生まれ日本育ちでありながら、なぜか国内ではうまく適応できないように感じ、引っ込み思案だったのに、カルフォルニアに移住したとたんに生き生きと自分を解放するようになり、大学院で学位を取得し自分を大いに表現できるようになったという人がいます。その人は木星のラインがカリフォルニアを通過していたのです。

木星は解放と学問の惑星です。

また、その人のその努力が関連する惑星のライン上で花開くということもあります。例えば、スポーツの鍛錬をしていた人が火星ラインの通る場所の大会で優れた成績を収める、といったケース。

またその惑星のライン上で、その惑星が表す運命的な、あるいは偶発的な出来事に遭遇するということもしばしばあります。火星や天王星のラインの上で思わぬ事故にあう、といったような場合。

さらに、ある惑星ラインの場所と、何らかの人や出会いを通してその惑星が象徴するような結びつきができることもあります。ある人の場合、フランス出身の人と思いがけず国際結婚をすることになったのですが、その人の金星ライン（ＤＥＳ）はアストロマップ上でパリを通過していたのです！　これはジョンとヨーコと似たケースですね。

ラインを使って運命をつかむ

さらに、アストロマップは、単に運命を読み取るのではなく、より能動的に使うことができます。例えば、出会いを求めたいというのであれば、愛の金星ライン、とくに金星ＤＥＳラインが通過している場所を旅してみる、そこで過ごしてみる、というのはどうでしょうか。成功を求めるなら太陽や木星のラインがＭＣに来る場所がその候補になります。これはアストロマップによる開運法です。

（もっとも現実的にはそうしたラインが海の上や治安のよくないエリアを通過していて実際には使えない、ということもままあります。そのような場合は常識を働かせて危険を冒さないようにしてください。「星を使う」という姿勢も大事ですが、人間と同じように星もすべて自分の思い通りに支配することはできないのです！）

ラインの意味はアングルと惑星の象徴の組み合わせ

アストロマップは、それぞれの惑星が4つのアングルを通過する場所がラインとして示されています。そのライン上の場所では、いずれもその惑星の象徴するような出来事や出会いが生じる可能性が高いのですが。この4つのアングルと惑星の意味を把握しておくと、さらに繊細にその意味を味わえるようになります。

もっとも、出生ホロスコープのアングルや惑星を読むためにみなさんが学習してきたことと変わりませんから、新たなことを覚える必要はありません。これまでの知識を応用すればよいだけです。ただ、「その場所に移動したとき」その意味が現れるようになるということなのです。以下に示すようなアングルの意味と惑星の意味を掛け合わせることで、これまでの学習内容を活かしてたやすくマップを読むことができるようになるはずです。

アングルの意味

ＡＳＣのラインでは

その惑星の意味が本人のパーソナリティとして表現されてきます。その場所で本人の中からより強く引き出されてくる性質やキャラクター、周囲から見た印象です。

ＭＣのラインでは

その惑星が象徴するキャリアや仕事で成功しやすく、その惑星が示すことを通じて社会に認知されるようになるでしょう。

ＤＥＳのラインでは

他者や人間関係を象徴しますから、とくに強い縁を結ぶことになる相手や事柄があると読めます。

ＩＣのラインでは

その人が共同体の中に深く根付き、自分の居場所だと感じられるようになることの性質を示します。家族や身近な人との関係がとくにその惑星によって表現されるでしょう。

惑星の意味

惑星の意味は通常の占星術と同じです。例えば太陽はその人を活気づけ自信を与えます。月はその人の感情の動きと深く関わり、金星は愛の力と関わります。

太陽のＡＳＣラインがある場所ではその人は自信を持って自分を表現するようになるでしょうし、木星のＭＣラインがある場所ではその人は周囲からの支持を得て社会的に成功しやすい、と読むことができるわけです。

オーブの問題

アストロマップのラインにも当然、「オーブ」が存在します。当然、ラインに近ければ近いほど、惑星のエネルギーの効果は強くなります（ただし、ラインの位置は数分単位で地図上では変わっていきますから出生時刻が正確なことが必要条件）。しかし、ラインの真上ではなくても、その惑星の効果は出てきます。アストロマップの創始者ジム・ルイスによれば最大、その効果は１０００キロに及ぶとされています。さらに、リロケートしたチャートのアングルから7度前後までそのオーブと考えれば、かなりの幅をもってラインのオーブを考えることができるでしょう。

高緯度地方のラインの交わりは気にしすぎない

初心者のために注意を。アストロマップではどの場合でも、高緯度地方においてはラインが集中し、多く交差することになります。そのために初心者は自分にとっての「運命の場所」が高緯度の極地方であると考えがちですが、そうではありません。原理上、どうしても高緯度地方にはＡＳＣ、ＤＥＳラインが集中するのです。

極端に高緯度の場所はこのアストロマップの適用範囲外だと考えるべきでしょう。

ここでは詳細は省きますが、これはプラシーダスなどのハウスシステムが極端な高緯度地方では使えないのと同じ理屈です。

惑星ラインのクロス

アストロマップの上では複数のラインが交差するところが出てきます。こうした惑星ラインの交差点はとくに重要になる場合があります。惑星ラインの交差点を基準にしたリロケーション・チャートを作ると、そこでは複数の惑星がアングル上に出現するからです。

個人の出生ホロスコープでも、アングル上に多くの惑星があるとそのホロスコープは強力だと判断できるでしょう？　それと同じ原理です。

例えばアセンダントに火星が、ＭＣに木星が来るような場所はその人に強い行動力と社会的な活動の拡大、成功を同時に与えることになるでしょう。つまり、この場所においてこの人は、本人のパーソナリティがより火星的になり、行動力や闘志、開拓精神が喚起されるようになると考えられます。

木星がMCにあるわけですから、社会の中でのびのびと実力を発揮できるようになり、人々から認められるようになることが考えられます。また、そうした成功体験が本人にとっての自信につながり、より火星的な情熱に燃料をくべるという循環を生むことも考えられるでしょう。

あるいは、ICに土星が、DESに金星がくるような場合には、本人はそこで「くつろぐ」段階に至るまでには大変な努力を要する一方で、その地では素晴らしい出会いがあることを暗示しています。これは矛盾するようにも思えますが、例えば、最初は自分から見てキラキラしすぎているように感じられる人々に囲まれ、コンプレックスを抱いてしまうがゆえに自分の「ホーム」だと感じられないかもしれないけれど、そうした人々と深く関わるうちに表面的な魅力以上の人間の価値を見出せるように自分自身が成長し、より本質的な意味での自分の「居場所」の意味に気づいていく、というようなことも考えられるわけです。

こうした二つの惑星が同時にアングルに来ることを「パラン」とも言います（パランについては本書の石塚隆一、チャンドラケイ氏のビジュアルアストロロジーの章を参照）。

このような場所は、交差する惑星同士が強いアスペクトをとっているのと同じように解釈できます。惑星のコンビネーションの解釈は拙著『鏡リュウジの占星術の教科書Ⅰ』のアスペクトの解釈、また『同Ⅳ』の辻一花氏のミッドポイントの解釈を参考にするとよいでしょう。

アストロマップにおけるアングルが意味すること

ASC（AC, Rise）

アセンダントのラインにある惑星は、その場所であなたが自分のパーソナリティとして強く感じられる要素を示します。それまで自分の性質としてあまり感じることがなかったキャラクターが、その場所にいるとなぜか前景化してきて、自分のものとして感じられるようになるでしょう。あるいは周囲の人たちがあなたのその惑星に象徴される面を見出し、それを引き出すこともあるでしょう。

その惑星の性質、エネルギーを通してあなたは自分を強く表現できるようになります。

例えば金星であれば、その場所であなたは新たなかたちで自分の魅力や芸術的センスを自覚し、発揮するようになるかもしれません。火星であれば、その場所であなたは、果敢な挑戦者としての自分を見出すことになるでしょう。

MC

ＭＣにあるラインの惑星は、その場所においてあなたが社会的に認知され、力を発揮するようになる要素を示します。それまでの努力が認められたり、能力が発揮でき、おうおうにして社会的な成功（と失敗）をすることになるであろう場所を示すのです。あなたはその惑星が示す性質を使って社会階層を上昇し、他の人に強い影響を与えるようになる可能性があります。あるいはそこに住むことがなかったとしても、その地と関連する文化的資産やその地での出会いを通して、キャリアの重要な一部としていくこともあるでしょう。自分自身の人生で達成すべきことを意識化するヒントがこのラインの惑星によって示されます。

DES（DS, Set）

ディセンダントのラインにある惑星はその場所であなたが出会う人、他者として感じられるものの性質を示します。

自分のホロスコープの惑星はすべて自分自身の一面を表すのですが、同時にその惑星が人生の中で出会う人物を指すこともよくあります。なぜでしょうか。一人の人間の中には実に多様な要素が存在するわけですが（それを心の「全体性」と呼んでもいいでしょう）小さな自我はそのすべてを自分のものとして意識化、同一化できるわけではありません。そこで人は自分の中の一部、無意識的な一面を他者に「投影」することが多いのです。結果、その要素を体現した人と出会うことになったり、相手のその面を引き出すことになります。重要なパートナー、友人、あるいは場合によっては「敵」との出会いがそのライン上で、あるいはラインと関連した事項において出てくるでしょう。

IC

ＩＣのラインにある惑星は、その場所であなたが自分自身をこの世界に根付かせ、共同体の一部として感じさせる要素の性質を示します。人は誰しも孤立しては生きられません。どんなに社会的に成功したとしても、それは自分自身の「属性」の一つでしかありません。トロフィーをいくつ並べても、裸の自分が安心して「居る」ことができる心の安定がなければ、人生はむなしい。このラインはその惑星を通して家族、ルーツ、帰属の意識が育まれる場所を示します。あるいはその場所のその惑星と関連する事項を通して、その人が自分の存在基盤を深く感じ取るきっかけを得ることになるでしょう。

アストロマップを応用する

ラインが通過していない場所も重要

ミッドポイントとアスペクト

ここからは応用編です。アストロマップでラインが見当たらない場合でも、重要になる場所が出てくるようなケースがあります。

例えば、二本のラインのちょうど中央にその場所が挟まるようなケースです。

次ページの図（図12）を見てください。注目したいのはこの地図の中央にあるサモアです。サモアには○でしるしをつけておきました。ラインを見るとここには何も通っていないので、惑星の影響はないように見えます。しかし、よく見ると火星と木星、そして金星のラインに挟み込まれています。目測ではちょうどその中央にあるように見えます。

このマップは20世紀に大きな影響を持った女性の文化人類学者マーガレット・ミード（１９０１～１９７８）の出生時のアストロマップです。ミードは「文化とパーソナリティ学派」から出発した研究者で、しばしば生物学的、生得的に本質として規定されていると思われがちな性役割や規範は、文化によって異なっており、後天的に形成されていくものだと考えました。

ミードはその実例を南太平洋のサモアの社会に見出しました。サモアをフィールドワークしたミードは、その社会の少女たちは結婚に際して処女性や性的なつつましやかさより勤労意識が重視されており、その性的なおおらかさと関連して思春期の精神的な問題は西洋社会と比較して少ない、

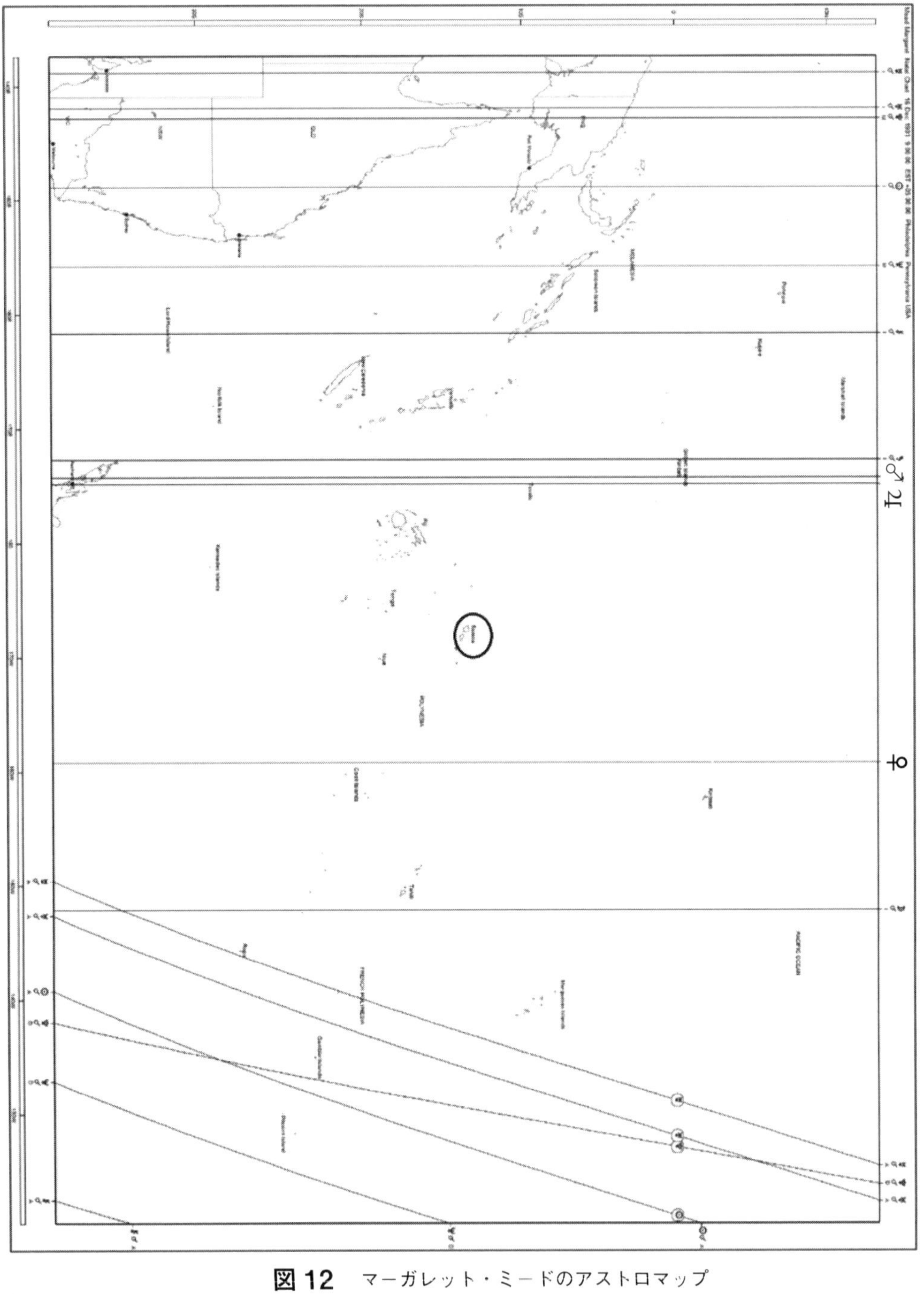

図 12　マーガレット・ミードのアストロマップ

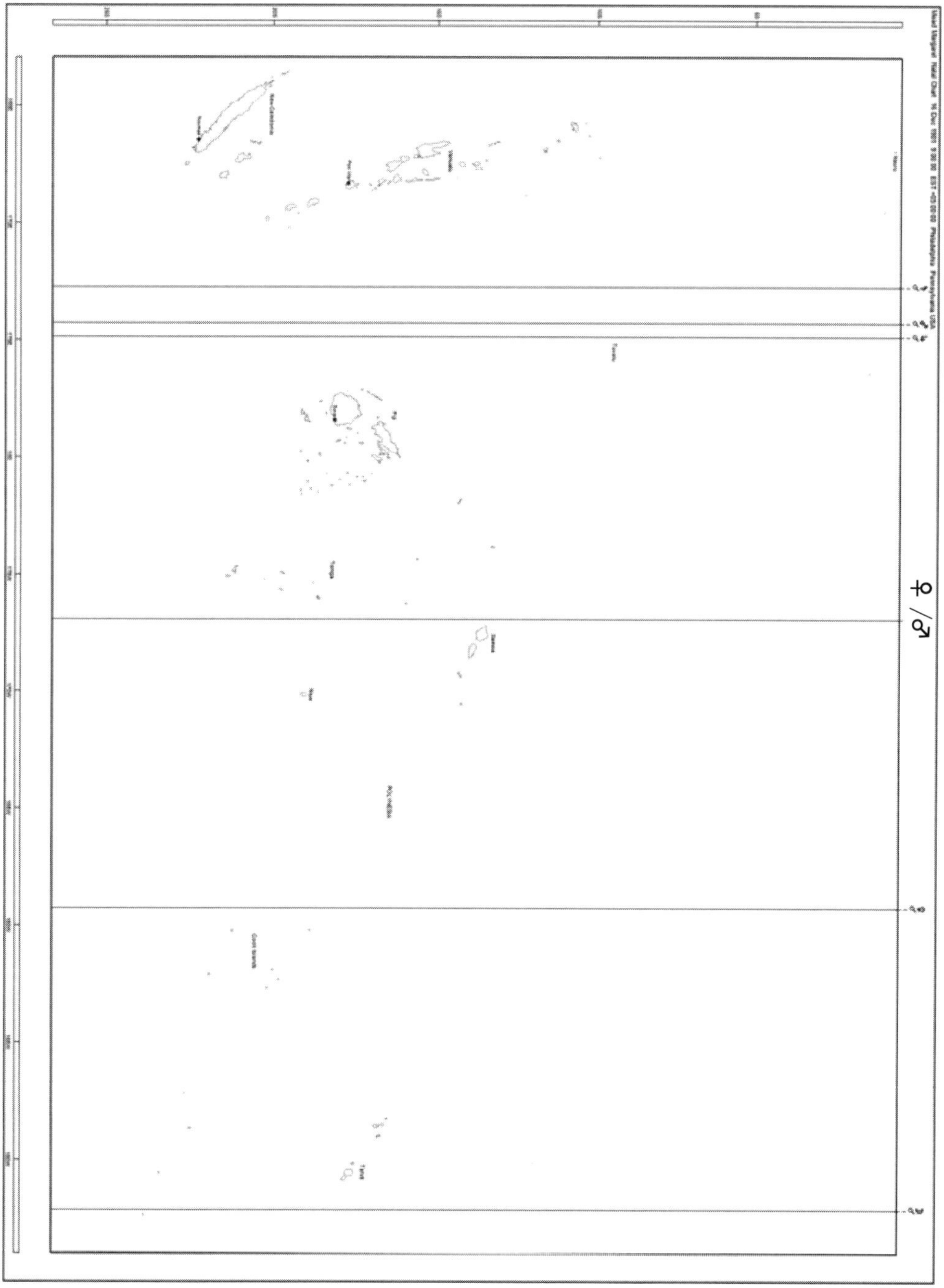

図 13　マーガレット・ミードのアストロマップに金星と火星のミッドポイントのラインを書き込んだもの

といったことを論じたのです（『サモアの思春期』１９２８）。

ミードのこの「発見」はのちのフェミニズム運動に大きな影響を与えることになりました、ミードはキリスト教的な規範の文化だけが唯一の人間のありようではないということを示したのです。ミードにとってサモアはセクシュアリティやジェンダーロールの問題を中心にして土地の文化と自身の思考を融合し、独自の理論を練り上げていくレトルトのような場所になったわけです。

その重要な地を、セクシュアリティと深く関わる金星と火星が挟み込んでいること、そして自分の信念や高度な学問を象徴する木星が関わっていることはとても印象的ではありませんか。

さらにプロ用の占星術ソフトを利用して計算して、正確に金星と火星のミッドポイントのラインを地図に描きこむと図13のようになります（Janusを使用）。

金星／火星のラインが正確にサモアを貫いていることがわかりますね。

ただし、このミードの説はその後激しい批判にさらされることになります。ミードが調査した少女たちはまだ若かったミードをからかっていて冗談を言っていたのではないか、そして現実には強い性的な規範が存在していたのだ、といった批判です。またそれに対する再批判も行われ論争は21世紀になっても続きました。

これは火星と木星の組み合わせという「信念・理念を巡る戦い」とも符合するように見えます。

いずれにせよ、ミードの研究や思想は、それまで固定的に考えられてきた男女の役割や規範の固定概念を揺るがし、論争を巻き起こしつつその後の社会の進展に大きく寄与することになったのです。

アストロマップの使い方に習熟してくると、**このようにミッドポイント、さらには出生時の惑星がアングルに作るアスペクトにあたるポイントなども敏感なライン**として用いることができるようになります。

このような詳細な技法には占星術専門のソフトが必要になってきますが、もし関心があるなら今後、挑戦してもいいでしょう。

アストロマップを進行させる

時間と空間の旅

出生時のアストロマップは静止画ですが、円形の普通のホロスコープと同じように「進行」させていくこともできます。プログレス、トランジットなどの通常の技法を組み合わせて地図上の惑星を動かしていくこともできるのです。動かしてきた惑星が出生時の地図上のどこで東で上昇するのか、南中するのか、つまりアングルに来るかを計算してマップに表示させることができるわけです。[7]

こうすると、「どこで」という判断基準に「いつ」の要素が加わります。さらに言えば、もともと出生のアストロマップには、ラインのなかったところに新たにラインが進んでくるようになるわけで、ある時点で特定の場が活性化されることが見て取れるようになります。

例えばジョン・レノンの例を考えてみましょう。ジョンが暗殺されたニューヨークには出生時のラインは通過していません。しかしジョンの暗殺時の日付にアストロマップを進行させてみましょう(図14)。Astrodienst や Janus のプログラムでは太陽から火星までの個人惑星は1日1年法のプログレスを、木星以遠の惑星についてはトランジットのラインが示されます。[8]

7　ジム・ルイスはこうした進行したマップを「サイクロ＊カート＊グラフィ」と名付けている。

8　プログレス、トランジットについては『鏡リュウジの占星術の教科書』IIとIIIを参照のこと。

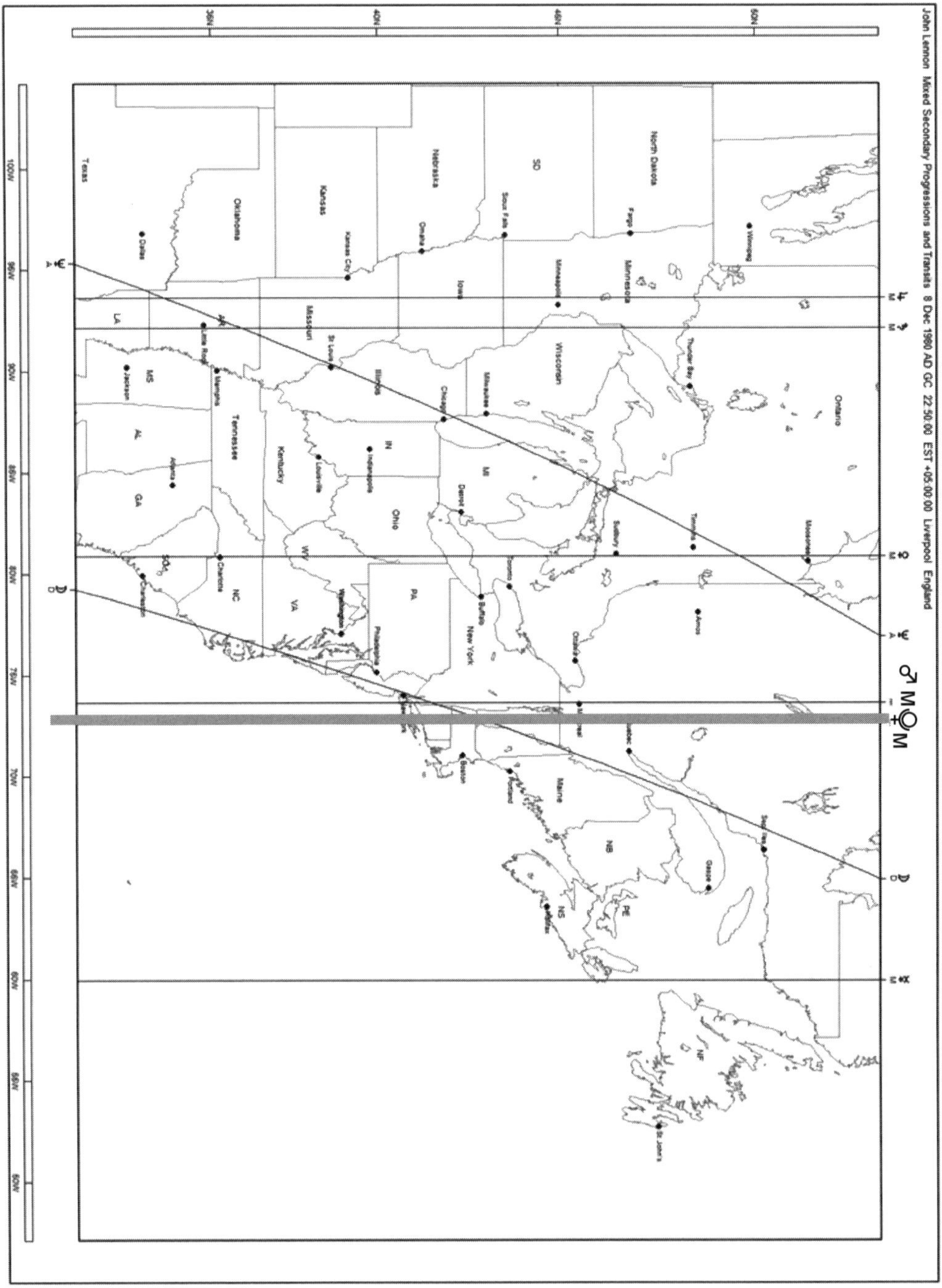

図 14　ジョン・レノンの暗殺時のアストロマップに個人惑星のプログレスと、木星以遠の惑星のトランジットのラインを示したもの

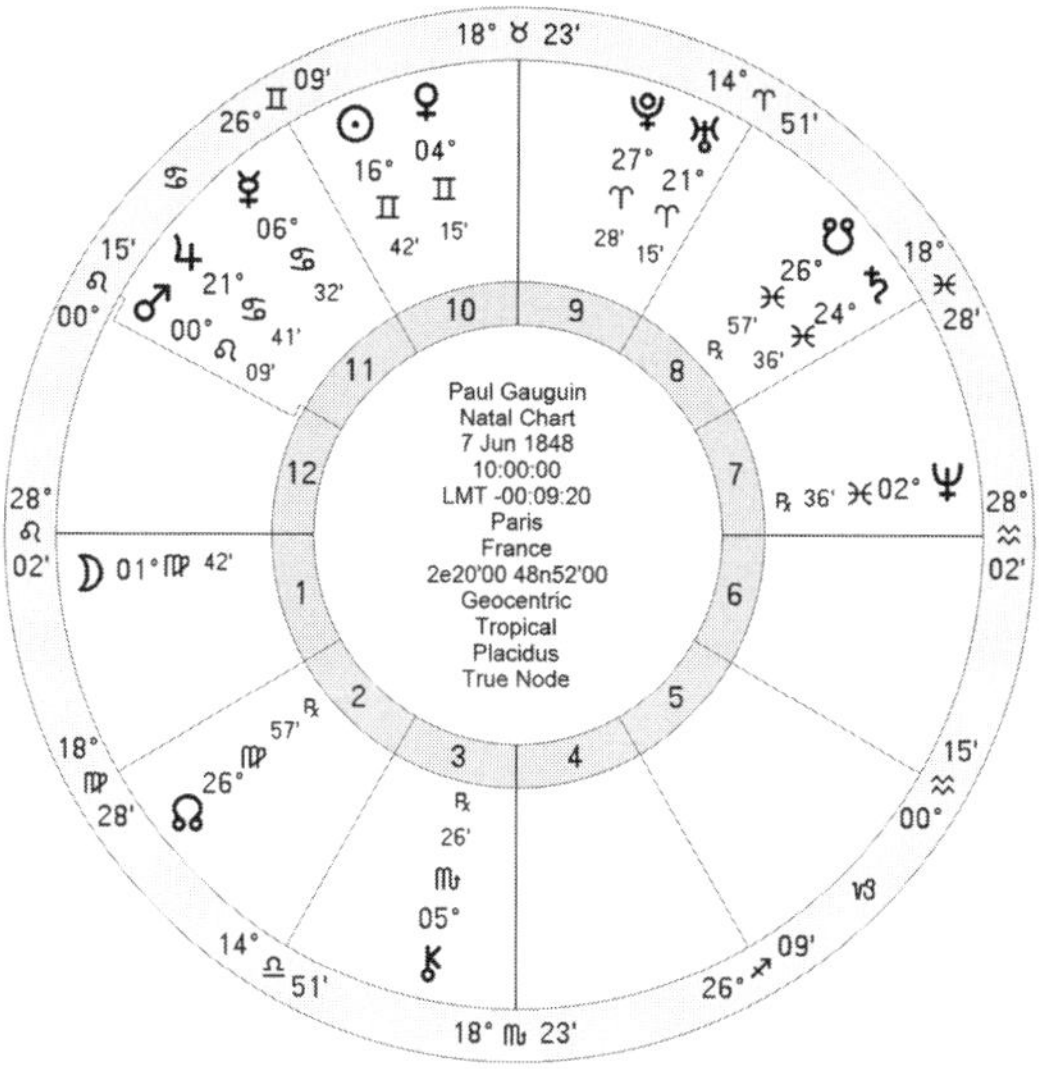

図 15
ゴーギャンの出生図
出生時間：
1848 年 6 月 7 日 10：00
出生地：パリ、フランス

するとニューヨーク市近辺には火星と冥王星という激烈な暴力の惑星のラインが通過することがわかります。

なお、この進行マップは Astrodienst のサイトでは、Dynamical Astro-Worldmap のメニューで表示させることができます。

もう一つ、画家のゴーギャンの例も見ておきましょう。

ゴーギャンはタヒチでその創造性を大いに発揮したことがよく知られています（もっとも現地で10代の少女と結婚し子どもをもうけるなど現在の倫理基準からすると受け入れがたいこともあるわけですが）。

ゴーギャンの出生図（図15）のアストロマップ（図16、図18）では太陽のラインがタヒチのそばを通過しています。これはゴーギャンの創造性、自己表現力が高まる場所であることを示します。

ですが、二度目のタヒチ滞在中、ゴーギャンは前妻との間に生

図 16
ゴーギャンの
出生の
アストロマップ
（部分）

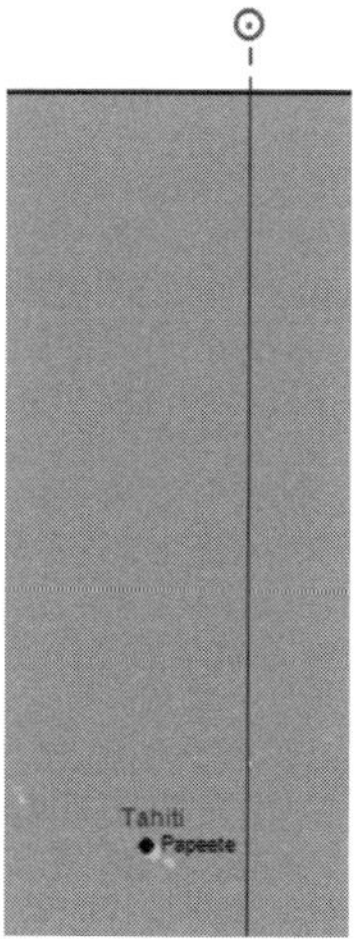

図17 ポール・ゴーギャン《我々はどこから来たのか 我々は何者か 我々はどこへ行くのか》、1897～1898年、ボストン美術館所蔵

まれた最愛の娘を亡くし、また経済的にも梅毒も含めて健康面でも苦境に立たされました。その危機を潜り抜けて制作されたのがあの名作《我々はどこから来たのか　我々は何者か　我々はどこへ行くのか》だったのです。

制作期間にあたる1897年の進行したマップ（230ページ図19）を見てみましょう。時期を仮に8月としてみます。

すると進行したマップではプログレスの月とトランジットの冥王星のICラインがタヒチを通過していることがわかります。ここには出生の太陽もあります。本人が深いところでこの世界、この生命ある土地とのつながりの感覚を、死のイニシエーションを通して変容させていくことと重なりあうではありませんか。《我々はどこから来たのか　我々は何者か　我々はどこへ行くのか》という作品のタイトルが、この月と冥王星のICというシンボリズムと見事に響きあっていることに占星術家ならきっと驚かれることでしょう（月は古来、生と死、この地上圏と天上界の境界と考えられました。冥王星はこの意識の最果てを示します）。

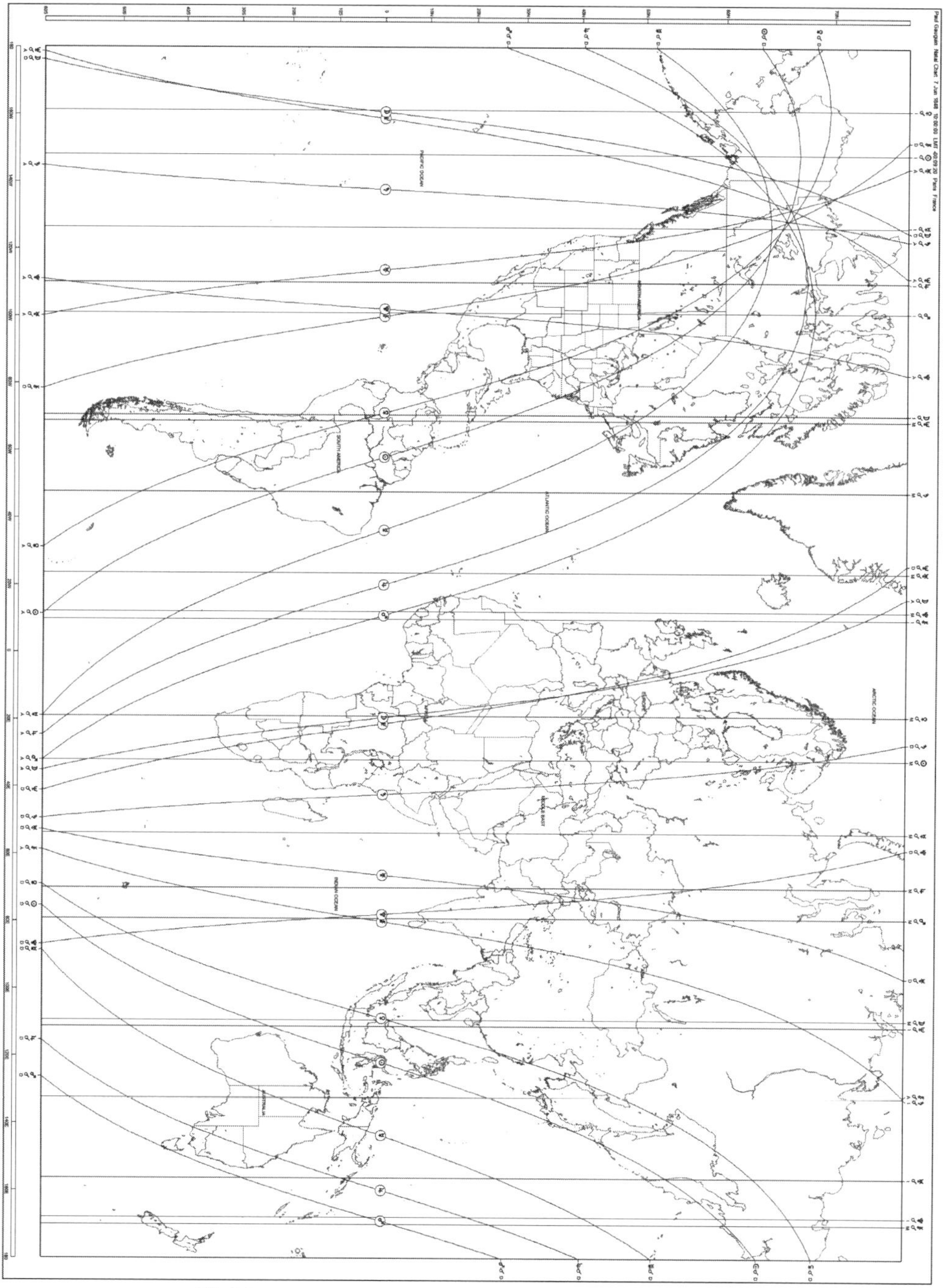

図 18　ゴーギャンの出生時のアストロマップ、世界全図

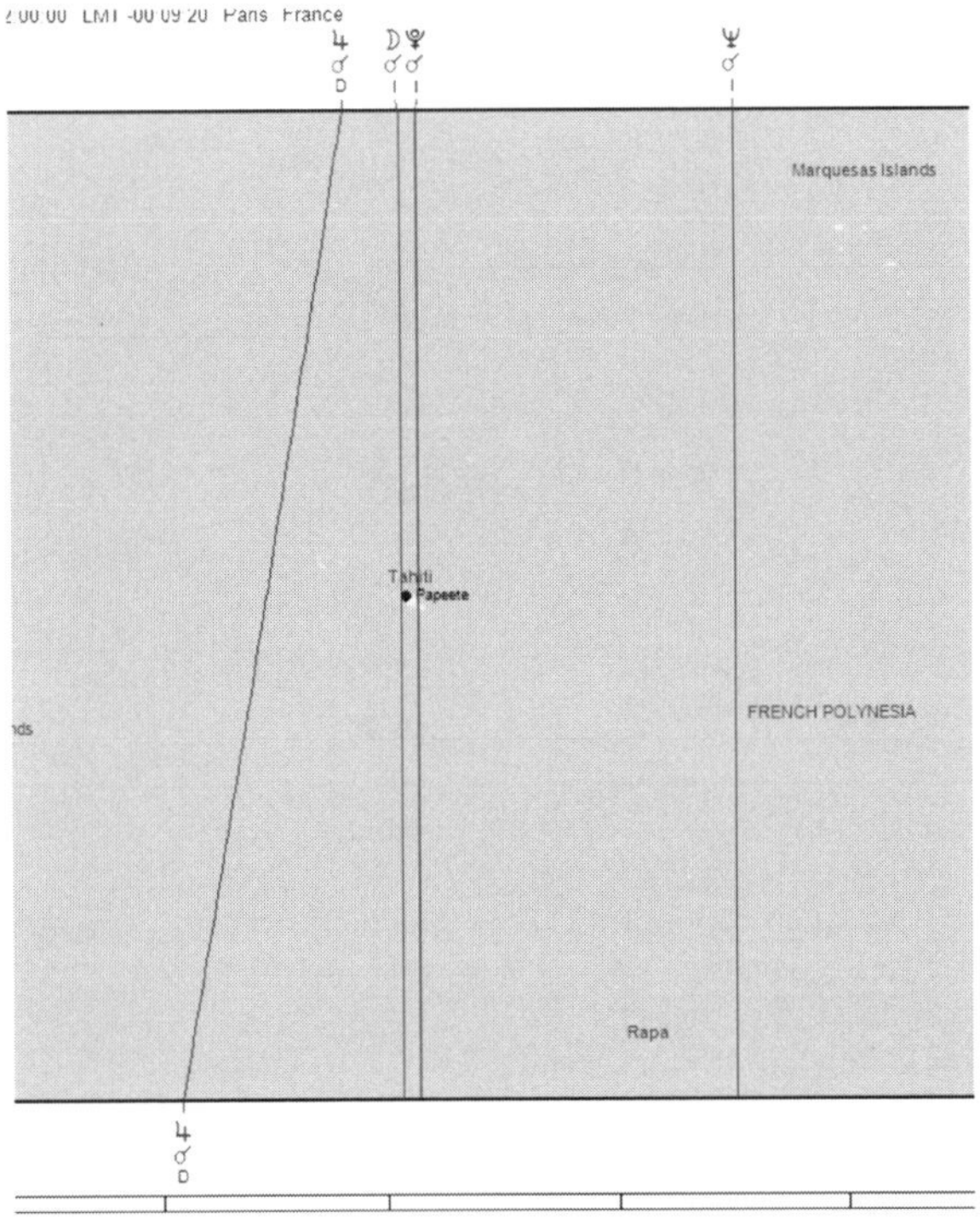

図 19
ゴーギャンの
アストロマップ
1897 年 8 月の進行

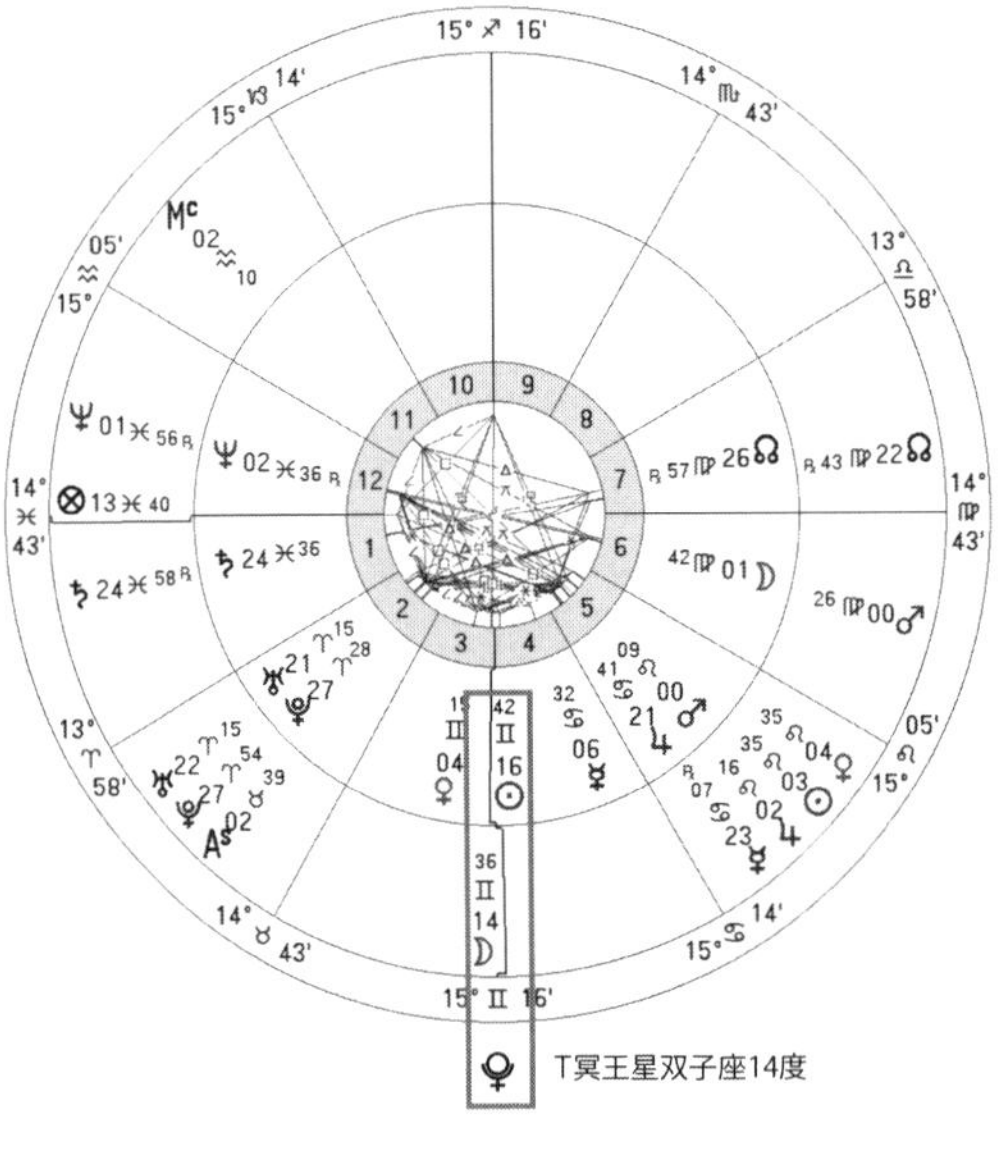

図 20
ゴーギャンのタヒチ、パピーテへのリロケーションチャートにプログレスを重ねた図。
IC に出生の太陽、プログレスの月、トランジットの冥王星が重なる。アストロマップと見比べると、両者が符合していることがわかる。

マンデン占星術における応用

アストロマップは政治や経済などマクロな動きを星から観るマンデン占星術でも大いに活用できます。というよりもむしろ、マンデン占星術においてこそアストロマップはその実力を発揮すると言ってもいいくらいで、国家の建国図、春分図、日食図、新月・満月図などさまざまなマンデンチャートで用いることができます。

マンデン占星術におけるアストロマップの例をあげていくときりがないので、ここでは一つだけ、印象的な例をご紹介しておきます。

次ページの図21は1945年の春分図です。マンデン占星術では春分の瞬間のチャートがそこから次の春分までの1年間を象徴すると考えられています。

この年、わが国日本には原子爆弾が投下され、敗戦したわけですが、日本の上にはプルトニウムを象徴する冥王星のラインが通過しています。地図上では少しずれますが、技術や大きな変化を表す天王星《ウラナス》（ウラニウムも象徴する）も通過していて、冥王星・天王星の交点にあることがわかるでしょう。もちろんこの図だけで原子爆弾による敗戦、ということを「予言」することは不可能ですが、後から見るとこの星のマップに不気味なものを感じてしまう占星術家は僕だけではないでしょう。

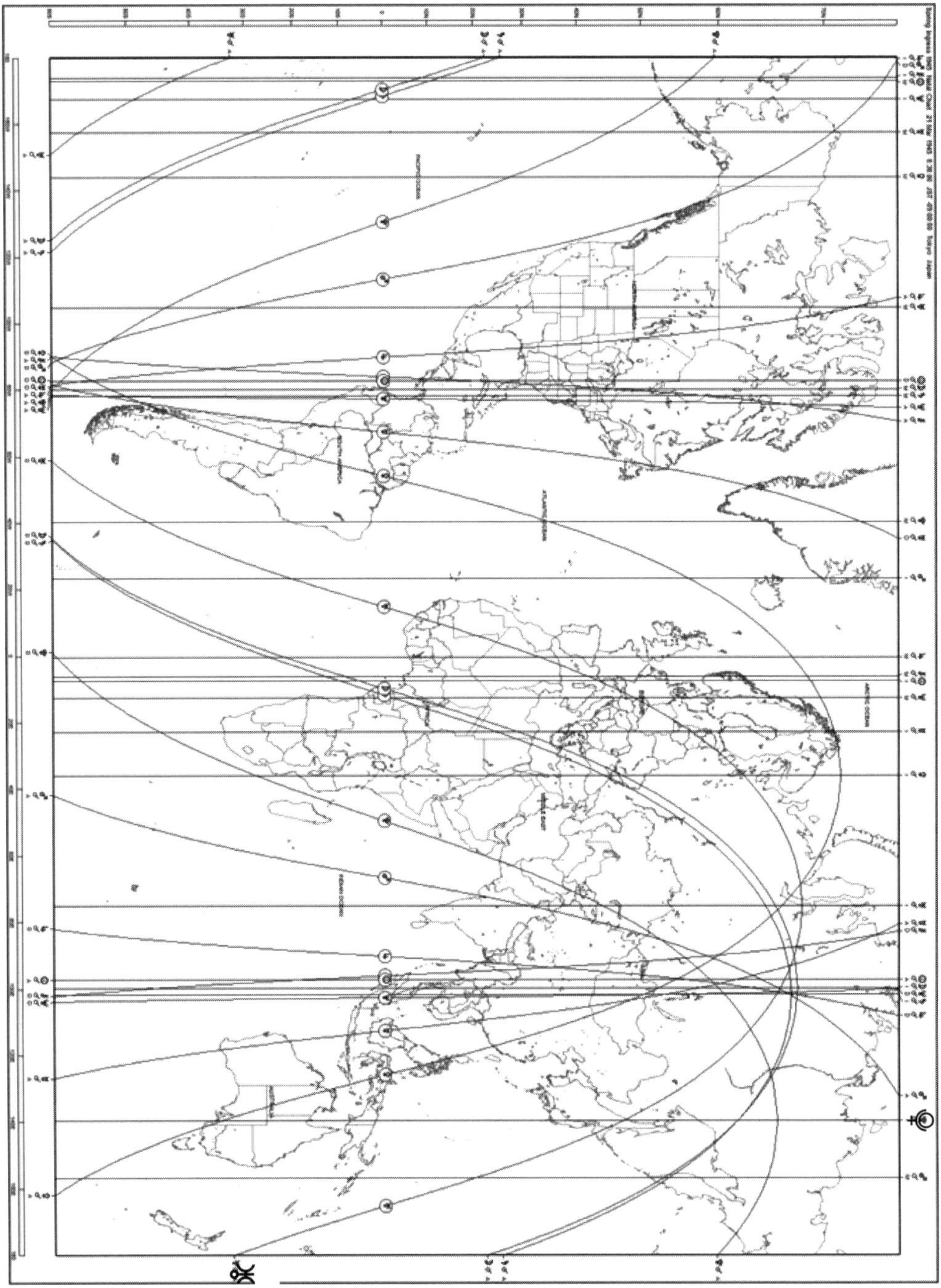

図 21　1945 年の春分図のアストロマップ

ユングのアストロマップ

ではここで、これまで学んできたアストロマップの知識をもとにユングの例を見てみましょう。

ユングは19世紀末から1960年代まで長期間にわたって時代の変遷を生き抜いてきた人物です。かなりの長寿を全うし、その名声（および批判の声）は世界中にとどろきました。とくに日本ではユング心理学は広く深く受け入れられてきました。

ユングはけっして「象牙の塔」の中の人物ではなく、有名・無名の人を含めて幅広く人間と関わり、臨床の場に立ち続けました。文化人類学的と言っていいほど異文化への関心も高く、アームチェアで文献だけから知識を得るのではなく、アメリカやアフリカまで危険を冒して旅をして現地の人々と直接触れ合っています。ユングにとって、異文化の人々に触れるのは、患者やクライアントに会うのと同じように、あるいはそれ以上に重要なことだったのです。まずユングはアメリカの文明社会を訪ねますが、ユングはそこで、自分の文化を相対的に見る視点を獲得します。そのうえで合衆国ばかりでは満足せず、さらなる異文化へとまなざしを向けました。

それは「ヨーロッパという最大の課題」を理解するためには他の文明を、文化を、知る必要があり、「白人の意識にとらえられ繋がれている」ことにユングが気付いたからでした。ユングは言います。ヨーロッパを理解するには「さらに低級な文化程度のところまで下って行って、歴史的比較」をすることが重要である、と。[9]

9　ヤッフェ編　河合隼雄他訳『ユング自伝2』みすず書房、1973年、1987年、67ページここでの「低級な文化」という表現には時代の制約が現れていますが、しかし、この時代に感染症などの危険を冒して「未開」の地に足を踏み入れてまで異文化に触れたいと考えたユングの探求心には、やはり心動かされるものがあります。その情熱に導かれてユングはネイティブ・アメリカンの世界、そしてアフリカの世界に分け入る決心をして何度かの旅行を敢行するのです。

本書ではユングの広範な旅の足跡をすべて追うことはできないので、ここでは、ユングに強い印象を与えたアメリカとアフリカでの出来事とアストロマップを突き合わせることにしましょう。

まず、知っておいていただきたいのは、ユングの思想の中では太陽の象徴が極めて重要な役割を果たしていることです。僕はユング心理学を「太陽の心理学」と呼んでもいいと思っているくらいです。

ユングにとって心の動き、成長とは分化した意識（自我）と広大な無意識（とその総体である自己）との絶えざる弁証法的な運動だったと言っていいと思います。ユングにとって一人一人の心は「個人」になっていこうとする生まれながらの衝動を持っています。しかし、意識の源は広大で未分化な集合的無意識だと考えられます。その大洋のような源、集合的無意識から分化して心の一部が意識、自我として個別化していくのです。この個別化作用がなければ僕たちは「自分」にはなれません。

しかし、意識は広大な心の一部でしかありませんから、心の全体性を担うことは原理的にできません。さらに意識は生命力の源である無意識と切り離されすぎると、心的なエネルギーが枯渇してしまいます。そこで遅かれ早かれ意識は、もう一度自らの源である無意識の暗い夜、海に戻ってそこから新たに再生する必要があるのです。ちょうど、東の地平線から生まれた太陽が正午にピークに達し、再び水平線から西の夜の海に沈み、「夜の航海」を経て、再び東の地平線から新しく再生してくるのと同じように。この太陽の死と再生のモチーフは１９１１年にユングの最初の大著である『変容の象徴』から晩年の著作まで、一貫してユングが取り組んできたものです。

ユングのホロスコープでは、太陽は獅子座で自分のホームグランドにあり強く輝いていますが、同時に西の地平線に沈もうとしています。そして集合的無意識の「海」の象徴である海王星と正確なスクエアをとっているのです。光の個別性と闇の集合性との葛藤に満ちた往復運動がこのホロスコープに見事に表現されているように見えます。

ただ、ユングにしてみると、この太陽の神話の生命力やリアリティは近代西洋からは見失われてしまっているように感じられました。しかし、アメリカ、アフリカでの旅においてユングは現地の人々たちの心に残る……そしてもしかしたら西洋の近代的な社会では意識の表面からは見失われてしまったかもしれない……宇宙的な光と闇の交代という生きた太陽のドラマ[10]を目の当たりにして深い感動を得て、自分の心理学と思想の支えとすることができたのです。

以上のことを念頭において、ユング自伝の記述とアストロマップを突き合わせていきましょう。[11]

ユングは二度目のアメリカ旅行のとき、プエブロ・インディアンの村を訪ね、オチウェイ・ピアノ（山の湖の意）という村長と知己を得ます。ユングは彼と、言葉の壁を越えて深く交流したようです。１９２４年、ユング49歳のときです。

10　ユングにとってこの太陽の死と再生のドラマの重要性はユングの内的ヴィジョンの記録である『赤の書』における太陽神イズドゥバルの神話にもはっきりと表れている。Ryuji Kagami, *Saving the Dying God Jung's Red Book and Astrology*, in the Astrological Journal 2019 May/June 参照。

11　ユングの出生データは、Janus に入力されている　26Jul 1875　19:24:00-00:30:00, Kesswil, Switzerland, 9e20'00 47n36'00 を用いた。

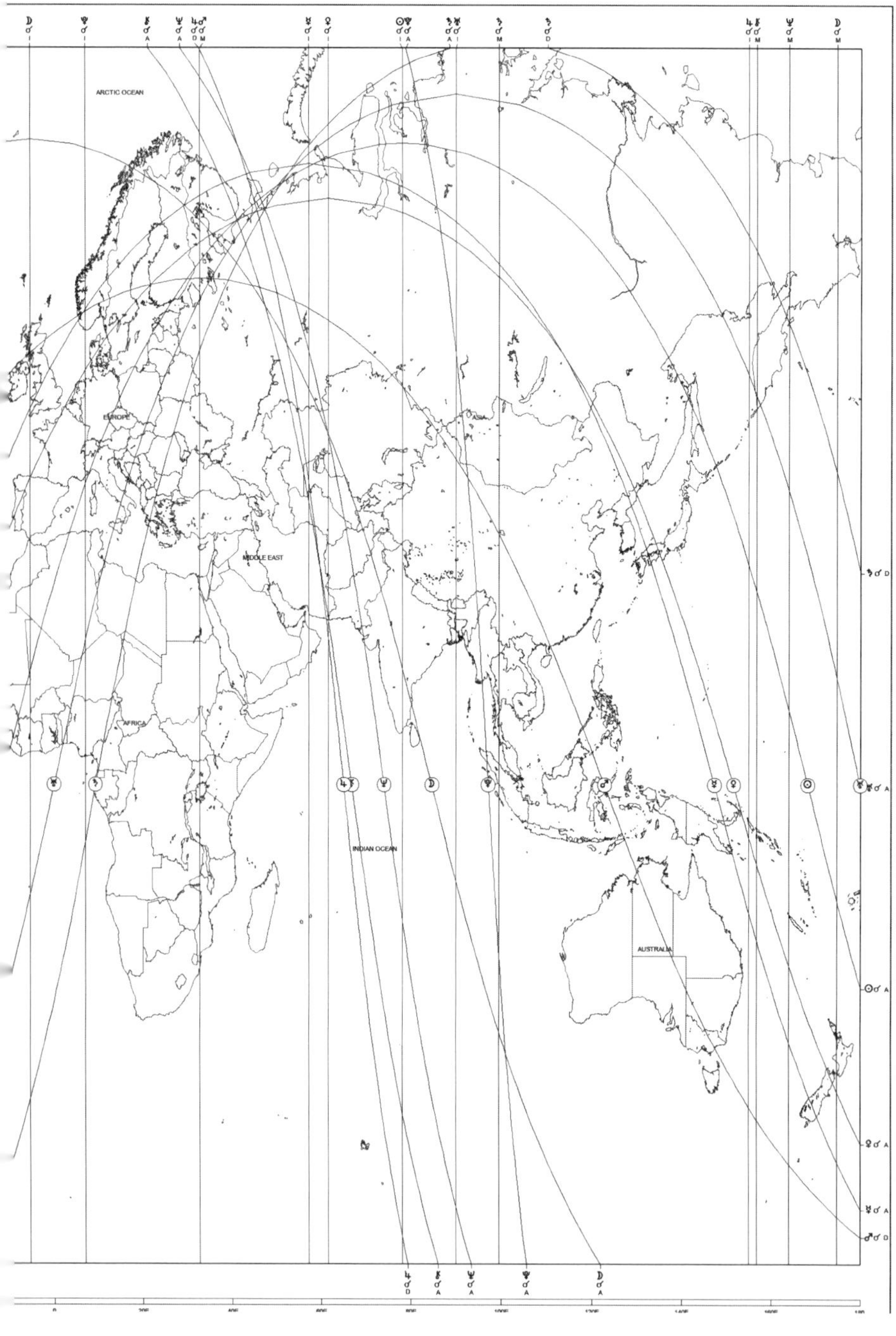
ARCTIC OCEAN
EUROPE
ASIA
MIDDLE EAST
AFRICA
INDIAN OCEAN
AUSTRALIA

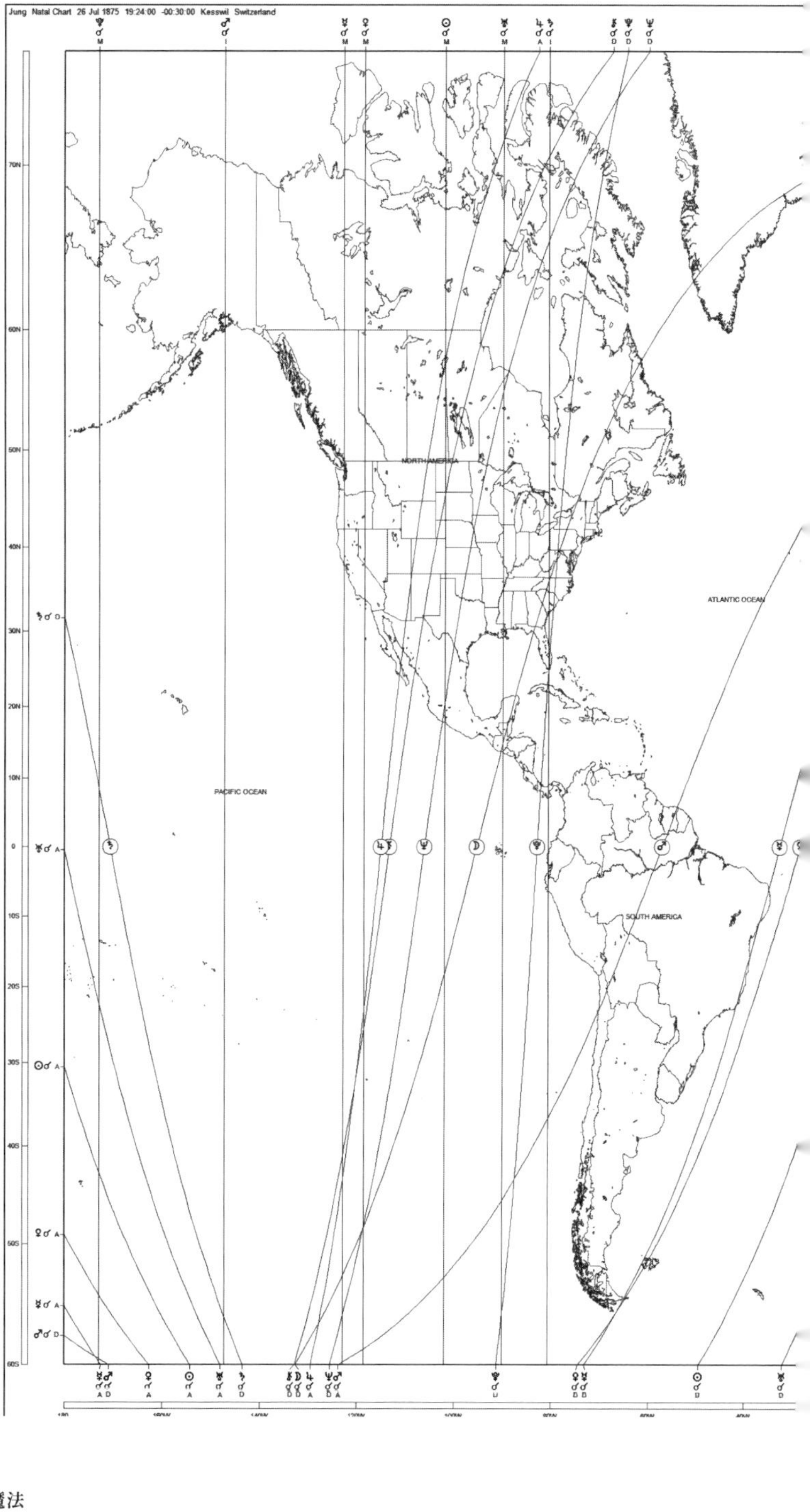

図 22
ユングの出生の
アストロマップ

それを象徴するような会話の内容がよく知られています。

オチウェイはユングに率直に言いました。「白人たちは気が狂っているんだと思う」。ユングはなぜそう思うのかと尋ねます。すると、彼は言いました。「白人たちは頭で考えると言っているではないか」。

ユングは驚いて反問します。「では君らはどこで考えるというのか」。それに対し、ネイティブ・アメリカンの村長は「私たちはここで考えるのだ」と心臓を指さしたというのです。

これはユングに大きな衝撃を与えました。ローマから現代にいたる西洋の歴史における白人の文化の暴力性、支配への欲望を反省する契機になったのです。ユングのイメージの中で白人の文明の「別の顔」がはっきりとした形をとりました。その別の顔は「残忍なほどの集中力で遠くの獲物を探索する猛禽類の顔つき」だったのです。

占星術を学んでいる方なら、精妙な形でここに占星術的なシンボリズムが現れていることにお気づきでしょう。この村長が思考の場として指さした心臓は、伝統的に獅子座と太陽が支配する部位です。そして「猛禽類」(≒鷲)は、獅子座とスクエアをとる蠍座のシンボルであり、光の対極である冥王星とつながっています。ここで占星術的には太陽とそれに敵対する闇の二元性のシンボリズムが思いがけない形で表現されているのです。

この村長と会話を深めたユングは、彼らの重大な秘密にたどり着きます。彼らは太陽をとても大切にし、そこに神性を見ていたのですが、彼らは太陽と特別な関係を持っているとして、自分たちの存在理由にできていることをユングは知った(と思った)のです。

村長は白人たちが「自分たちの宗教を根絶したがっている」ことを嘆いています。それはとんでもないことだ、と。なぜなら自分たちがやっていることは「アメリカ人たちのためにもなる」のだというわけです。村長はユングに打ち明けました。

「われわれは毎日、われらの父（太陽）が天空を横切る手伝いをしている。それはわれわれのためだけではなく、全世界のためなんだ。もしそうしなければ、十年かそこらで太陽はもう昇らなくなるだろう」[12]

ユングはこの言葉から、一人一人のネイティブ・アメリカンに見られる静かなたたずまいと「気品」の秘密を知ったのです。彼らを支えていたのは「太陽の息子である」という誇りと、その生活が太陽の運行の営みを担っているという宇宙論的な意味の大きさゆえだったのでした。

ユングはここで彼らの無知を冷笑したくなるのは、近代人が見失ってしまった生の意味を彼らがいまだ保っていることに対する防衛的反応ではないかとさえ考えました。

プエブロ・インディアンたちは、ニューメキシコ近くをその故郷としているわけですが、ユングのアストロマップ（図23）を見ると、太陽のMCラインがその近くを通過していることがわかります。[13]ユングの出生のときの太陽は西に沈んでいましたが、ここでは太陽はまさに天の高いところにあり、その生命力を最大限に大きく発揮しているのです！

実に興味深い占星術的符合です。またこの付近に傷と癒しのカイロンが通っているのは、ユングがヨーロッパ人としての集合的な傷を意識し反省を感じたこととつながっているように思えます。

ではもう一か所、ユングが太陽を深く感じた場所を見てみましょう。アフリカのウガンダ・ケニ

12 前掲書74ページ
13 マップ上ではかなり離れているが、オーブを6度とればニューメキシコ州のかなりの部分をカバーする。

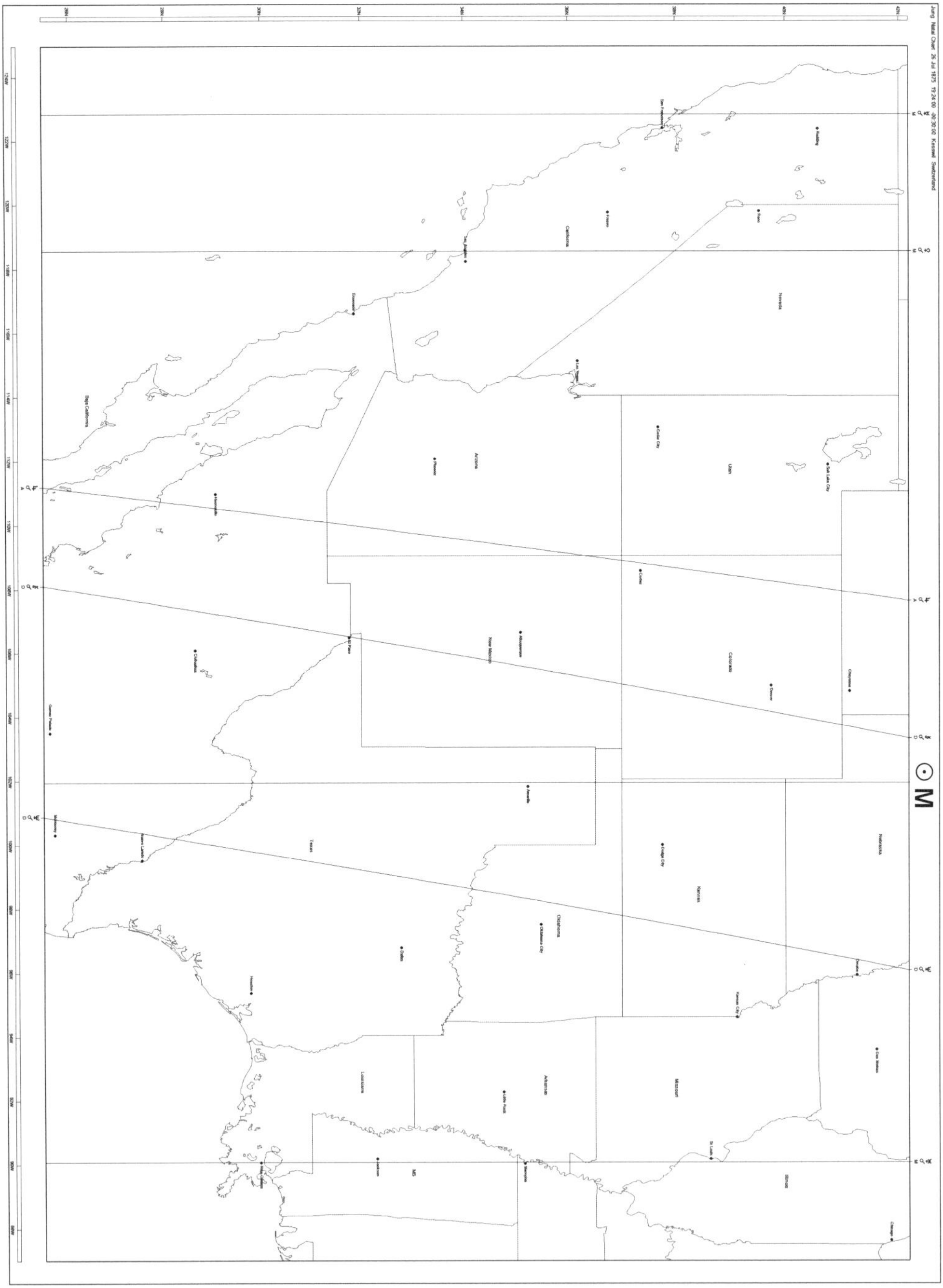

図 23　ユングの出生のアストロマップ（ニューメキシコ付近）

ア国境にまたがるエルゴン山です。ユングはここで、現地の人々の太陽崇拝に触れます。と同時にユング自身もこの地での太陽の霊性に魂をつかまれたのでした。

「太陽崇拝」といってもここでユングが触れたのは、「太陽」そのものの崇拝ではありません。それは夜の闇の中から日の出の光が差し込むときの、その瞬間の体験が神なのです。それは心の動きと外界の動きを分けて考えてしまう近代人の悪癖に染まっていない、心と世界をいまだ一つのものとして感知する人々の聖なるものへの感覚だと言えるでしょう。彼らは昼間は極めて楽天的ですが、しかし日没とともに恐怖に支配され、悪から身を護る呪術的な行為を繰り返します。そこに矛盾はなく、そのリズムの中で人々の暮らしは続いていきます。

ユングはこの地での日の出の圧倒的な美しさと荘厳さに打たれました。「それは一日のうちの、もっとも聖なる時間」であり、ユングは「歓喜して飽くことなくこの光輝を眺め」「時を超越した恍惚にひたった」と述懐しています。[14] しかもこの日の出の荘厳さに打たれたのは人間ばかりではありませんでした。そこにいたヒヒたちもまた、まるでその日の出を待っているかのようだったというのです。

かくしてユングは「人間の魂には始原のときから光への憧憬があり、原初の闇から脱出しようという抑えがたい衝動」があることを理解したと言います。これは人間のみならず動物たちにも存在する普遍的な心の動きであり、したがって「大いなる夜がくると、万物は深いメランコリックな音調をとって、魂はすべて名状しがたい光への郷愁にとらわれる。それは原始人の眼にも、動物たち

14　前掲書97ページ

の眼にもみられる」のです。

この元型的な体験をユングはエジプトの太陽神ホルスの神話や、アブシンベル神殿における太陽を拝むヒヒの像などと共鳴させて考察します。ユングにとってそれは「光の誕生という一種のドラマ」となり、そのドラマは「私の心理学と密接に関連していた」のです。

まさにそれはユングにとっては意識の死と再生という根源的なプロセスの生々しい象徴的現実だったのでしょう。

さて、では、ユングにこれほど深い印象を与えたエルゴン山はユングのアストロマップではどこに位置するのでしょうか。ネットでエルゴン山の緯度経度を検索すると北緯1度07分、東経34度31分とありました（図24）。

マップを見るとこの付近には火星のラインが通っています。ユングはここで大変な熱狂を感じているのですが、そのことと関係があるのでしょうか。あるいはユングがこの旅の途中で咽頭炎で発熱したことと関係があるのでしょうか。

そしてユングがこのアフリカへの研究旅行をしたのが１９２５年末。このころ、プログレスの太陽のＤＥＳラインがちょうど、エルゴン山付近を通過するのです！（図25）

ユング自身のホロスコープでは、ユングの出生地では太陽はＤＥＳにあったことを思い出しましょう。このタイミングでのエルゴン山での体験は、ユングがもともと持っていた太陽の特質と共鳴し、それを意識化させる働きをしたのではないでしょうか。

原初の存在の基盤としての闇の暗さへと沈みゆく太陽。しかし、だからこそ、その闇の中で死と再生を経て新たな生命を得る意識の光。この年の12月には太陽のほか、月も金星も天王星もこの付近を通過し、劇的な配置となっていることがわかるでしょう。

そのモチーフは第一素材《プリマ・マテリア》を「殺して復活」させ黄金（≒太陽）に変える錬金術にも通じます。

ユングの思索の中では太陽はいつも死と再生を繰り返し、それはユングのホロスコープと共鳴し

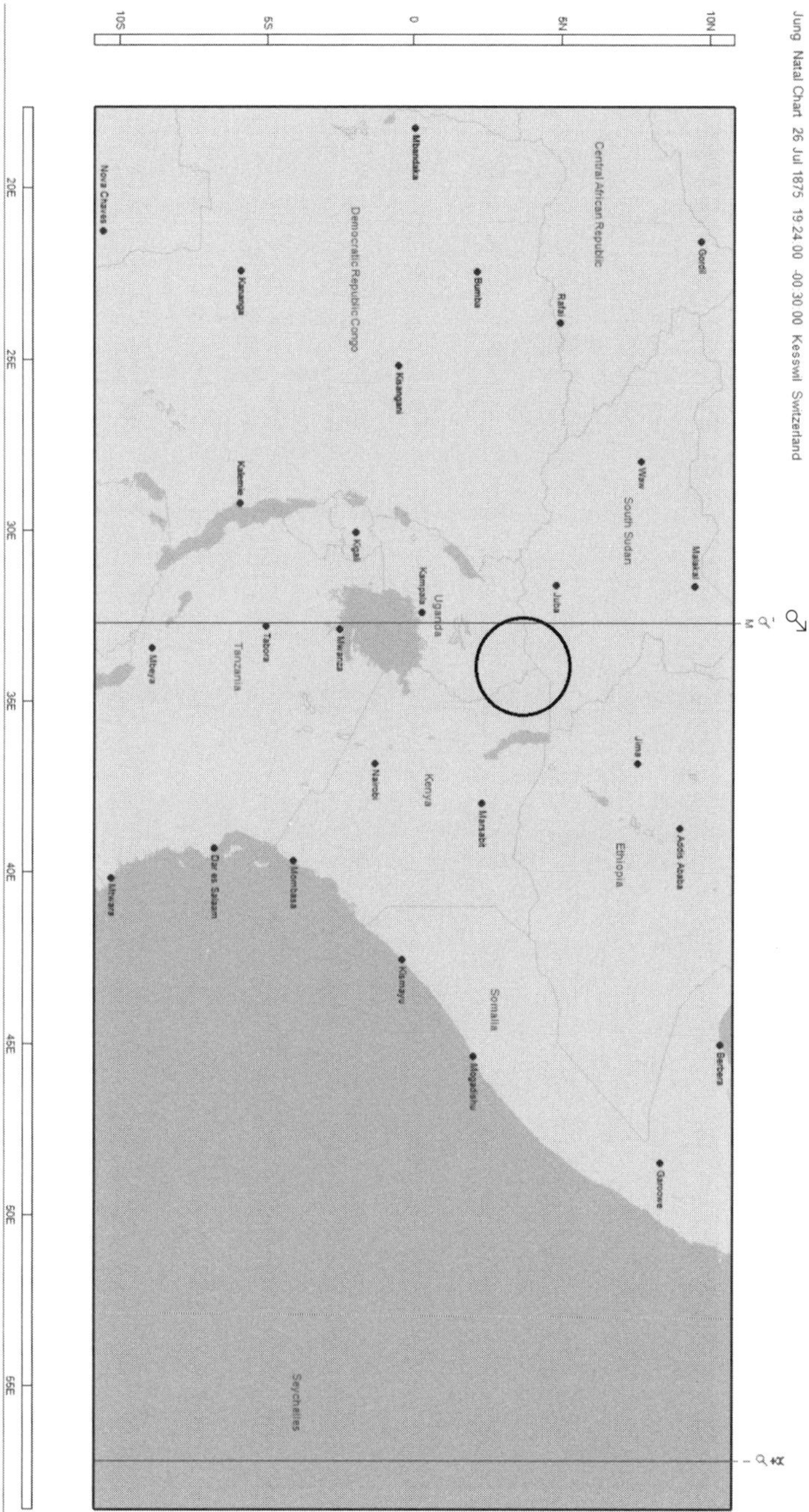

図 24　ユングの出生のアストロマップ（ウガンダとケニア付近）

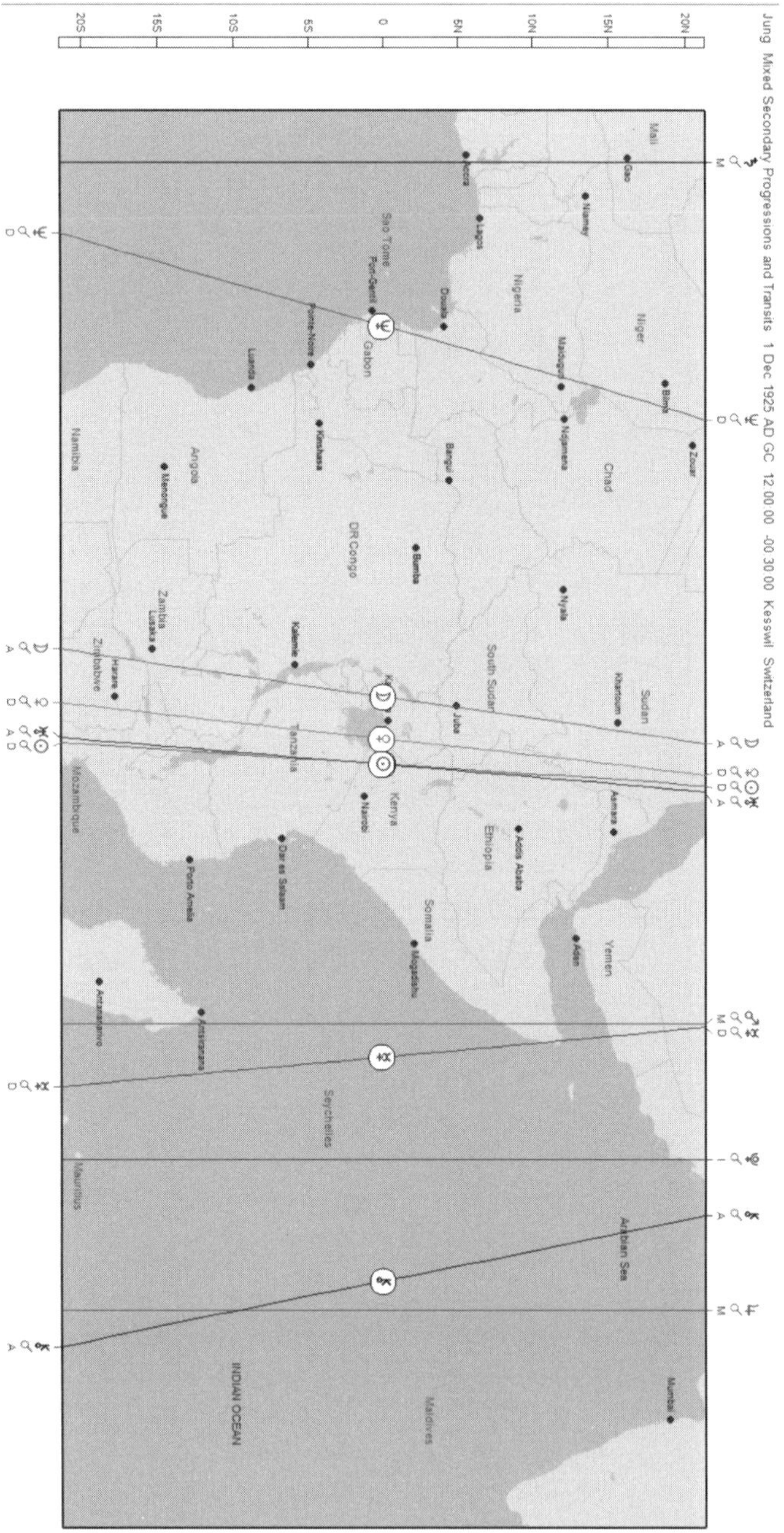

図 25　ユングの進行のアストロマップ（1925 年 12 月）

たのでした。

そして最後におまけを。『占星術の教科書Ⅳ』に収めた、ユングの娘の占星術家グレーテ・バウマン＝ユングは父ユングの興味深い言葉を記録しています。ユングはグレーテに、「占星術というやっかいなものは、死後も働くんだよな」と言ったそうなのです。

これは占星術を実践していると本当にその通りだと感じられます。

例えば日本とユングの関係性を考えてみましょう。日本は世界的にも例外的にユング心理学がアカデミアの、そして広い文化の中で受容された国の一つです。

それには本格的に日本にユング心理学を導入した河合隼雄の影響が大でしょう。そしてこの河合隼雄の『ユング心理学入門』(培風館)が刊行されたのが1967年10月30日。アストロマップでユングのホロスコープを進行させるとちょうどこのとき、プログレスの月のＩＣラインが日本を貫いています。

日本でユング心理学は「居場所」を得ることになったように見えます。そしてこのとき、トランジットの土星ＭＣラインも同時に日本を通過。トランジットはこのときの配置ですから普遍的なものではありますが、土星がユングのＡＳＣルーラーであり、高いディグニティを得ていること[15]を考えると、ユング自身を示す天体(シグニフィケーター)と見ることもできるでしょう。ユングは河合隼雄の『ユング心理学入門』において、このとき、日本でのステイタス(ＭＣ)を得ることになったのかもしれません。

15　本書所収のいけだ笑み氏の章を参照。

アストロマップの惑星の示すこと

太陽

太陽は自己表現、自分が自分であり、自分の人生の開拓者であろうとする力の源です。このラインが通過する場所では、太陽のエネルギーが活性化され、あなたはより強く自分を表現しようとします。あなた自身の存在感が増し、周囲の人から注目を集めるようになったり、強いイニシアチブをとるようになるでしょう。人前に立つ、リーダーの役割を演じる、誰かに強い影響を与える、スポットライトを浴びるといったことが生じてきます。自身に正直になり、ストレートに自分を打ち出せるようになるはず。生命力の星でもあるので健康面での改善も。太陽に象徴されるような人や組織、団体との縁が生じることとも。一方で太陽のマイナス面である傲慢さや自己中心性が前面に出てきたり、その強い存在感が人々からの嫉妬を招くこともあるでしょう。

ASC

本人のパーソナリティが強く輝く。創造性を発揮でき、自己表現によって成功する。生命力が増大する（出生図で太陽の状態が悪すぎない場合）。自己主張が強くなりすぎないようにすること。

MC

自信を持って自分の能力を社会的に発揮できる。キャリアでの成功が見込める場所。社会的に認められる可能性も大。ただ、上の立場になったとしても傲慢にならないように注意を。

DES

パートナー、重要な人との関係を通してあなた自身が輝く。相手を励まし、あるいは相手から励まされる。ただし相手とのパワーバランスを考える必要はある。相手に強く出すぎないこと。相手を尊重することが求められる。

IC

家庭生活やプライベートな領域で自分の存在感を強く感じることができるようになる。親密な関係や共同体の中でリーダーシップをとるようになる。内弁慶になりやすいかもしれない。自分だけの小さな世界の「お山の大将」にならないように注意。

月

月は繊細な情緒を象徴する天体です。月のラインが通る場所ではあなたは自分自身の感情や情緒、心の繊細な動きをより敏感に感じるようになるでしょう。センシティブに周囲の状況に反応するようになります。また月はポピュラリティ（人気）と深く関わる天体です。人々のムードを受け取り、それを映し出すことができるので、たくさんの人たち、とくに女性や子ども、若い人からの支持を集めることがあるかも。誰かをケアするような営み、食べ物や生活を支えるような仕事の縁があるかもしれません。一方でこの場所では自分と誰かの強い感情の渦に巻き込まれることを体験する可能性もあります。自分自身の、あるいは誰かの言葉にしにくい深い心の動きを感じ取り、人の温かさを受け入れます。しかしマイナス面が出ると、（共）依存的、ヒステリック、そして過度に感情的になってしまう危険もあります。月に象徴される人々や団体、出来事の縁があるかもしれません。

ASC

あなた自身の感情の動きが表に出やすい場所。月がもともと活発な人なら生き生きとした感情を表現するようになる。一方で静かな月なら感情の繊細やコントロールされた感情が外に見えるようになる。自分自身が求めていることに対して正直になる。母性本能、ケアすることなどが前面に出てくる。

MC

端的に言って人気を得るところ。大衆や人々の気持ちをあなた自身が体現できる。サービス業、ケアに関すること、タレント業などでの成功。しかし、自分自身の意志ではなくムードの中で流されて行動してしまいがちな心配もある。親としての強い感覚を持つことも。出生ホロスコープで月の状況が悪いと乱高下する人気の場合も。

DES

繊細な感情をベースにパートナーとの関係性を築くようになる。また外部からの影響を敏感に受けるようになる。相手からの強い影響を受けるようになるかもしれない。理屈や言葉を超えた関係性や絆が生まれる場所である一方、互いに依存的な関係に陥ってしまうリスクもある。

IC

自分自身が「本当の居場所」と感じられるようになるだろう。地域のコミュニティ、地元の人々と深い関係性を築く。家庭、あるいはプライベートな状況が仕事や公のことよりもウエイトを示すようになる。子どもを育てたり、地域の人と活動することが増える。自分自身にとって「安全なエリア」「コンフォートゾーン」になる。

水星

水星は知性とコミュニケーション、学習と関連する惑星です。水星のラインが通過する場所では知性や好奇心が活性化され、コミュニケーションが活発になるでしょう。この場所では、あなたは人生の中で大きな影響を与えるような学びを得ることができ、スキルを身につけることになるかもしれません。（しばしばそれは実際的なもので、抽象的なものではないでしょう）。学校、教育、執筆、発表、旅、商業などに関する営みが生じる可能性。一方でマイナス面としては落ち着きのなさ、器用貧乏で一つのことに深くコミットしない飽きっぽさなどが現れることも。水星に象徴される人々や団体、出来事との縁が生じるかもしれません。

ASC

水星の持つ活発なコミュニケーションの力が表に現れる。雄弁になったり好奇心が旺盛になり、積極的に人々とコンタクトするようになる。学ぶことが増える。知性や才能を発揮することが多くなる。しかし、同時に飽きっぽさが出てくる可能性もある。

MC

執筆、メディア、教育、小規模なビジネス、知的な作業、セールスなどを通して社会に関わるには理想的な場所。あなた自身の知性や知的能力、スキルを武器として社会に打って出たり、認められるようになるかもしれない。しかし、この水星をうまく使えないと、口だけのことで終わって周囲を失望させることに。最後までやり遂げる努力を。

DES

同好の士や趣味や興味を共有できる人と楽しいコミュニケーションが展開できる。知的な人との交流。一方でゴシップなどに興じることも多くなる。自分自身を客観的に見ることができるようになればこの場所から最大のメリットを得られそう。

IC

知的な能力がプライベートかつクローズドな場所で育まれる。広く浅く人と交流するのではなく、信頼できる人との密な会話やつながりが豊かな実りを生む。

自宅での知的作業。自分のホームでの研究。この地域内での移動や引っ越しが頻繁に起こる可能性。兄弟姉妹、親戚との関係が密に。

金星

金星は愛と美、そして喜びと関連する惑星です。金星のラインが通過する場所では、あなたの愛の力、人生を楽しもうとする力、そしてこの世界の美しいものを享受し、あるいは自分自身が美しさや美を体現していこうとする力が活性化され、前景化するでしょう。恋愛や結婚などの縁がこの場所を通して起こったり、人生の豊かさを感じたりすることができるはずです。ファッションや芸術などと関連することはこのラインの下でなら幸運。洗練された、品のよい人々や事物との出会いも。一方で、このラインのマイナス面は怠惰になったり、贅沢な浪費、快楽への耽溺といったものでしょう。

ASC

自分自身の魅力がアップし、美意識が高まる。新しい愛や恋人に出会うことがあるかもしれない。社交生活が活発になり、素敵な人々と交流できるようになる。おしゃれになり、美味しいものを楽しむようになる。人生は楽しむためにある、という気持ちが高まる。一方で享楽的になりすぎる危険も。

MC

自身の美的センスや魅力を社会に向けて発揮することができる。ファッション、アート、美食などに関する仕事での成功。それ以外の仕事でのあなたの社交力や魅力を通して有利な結果を導くことができる。ただその一方で自分の主体性を発揮しにくくなってしまう危険もある。

DES

新しい愛に満ちた関係性が生まれる可能性もある。結婚相手や恋人との出会い。仕事にしてもドライな関係だけではなく、人生を一緒に楽しむことができるようになる。ただ、相手に気持ちを奪われるがゆえに自分の意志を通せなくなる可能性も。

モデルやタレント、美に関する仕事をしている人、センスのよい人との出会い。

IC

快適で自分にとって喜びをもたらす「ホーム」を造れる可能性が高い場所。

一緒にいて心地よい家族的な人との出会い。楽しい隣人たち。プライベートな生活を充実させるために出費を惜しまず、生活を享受するようになる。ここで心理的に成熟できれば愛は外見や外的条件によるのではなく、心の内にあることに気が付けるようになるだろう。

火星

火星は人生というゲーム、勝負において戦っていこうとする力の源です。火星は自分にとって必要なものを戦って勝ち取ろうとするエネルギーを象徴します。火星のラインが通過する場所では、あなた自身の闘争本能や積極性、情熱が前景化し、アグレッシブに自分の仕事、周囲の環境に対して向き合っていこうとすることになるでしょう。ライバルと出会ったり、エキサイティングなことに没頭し興奮を感じることも。セックスもこの場では活性化されるはずです。スポーツや競争の激しい仕事をしている人にはいい場所かもしれません。一方で、敵を作りやすく、争いも生じやすいエリアでもあります。事故やケガ、アクシデントには要注意の場所です。

ASC

この場所に行くと肉体的、精神的エネルギーがアグレッシブに表面化する。これまでよりも人生に対して積極的にチャレンジしようとすることになり、自分のイニシアチブを取ろうとする。衝動的に動くようになったり、争いを招くことがあったり、リスクを好んでとるようになるかもしれない。スポーツや競争の激しいエリアで活躍。一方、予想外の争いやケガなどにも注意。

MC

スポーツ、競争の激しい仕事につくことになるかも。仕事の面でのライバルの出現、またはハードルの高い仕事に果敢にアタックしていくことになる。そのことにやりがいを感じる。大胆なプロジェクト。パイオニア精神を発揮。しかし、衝動に任せて過度な冒険をしないように自制をするのも重要。スポーツなどでは成功。

DES

積極的にパートナーを求めるようになる。あるいはライバルと出会う場所。好意とライバル心が入り交じったような関係が生じやすい。相手とかけひきが生じ、力関係を測ることにも。情熱のこもった人間関係。性的に活発になる。相手からの挑発があなたを前進させ続けることも。

IC

リラックスするのが難しい場所。親しい人であるほどに神経を逆なでされたり、争いのもとになるかもしれない。

自分がやりたいことと家族、親しい人のニーズのあいだで葛藤が生まれることもある。しかし、親しい人や家族があなたを刺激し、奮起させることになるかもしれない。

木星

木星は拡大と発展、人生の深い意味を感じ取る力を表します。また、社会の中で暖かく受容され、承認され、人生の「善きもの」を深く感知する力でもあります。また伝統的に木星は「保護」「幸運」の惑星。木星のラインが通る場所であなたは楽観的になり、自分の能力や力をもっと拡大し、自然に人生の地平を広げようとすることになるでしょう。しばしば幸運に恵まれ、ラッキーチャンスと巡り合うこともあります。現状に満足することなく、よりよいものに手を伸ばし、自身の新たな可能性に開かれます。有力者、保護者、援助者との出会いも期待できる場所。宗教的、哲学的な信念に強い影響を与える地縁。しかし、過度に楽観的になったり、手を広げすぎて失敗したりする危険も。ときには法的、宗教的、イデオロギー的闘争。

ASC

自分の新たな可能性に気が付き、のびのびと力を発揮できそうな場所に。視野が広がり、高いところから自分の人生の可能性を見ることができるように。成長への希望にあふれ、やってくるチャンスの波に乗っていけるはず。ただ、楽観的になりすぎたり、見切り発車をしてあとで収集が付かなくなったりする危険も。

MC

仕事の可能性を広げ、社会の中での活躍の領域を拡大していくことができる場所。多くのチャンスがやってきたり、支援者、支持者が現れたりする。旅行、司法関係、海外に関すること、教育、研究、出版、放送など木星が司る仕事に関してはとくに好ましい場所。あなたを励ます追い風になるようなことがある。理想をさらに高くする場所。ただし、楽観的になりすぎたり自分を高く見積もりすぎたりしないように注意を。

DES

あなたの世界を大きく広げてくれるような人（々）との出会いが期待できる場所。あなたを受け入れ、あるいはあなたの可能性を引き出してくれるパートナーとの出会い。結婚や契約上でのよい人間関係。一方、相手に過大な期待を抱いたり、共同で行う活動を拡大しすぎて収拾がつかなくなる危険もある。相互にスポイルしすぎないように。

IC

自分自身が落ち着ける場所を探すにはよいところ。リラックスした状態の中で自分のこれからの可能性を新たに探すことができる。家族や親しい人と互いを励ましあい、それぞれの人生をより豊かにすることも。自分のルーツやこれまでやってきたことに新たな意味を発見することになるかもしれない。親しい人間関係を広げていく。ただ、親しい人や家族への高すぎる期待、要求には注意を。

土星

土星は縮小と制限、そして強い責任の惑星です。土星のラインが通過する場所はけっしてリラックスできるエリアとは言えないでしょう。ときに自分の活動が制限されたり、枠にはめられたり、大きな努力が課せられる場所になることが多いはず。得意ではないことに取り組み自信を喪失する場合もあるかもしれません。文字通りのトラブルや苦労が絶えないといったことも。しかし、この場では自分自身を厳しく鍛えるチャンスに恵まれます。自分の頭を押さえてくるような相手が実は厳しくも愛に満ちた師となることも。大きな責任を引き受けることができれば堅実で永続的な信頼を得ることもできるはず。土星に象徴される人、事柄と縁ができる場所。

ASC

制限と縮小の「凶星」である土星がASCにくる場所はけっして「楽」「イージー」なエリアではないかもしれない。自信を失わせるような可能性も。しかし、長い目で見ればそれは自分を鍛え、成熟させるよい経験をもたらしてくれる場所になるだろう。経済的にも精神的にも余裕を得ることは簡単ではないかもしれないけれど、与えられた課題をクリアすればそれはゆるぎない自信や人生の基盤につながる。

MC

現代の占星術ではMC(10ハウス)は土星と親和性が高いとされている。軽くない責任を負うことになったり、努力を強いられることにはなるかもしれないが、しかし真剣に取り組めば成功、とくに職業上での大きな成功を達成できる可能性が高い。組織の「長」であったり、時間をかけて達成するような仕事全般、歴史に関わること、伝統的なこと、重厚なことと関わる仕事全般に有望な場所。覚悟があれば大いにやりがいを感じる場所に。

DES

人との真剣な交わりはけっして楽しく気楽なものだけではないということ

をこのラインの下であなたは学ぶことになる。ストレスや気苦労が絶えない関係性。しかしそれは本来「他人」「個々人」である人間同士がつながりを求めるときに必要になること。時間をかけて互いのニーズを認めながら敬意を育んでいくことができる。年長者、厳しい人、あなたにプレッシャーをかけるような人との縁。ときには古くなった人間関係、必要ではない関係の終焉を暗示。一方で覚悟を決め、真剣に向き合う人との結婚や長期的な契約など。

IC

　家族や住居の問題は順風満帆とは言いがたい。解決すべき問題があなたの肩にかかってくるかもしれない。やらねばならないこと、責任、義務などがのしかかってくる可能性がある。しかし、それときちんと向き合うと長い目で見て深い充実感を得ることにもなる。生活の基盤が固まる。一方で孤独の中での静けさや隠遁生活を楽しむ、といった暗示も。

　自分のルーツや過去と真剣に向き合うことで内なる自信、何かを継承していく誇りを得ることに。

天王星

　天王星は驚き、ブレークスルー、ショック、斬新さ、常識を超える発見、独立性などを象徴する惑星です。天王星のラインが通過するエリアでは多かれ少なかれ、驚きに満ちた出来事を体験することになるでしょう。それまでの常識や安定した考え方、立場を大きく揺るがすような経験が待っています。それまでの価値観を全く変えてしまうような体験もあるかも。なれあっていたグループから自分を切り離すことになるかもしれません。自由と孤独を引き受ける。因襲的な「オトナの事情」とは無縁の、あるいはそうした縦関係には反旗を翻す人々や事柄との縁。自分の過去を切り捨てるようなこと。何かの目覚めの体験。

ASC

　革新とブレークスルーの天王星のラインがあなたのパーソナリティを示す位置に来るこの場所では、あなたは大きな「イメージチェンジ」をすることになるだろう。これまでの人生から自分自身を切り離すような転機であるかもしれない。独立、古い関係から自由になる。逆に周囲からあなたが「変わり者」と見られるという可能性も。いずれにせよ自分自身の固有の在り方を模索することに。

MC

　仕事やキャリアの面で大きな変化が起こりやすいところ。安定したレールからあえて（あるいは思いがけなく強制的に）はずれ、独立した固有の道を歩むことになる。因襲的なスタイルの組織とはそりが合わない。自分だけの道を歩む決意。より自由な社会を求めての活動。これまで保護してくれていた組織や人からの独立。一方で反抗的になりすぎて余計な摩擦を起こさないような努力も必要。「立つ鳥跡を濁さず」の精神で。

DES

変化と驚きに満ちた人間関係が生じやすい場所になるだろう。出会いと別れが交互にやってきたり、安定したパートナーとの関係に変化が生じたり。ときに因襲的、保守的な価値観では理解しがたいような人間関係が生まれることも。これまで会ったことのないタイプの人があなたの人生の舞台に登場してくることも。互いの自由を認めあう関係を構築するのが理想。

IC

新しい、これまでとは異なる生活のスタイルを構築できる場所。束縛の強い家族や環境からの独立、自分自身を切り離していくことになる。これまでの自分のルーツや過去の呪縛から解放される。寂しさや孤独を感じることにもなるが、周囲からの誤解を恐れず自分を貫くことができれば、新しい生活の基盤やスタイルを得ることができる。ただ、天王星は変化と驚きの星である。「安定」よりも「刺激」がこのラインが通っている場所での生活の基本。

海王星

海王星は夢と幻想、そして見えない世界とのつながりを生み出す惑星です。現実と夢の境界は海王星の働きで希薄化します。海王星のラインが通過する場所では、あなたはロマンティストになり、理想主義的な感覚が強くなります。現実的な損得勘定だけではなく、大きな理想や夢に身を投じようとすることになるでしょう。小さな自我から解放されるような体験をすることも。写真、映像、ファンタジー、ダンス、音楽などの世界での成功やそうした活動への没入。マジカルなこと、スピリチュアルなことへの傾倒。一方で恋愛や好きなことに没頭するあまり現実を見失ったり、現実逃避してしまう危険。精神的、肉体的なエネルギーの弱体化、過度な自己犠牲、人や物ごとへの耽溺、アディクションには要注意。

ASC

夢とロマン、不可視の領域の星が活性化されるこのラインの下ではあなたは不思議な魅力に取りつかれる。あなた自身が不思議なオーラを発するようになるかもしれないし、新しいこの土地の持つ魔法を感じるようになる。夢のような出来事が起こり、あなたは人生の不思議や「運命」を感じるようなこともある。しかし、一方で現実を客観的に見る姿勢も重要。何かを理想化するほどにそのあとの幻滅も大きいかもしれない。しかしこの地で大きく羽ばたくイマジネーションがあなたに創造性を与えるのは確かだ。

MC

夢と魔法、そしてロマンと出会う場所で、あなたはそれを自分の仕事に結び付けていくことになるかもしれない。高い理想やヴィジョン、神秘的なこと、イマジネーションを要すること、アートや音楽、映像関連のことなどを仕事にするなら望ましい場所。しかし、幻惑の多い場所であるのは確かで、現実感覚を見失うと失望や失敗のリスクもある。地に足をつけながら想像力を羽ばたかせるバランスが必要だ。

DES

理想の王子、王女、パートナーと出会えるように感じるかもしれない。この地ではあなた自身が相手にあなたの理想を、また相手もあなたに自分の理想を投影することになる。恋や結婚はもちろんだが友人や仕事の関係でさえ、「同じ夢を見る」ことが可能で、そこに至福の感覚を得ることもある。一方で海王星にはつきものの危険、「過剰な理想化が招く失望」や「自己放棄」「自己犠牲」もある。共依存的な関係に陥らないように互いのテリトリーや境界を護る意識も必要。

IC

生々しい現実や世知辛い日々から解放されて、内的な世界に鎮静するにはよい場所。想像力を働かせることができ、芸術的なこと、創造的なことに関わっている人にはこの聖域で自分の仕事に没頭できる。同じ痛みを持つ人々との共同体が生まれることも。家族やその場所のために尽力、貢献する。一方、誰かのため「だけ」に生きないことも重要。

冥王星

冥王星は「死と再生」の惑星。人生の中で生まれ変わるような深い変容を往々にして導きます。また冥王星が関わることでは、人は中途半端なかたちではすまず、シリアスに、そして徹底的に取り組むことがあります。文字通り「魂をかけて」「全身全霊で」「徹底的に」関わっていくのです。このラインの下では、死に関することが生じたり、何らかの危機的な状況を体験することもあるでしょう。自分の力ではどうしようもないことと直面することもありますが、そのことを通して人生の価値観が深く変容していきます。また大きな金銭、権力の動きに巻き込まれることも。性的なこととも関わる場所。またこの場所を通して冥王星の象徴する人や事柄と縁ができる可能性が。

ASC

深い変容を促す冥王星のもとであなたは自己イメージを大きく変容させることになるだろう。それは急に起こるかもしれないし、あるいは時間をかけて起こってくるかもしれない。しかし心身ともにこれまでの自分を捨てて「生まれ変わる」ようなことも。自分自身をまるで精神分析学者のように分析していくこともある。周囲の人はあなたにえもいわれぬカリスマ性や影響力を感じることもあれば逆にあなたがその土地に畏怖を感じることも。

MC

仕事の面では大成功の可能性もあるが、自分が持つ力が大きくなる分だけ、あるいはあなた自身が野心的になる分だけ、程度の差はあれ権力闘争に巻き込まれることがある。あなた自身の、そして相手からの支配欲には注意すること。あなた自身が本当に望む仕事をすることが重要。死にまつわること、極限状態にある人と関わるようなこと、大きなお金に関わること、遺産などに関わること、心理学や医学に関することには望ましい場所。何か有形無形のものを受け継ぐことも。

DES

冥王星の大きな変容の力が、他者やパートナーとの関わりを通してあなたに働きかけてくる場所。あなたの心の深いところに影響を与えるような人と出会うことになる。宿命的なパートナー（プライベートでも、仕事の面でも）との縁が。冥王星は財政を表すこともあるので、財産を共有するような相手との関係。一方で、パートナーとの関係の終焉が大きな影響を与えることも。「あの人」との絆の意味を真剣に考えるべき場所となる。

IC

表面的な意味での「くつろげる」場所ではないかもしれない。ここではあなたは自分の中のよい面も悪い面も……容易に認めがたい欲望や闇も……見つめることになる。先祖や家族から引き継いでいる問題などが浮上してくることも。しかしそうしたこれまでの自分の歴史を見つめることで、あなたは無意識の下に秘めている重要な秘密を見出すことにもなる。

なお、十惑星のほかにカイロンとノードについてもごく簡単に触れておくことにしましょう。

カイロン（キロン）

　カイロンは「傷と癒し」「教育」などと関わる天体です。カイロンは心の（そして身体の）傷、それも癒しきることができないけれど、そのことでかえって自分自身の大切な個性の一部になっているような面を象徴します。カイロンのラインが通る場所では、自分自身の傷つきやすい場所、痛みなどを感じることが多いでしょう。あるいはその傷と向き合う可能性があります。一方でカイロンは教師やメンターを象徴するので、このエリアでは自分にとっての指導者と出会うことも。あるいはあなた自身が誰かのメンターになることも。医療やあらゆる技芸と関係する場所でもあります。

ノード

　ノードは人が向かう方向、および、重要な人間関係を示す点です。ノースノードのラインはあなたが人生を前向きに進める方向のヒントを見出せる場所、またサウスノードは過去から慣れ親しんだパターンに収まりやすい場所になるでしょう。

　またいずれのノードの場所も、人生のキーパーソンに出会う可能性が高い場所と考えられます。

　以上が基本の解釈ですが、占星術ではどんな場合でも出生ホロスコープにおける惑星の状態という基本に立ち返ることが重要です。その惑星が表示することは、出生ホロスコープによって暗示されているのですから、サイン、ハウス、どのハウスの（もともとの）ルーラーであるのか、アスペクト、ディグニティなどを考慮することも必要でしょう。

Astrodienstを使った
アストロマップの作成方法

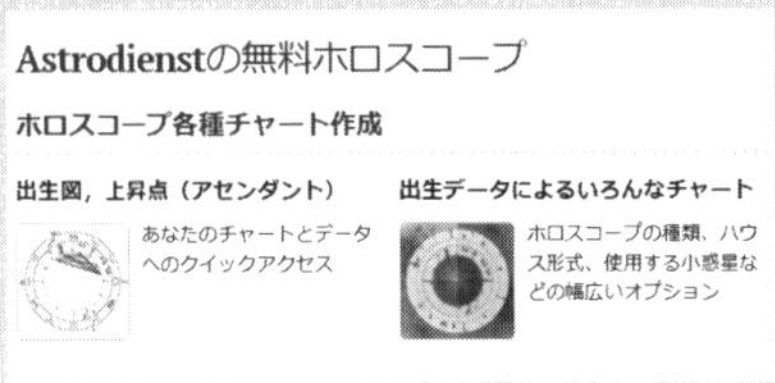

①Astrodienst（Astro.com）にログイン。出生データを入力し「出生図によるいろんなチャート」をクリックして進みます。

②「特殊チャート」を選択。

③「チャートタイプ」は「Astromap World」を選択し、「クリックしてチャートを表示」をクリックすると、アストロマップが現れます（ただしこの地図は日本を中心にしたものではないことに注意）。

（開始日）はここでは無視してください。

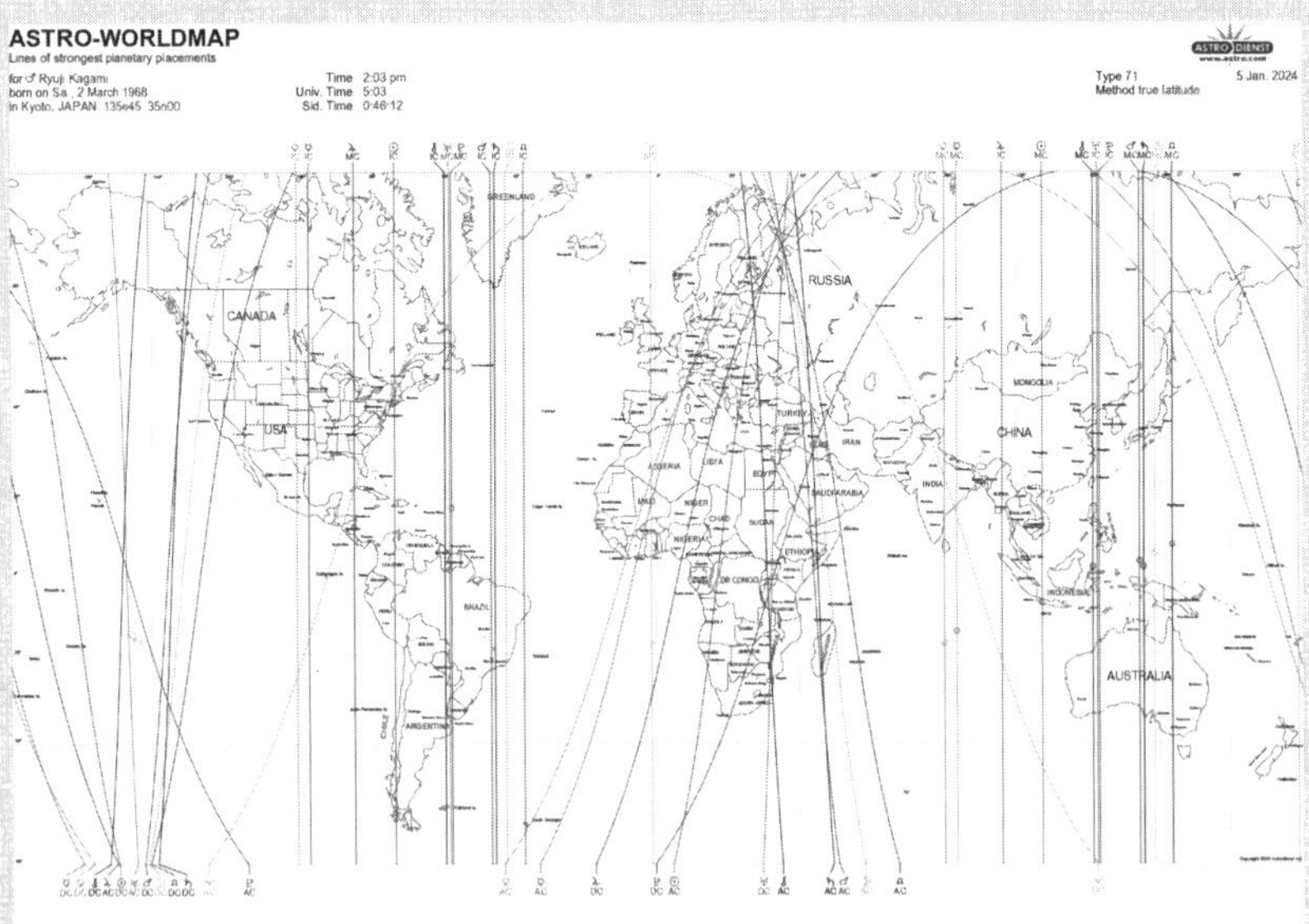

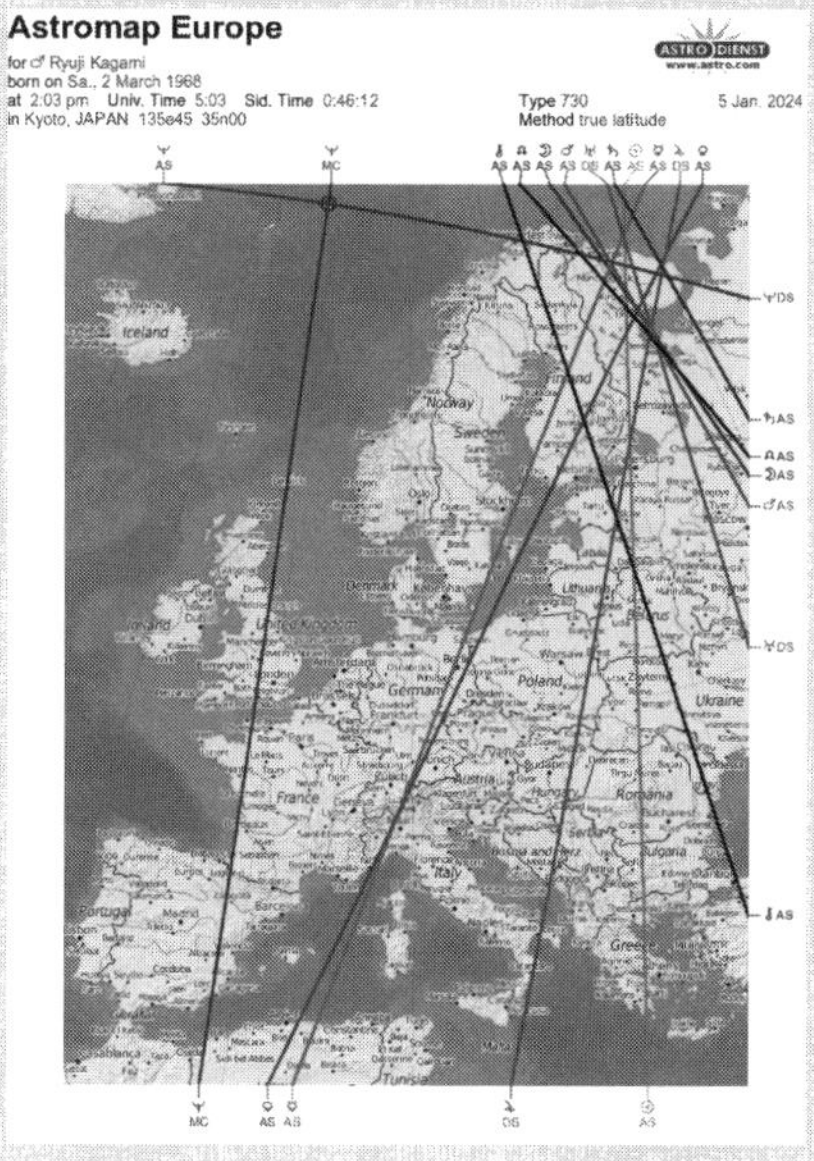

④特定の地域を拡大したい場合には、目的に応じて「チャートタイプ」から地域を選択します。例えばヨーロッパを選択すると左の図のように表示されます（Astromap Europe in colorを選択すると直接の惑星のラインばかりではなく、惑星がアングルにたいしてアスペクトを作る場所もラインで表示されて煩雑になる）

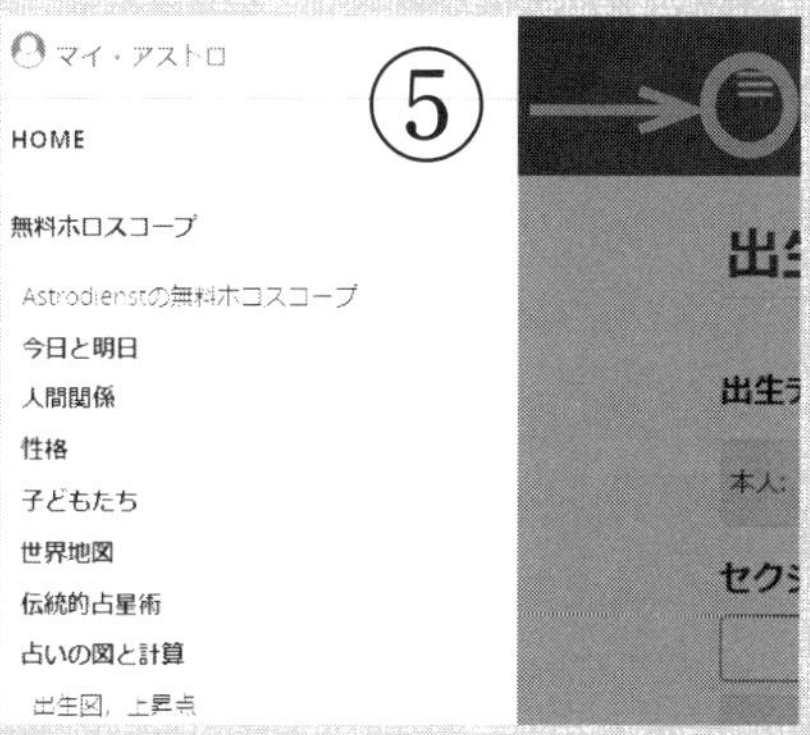

⑤あるいはツールバーの左上の三本線をクリックして表示した無料ホロスコープのセクションから、世界地図を選択すると、より簡単にアストロマップを作成することができます。

またソフトによってはアストロマップの計算システムでIn MundoとZodiacを選択できるものがあります。ここでは標準的なIn Mundoを選択することを推奨しておきます（Zodiacを選択すると高緯度ですべてのASCのラインが一点で交わる）。

アストロマップの進行のさせ方

進行したアストロマップを表示させるには、「出生データによるいろんなチャート」から「特殊チャート」を選択し、チャートタイプから「Dynamic Astromap World」を選択します。「開始日」に占いたい日時を入力、「クリックしてチャートを表示」をクリックすると進行したマップが表示されます（チャートタイプからDynamic Astromap World wo natal を選択すれば、出生時のマップのラインなしのバージョンが現れます）。

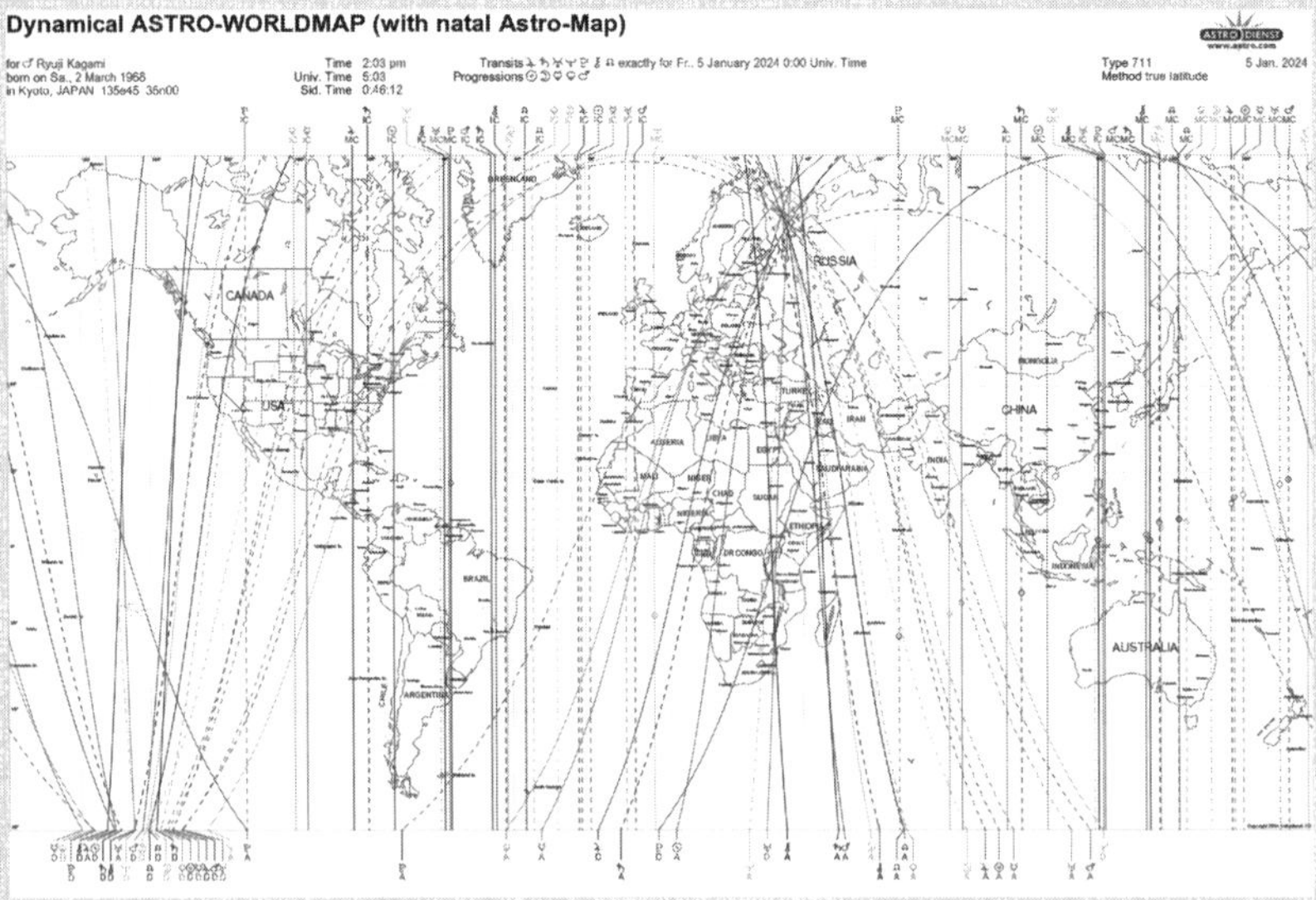

ローカルスペース　もう一つのアストロマップ

アストロマップは実に強力なツールですが、一つ難点があります。それはかなりの長距離を移動しないと、マップの威力を発揮しにくいことです。日本国内での引っ越しなどを考えるときには、通常のアストロマップでは今の居住地と引っ越し先の星のメッセージの差を感じにくいでしょう。

そんなときに有効になるのが、「ローカルスペース」マップです。アストロマップではアングルに来る惑星を基準に考えたのに対し、ローカルスペースでは、地球上のある特定の一点から、惑星の見える「方向」に向かって動くことに焦点を当てます。そこで短い移動においても利用できるのが大きな特徴なのです。これは20世紀前半のジョンドロ、チャールズ・ジェインといった占星術家の仕事を着想源として、マイケル・エレワインが考案した技法です。

その原理はこうです。自分がいる場所を中心として、地平線に巨大な透明の半球が覆いかぶさっているとイメージしてください。ちょうど実寸大のプラネタリウムのようなものです。そして空に輝いているある惑星からその天球にそって直線を引き、地平線に投影します。その方向から惑星のエネルギーが来ているとイメージできるわけです。実際のローカルスペースのチャートでは地平線の下にあって見えない惑星も描き込まれ、またその方角だけではなく、その反対側（オポジション）の方向にもそのラインが引かれます。

このマップはより積極的に惑星エネルギーをつかみに行くために用いることができるのが特徴です。ローカルスペースの専門家であった故マーティン・デイヴィス氏によれば、どの方角に「自分のために何があるのか」を示すものだというのです。より自分らしく、自信を持ってありたいなら太陽のラインに従って動く、あるいはその方角にある場所で楽しむ。スピリチュアルな気づきを得たい、といったことなら木星や海王星のライン上の場所に注目すればよいということにもなります。愛を求めるなら金星、スポーツなどの腕を上げたいなら火星のラインを使えばいいのです。ただ、出生図の惑星の状態によってはその惑星のラインを使うには、相応の注意が必要になるのは言うまでもありません。

これまで詳述してきたアストロマップと重ねあわせてローカルスペースを使い、さらに複雑に惑星のエネルギーを解釈することも可能です。

さらによりミクロなレベルではこのローカルスペースで見つけた方向を個人宅の中に投影して一種の占星術版「風水」として用いることもできます。

例えば恋愛運を活性化させたいと考えるなら、自宅の中心から見て金星の方角に誰かを招く部屋をしつらえたり、花を飾ることが望ましいし、火星の方角の部屋にエクササイズグッズを置く、月の方角にキッチンをしつらえる、なんてことも考えられます。

僕自身はこのローカルスペースの経験はいまだに少ないので効果のほどは保証しかねますが(笑)星の魔法のムードを日常に取り入れるには試してみてもいいのではないでしょうか。

ローカルスペースのマップはAstrodienst のサイトの「無料ホロスコープ」の AstroClick Local Space から簡単に作成することができます。

こちら（図26）は僕、鏡リュウジのローカルスペース・マップになります。

図 26
鏡リュウジの
ローカルスペース・
マップ

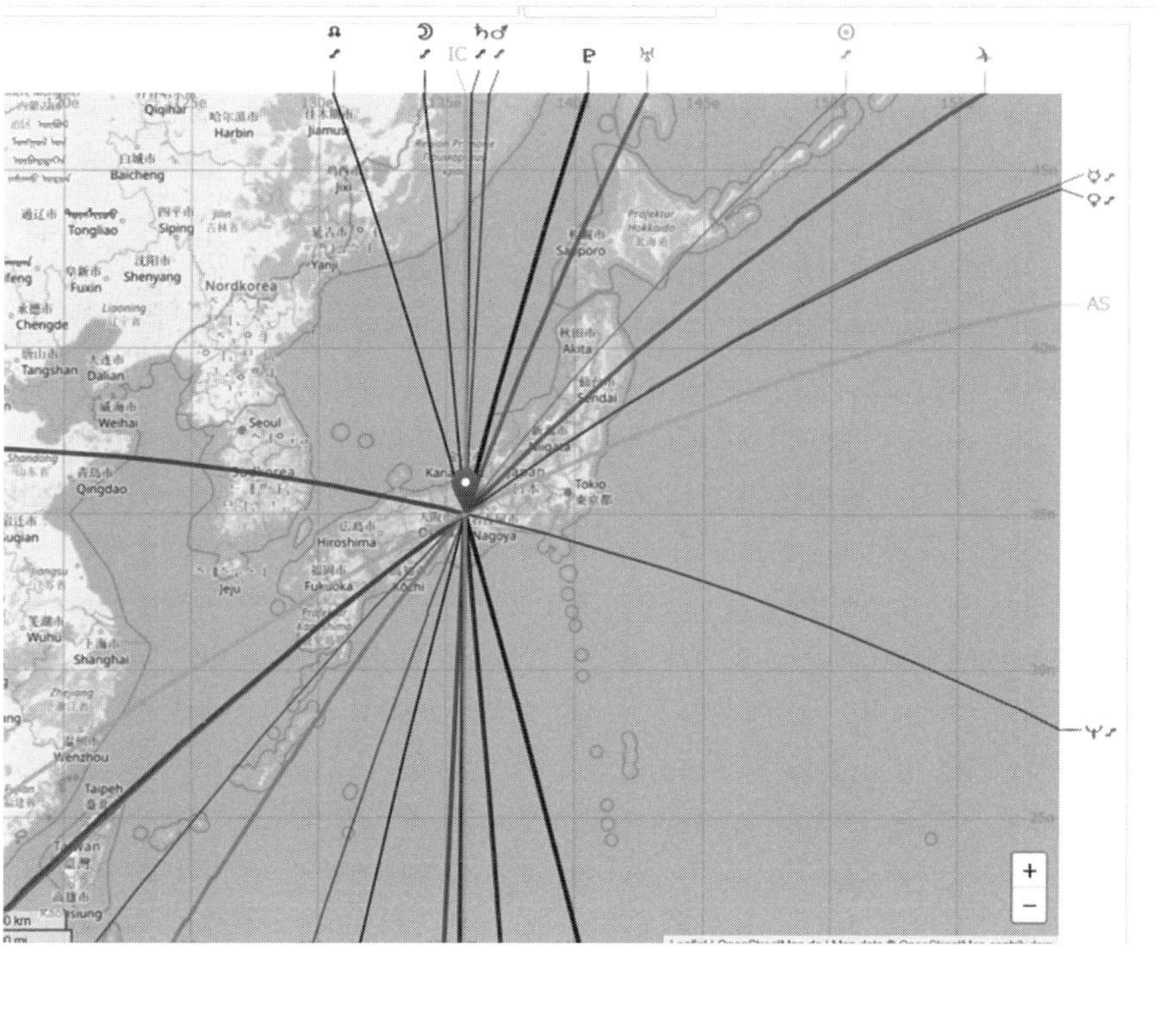

さらに「出生データによるいろいろなチャート」から「円形チャート」に進み、「Local Space Chartのメニューを使うと、より住居内など狭い範囲に使いやすいローカルスペース・マップを作成することができます。このマップには方位が示されていますので、簡単に惑星のラインの方角を知ることができます。この図（僕の出生、図27）では南西の方角が金星や水星となるのでこの方角の場所で楽しい社交ができることになると想像できます。

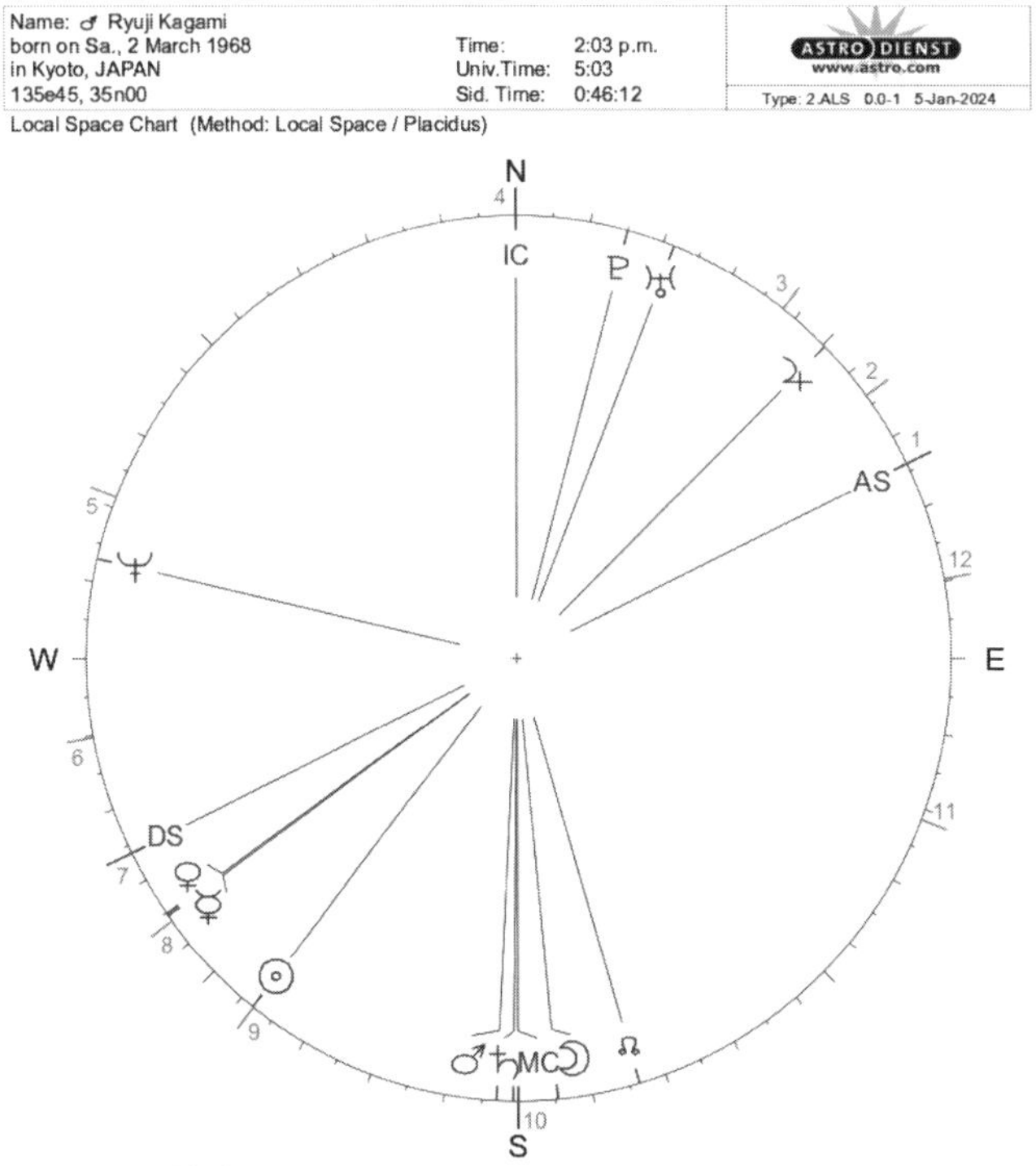

Azimuth

☉ Sun	38° 5' 27"		
☽ Moon	354° 39' 48"		
☿ Mercury	54° 28' 10"		
♀ Venus	54° 49' 1"		
♂ Mars	2° 58' 47"		
♃ Jupiter	225° 19' 33"		
♄ Saturn	0° 40' 16"		
♅ Uranus	201° 28' 32"		
♆ Neptune	102° 59' 22"		
♇ Pluto	194° 59' 15"		
☊ Mean Node	343° 39' 8"		
AS: 243° 56' 33"	2: 233° 40'	3: 218° 0'	
MC: 0° 0' 0"	11: 291° 23'	12: 259° 41'	

図 27
鏡リュウジの
ローカルスペース・
マップの出生図

出生地から大きく離れたところで生活している場合、出生地を基準にしたマップをそのまま利用するか、あるいはリロケートしたマップを使うかについては意見が分かれるようですが、リロケートしたマップを用いるという向きが多いようです。同じ場所でも、基準点が変わって、異なる方向から接近すると、体験の質が変化するというのです。ただ、自分の家の中のような狭い範囲内でローカルスペースで惑星の方角を用いるときは、大きく引っ越しをしている場合でも、出生のマップをそのまま用いるべきだとマーティン・デイヴィスは言っています。これらについてはご自身で試してみてください。

最後に　星と大地へのイマジネーションを大事に

いかがだったでしょうか。星と土地を結ぶ占星術の技法には本章で紹介したアストロマップ、ローカルスペースのほか、ここで触れることができなかったジオデティックや緯度と星座を対応させる「クリマ」、星座と国の直接対応などさまざまなものが存在します。

それはいずれも天と地を結ぼうとする人々のイマジネーションの豊かな産物であることを忘れてはなりません。

そのことに関して一つ、みなさんにお伝えしたいことがあるのです。それは星の、そして土地のシンボルの感覚は「生きている」「固有の」ものである、ということです。

しかし、便利なコンピュータはその感覚をどこかで鈍らせてしまう危険もあるのではないかと思うのです。

パーソナルコンピュータの発達によって僕たちは前世紀の占星術家たちが喉から手が出るほど欲しかったさまざまなツールを安価に、簡単に使いこなすことができます。僕がアストロマップを最初に学んだときには1枚のマップを作るのに1000円、2000円のお金をかけなければなりませんでした。しかし、今は無料でそれが手に入るのです。そして自分でさまざまな実例を見ていくことができます。なんと素晴らしいことでしょう。

きわめて精度の高いホロスコープやマップを僕たちは簡単に手にすることができます。しかし、そのことで「正確なチャートは正確な結果を必ずもたらす」という幻想の罠に陥りやすくなってしまうのではないでしょうか。

最近、とても心に残る文章を読みました。卓越した星のエッセイストであり編集者である藤井旭氏の著書『星の旅』の文庫版に天文学者の渡部潤一先生が寄せられた解説です。ちょっと長くなりますが、引用させてください。

「……星好きにとって、旅先で星空を眺めるほどよいものはない。天文学的には同じ緯度であれば全く同じ星空が現れているはずなので、どこで見ても変わらないはずである。少し天文学をかじったことのある方であればわかることだ。しかし、実際は全く違った印象になることが多い。……その場所の周囲の環境、とくに人工灯火の具合や、その夜の月明りの有無、そしてなによりもその場所が持つ独特の雰囲気によって、同じ星空なのに星の見え方、感じ方がまるで異なってくるのである」

世界的な天文学者の書くこの一節は、もちろん、占星術とは全く関係がありません。しかし、これは占星術的なイマジネーションと深いところで共通するような気がするのです。「その場所が持つ独特の雰囲気」とはいったい何でしょう。この、単純に数字には還元できない、その人だけが感じ取る場所のクオリアが人の心と響きあい、影響を繊細に与えあっているというのが、風水のようなテクノロジーの起源だったのではないでしょうか。

一方、僕たち占星術家は「その星空が持つ独特の雰囲気」を味わおうとしていたのに違いありません。その「独特の雰囲気」をなんとか定式化しようとしつつ、次第に今のような数理的な占星術になっていったのだと僕は思います。

アストロマップも、星のシンボリズムを通して土地の雰囲気や質を描写しようとするものだと思います。それは土地の意味を、星という象徴的で詩的なレンズを通して曲がりなりにも読み取り、表現しようとする試みでしょう。

「その土地が持つ独特の雰囲気」という固有性こそが、占星術のような営みでは大切なのではないでしょうか。アストロマップを単なる冷たいデータとして見てしまっては、せっかく占星術という「質」の体系を用いているのに、かえって土地のイメージをフラットで計量的なものに還元してしまうことになりかねません。

通常の占星術は時を「量」としてではなく、その人だけの特別な「質」（モーメントとしての〝とき〟）として浮かび上がらせます。それと同じように、アストロマッピングの技術を「量」としての「空間」（スペース）を、その人だけの意味ある「場」（プレイス）として浮かび上がらせるために使うようにしようではありませんか。

占星術は真にあなただけの、かけがえのない時間と場として人生を描き出すアートなのですから。

参考・推薦文献

真弓香著『パワーゾーン』ＶＯＩＣＥ、２００1年

日本語で読める数少ないアストロカートグラフィの一般書。著者は早くからアストロマップの技術を習得し、普及に尽力している。

Jim Lewis and Ariel Guttman, *The Astro ＊ Cart ＊ Graphy Book of Maps*, Llewellyn Publications, 1989

アストロマッピングの創始者、提唱者ジム・ルイスとガットマンによる、アストロマップのコレクション。まず多くの著名人、歴史的事象のマップとそれにたいしてのコメントが掲載されている。基本図書。

Michael Harding and Charles Harvey, *Working with Astrology Midpints and Astro*Cart*Graphy*, Arkana 1990

マイク・ハーディングとチャールズ・ハーヴェイという20世紀を代表する英国の占星術家による、当時流行していたコンピュータ計算をベースにした占星術の高等技法の書籍。チャールズ・ハーヴェイがアストロマップ（アストロカートグラフィ）を詳説している。

Jim Lewis and Kenneth Irving, *The Psychology of Astro*Carto*Graphy*, Arkana1997

ペンギン社の「アルカナ・コンテンポラリー・シリーズ」の1冊。アストロマップにおける惑星の意味を心理学的にも深めた名著。ジム・ルイスの死後、盟友ケネス・アーヴィングがその仕事を継いでこの本を完成させた。実例のほか、アストロマップ上でのラインの交差や進行させたマップでの惑星の組み合わせについても一つ一つ詳しく解説されている。アストロマッ

プを深く学ぶには必須。

Sasha Fenton, *Astrology on the Move*, Zambezi Publishing 1998

英国の人気占星術師、サシャ・フェントンによる平易でとっつきやすい入門書。お勧め。

Erin Sullivan, *Where in the World?*, CPA Press Vol.12 1999

カナダの著名な神話／心理占星術家エリン・サリヴァンによる、ロンドンの心理占星術センター（リズ・グリーン創設）での講演録。聴講者とのやり取りを含めて生き生きとしたレクチャーが収められている。ダイアナ妃の二つの出生時刻をマップを用いて比較するなど興味深い試みもなされている。エリン・サリヴァンは１９９０年代に高い評価を得た「アルカナ・コンテンポラリー・アストロロジー」の編者でもある。

Julia & Derek, *Parker Parker's Astrology new edition*, DK Publishing 2001

現代占星術の代表的な入門書として読み継がれている伝説の書。イラスト満載、大ボリュームの情報量で知られている。初版は１９７１年で、それから増補、改訂を繰り返し読み継がれており、この版にはミッドポイントに加えてアストロマップの章も追加された。

Maritha Pottenger and Zipporah Dobyns, *Planets on the Move*, ASC Publications, 2010

アメリカの著名な占星術家によるリロケーションのマニュアル。

Martin Davis, *Astrolocality Astrology revised edition,* Wessex Astrologer 1999,2014

故マーティン・デイヴィスによるロケーショナルアストロロジーのわかりやすい教本。大変簡潔でわかりやすい入門書なのでお勧め。マーティンはフェンシングでオリンピックに出場経験もあるという異色の経歴の持ち主であるが、とくにアストロマッピングのエキスパートとして知られていた。個人的な想い出話になるが90年代には英国の占星術学会で何度もお目にかかる機会があった。一人で大会会場をうろうろしていた僕にとても親切にしていただいたのが思い出される。

また本章のホロスコープはJanusのソフトウエアを使って作成している。

変容し続ける伝統

ブライアン・クラーク
鏡リュウジ訳

ここにご紹介するのは世界的に著名な占星術家ブライアン・クラーク氏の講演録です。

ブライアン・クラーク氏はユング心理学にも精通する一方で、ギリシャ神話と占星術への深い知識、さらにそれを表現するたぐいまれなる表現力で知られ、世界中の占星術家から深く敬愛されておられます。

この講演は、２０１８年のオーストラリア占星術連盟の大会のオープニングトークとしてなされたものです。[1] 伝統占星術と現代占星術のさまざまな技法を学べるようになったのは今の占星術家にとっては大変喜ばしいことではありますが、同時にそれは「バベルの塔」の故事のごとく、占星術家の間に分断を……悪くすると摩擦や溝を生み出す危険も秘めています。互いに相手の技法や考え方を否定し、占星術という素晴らしい「ユニバーサル・ランゲージ」をバラバラにしてしまう可能性もあるわけです。

ブライアン・クラーク氏は、ここで占星術の「伝統」は表層的な技法にあるのではなく、もっと深いところにある魂、占星術への態度であると指摘されています。

これは大変大切なことです。そこで、さまざまな高度な技法が紹介されている『占星術の教科書　ハイテクニック編』の締めくくりとしてぜひこの素晴らしい講演を収録したいと考えました。

ぜひ、クラーク先生の愛のこもった言葉に触れて、皆さんの占星術への想いを新たにしていただきたいと思っています。

鏡リュウジ

1　https://www.faainc.org.au/faa-conference-2018/

私は、今回の講演のタイトルを、大会のテーマである「伝統を変容する」Transforming the Tradition から「変容し続ける伝統」The Transforming Tradition と変更しました。占星術の「伝統」、そしてその伝統そのものが自らを変容してゆく性質を持っている点を強調しようとしたのです。実際、占星術の伝統は過去二千年にわたって変容を続けてきました。私は占星術の伝統に焦点を当て、思いを巡らせようと思います。私たちの伝統の核心とはなんなのか。その中で私たちはいかに身を浸し、洗礼を受けてきているのか。一方で私たちが、その一角をなしているはずの伝統の核心をいまだ理解せず、認識していないのではないか、ということを含めてです。

「伝統」Tradition という言葉は、ラテン語の tradere、つまり伝達する、手渡す、安全に伝えてゆくことを意味する言葉に由来します。伝統といえば情報、知識、信念を言葉や行為によって伝えてゆくことを示唆します。そこには時間をかけて……おそらくは何千年もかけて確立され受け継がれてきた思想、という含意があることでしょう。ある伝統の中には、相互によく似ていて、そしてそれとすぐにわかる方法論や儀礼、技術、振る舞いなどを持つ、継承されゆく文化的信念が埋め込まれているとされます。とすれば、占星術は完璧にこの伝統の定義に当てはまるでしょう。

占星術は実に広範な伝統を持ちます。その伝統はとにも瀕死の状態になり、またときに繁栄しながらも、常に生き延びてきました。何千年もの間、天空が掻き立てる人間のイマジネーションが生み出す絵文字、シンボルのアマルガム

（化合物）であり続けてきたのです。私たちの伝統の大きな部分は口伝されてきており、そのため私たちの実践はしばしば、体系的であるというよりは体験的、逸話的なものとなっています。

占星術、つまり星々の学問は蒼穹《そうきゅう》の天を見上げ、私たちやその学徒たちの心を掻き立てて夜空のキャンバスに投影されたイメージから、意味や目的、そして道しるべを見出そうとしてきました。私たちの伝統は古代の象徴言語です。ディーン・ルディアが言うように、私たちがその言語を知ることさえできれば、天は私たちに話しかけてくるのです。[2]

私たちが分かちあっている、この技芸の象徴言語によって私たちの伝統は生き続けています。その言語はどのように表現されても……平易にであっても詩的にであっても、診断的にであろうが情緒的にであろうが、古い語り口であれ現代的なものであれ……そこには共通の基盤があって、その基盤が占星術に人類のもっとも古い伝統という地位を与えてきたのです。どんな方言を私たちが使っていようと、夜空を見上げ木星と金星の会合を見たとき、私たちの心は鼓舞され、土星が太陽にかぶさったときに私たちはみな嘆くことになるのです。私たちの伝統を貫くこの一貫性が私たちをひとつにつないでいます。確かに、占星術は常に変化しています。しかし、占星術は同一であり続けています。占星術の精髄はけっして変わらない。そのときどきの形態で変わることはあっても、そのこととかかわらず、占星術は永遠であり続けるのです。[3]

占星術の核心にあるこの精髄とはなんなのでしょう？　ホロスコープのシンボルの多様性の

2　Dane Rudhyar, *The Birth Chart as a Celestial Message*, an Address given to the AFA 1976 Convention, http://www.khaldea.com/rudhyar/astroarticles/celestialmessage.shtml [accessed 29 12 2017]

3　メラニー・ラインハート氏との会話によってこのアイデアが生まれた。

基礎にある内的特質とは何なのでしょうか。これについて、私にできるのはただ私の思いをお伝えすることだけです。

伝統には霊的、あるいは宗教的要素が含まれるものです。と言っても組織宗教のことを言っているのではありません。ただ、私たちよりも大いなるものとの出会いを言おうとしているのです。神的なるものの感覚、召命、そして魂のつぶやきです。占星術は天空を計測して判断を下すものではありますが、その天空は人格化された神的な存在が多数住まうところであり、本質的に神卜《しんぼく》的 divinatory なものです。ですから、このように言うこともできましょう。占星術の伝統とは情報化されたイマジネーション、あるいは神的なものとの熟慮[4]された上での出会いの営みなのである、と。

占星術の伝統は、その中に私たちを引き込むやりかたもまたユニークです。ほかの多くの伝統と違って、占星術は体系だっても統制されてもいません。占星術は合理性、事実性、そして認識可能性の向こうにある、もうひとつの「知」のありように依拠しています。このような天の感知は、強く、また色彩豊かな糸となって占星術の伝統の織物を綴っているのです。神的なものと出会わず、また神的なものを深く考慮せずに、占星術に深く関わることはできません。

今回の大会のプログラムには、私たちの学問の瞑想的、あるいは霊的な次元に触れる先人たちのいくつかの引用を添えておきました。そのうちひとつを読んでみましょう。ウェッティウス・ヴァレンスからのものです。

私が神的なるものをかいま見て、天の理論を崇めるとき、私は人生のうちのあらゆる罪と穢を浄化するよう、不死の魂に

4 （訳注）ここでの熟考はconsiderだが、この言葉はもともと「星とともに」（con-sidre）から来ている。

従うように望むのである。そのことにより神的存在は私と言葉を交わし、そして正気で研究する知的能力を得ることができるのである。[5]

ここでは「すべての罪と穢を浄化」というのは脇におきましょう。「正気」というのも。（笑）そして、占星術を貫くこの神的なものに敬意を払いましょう。霊感の、無限の可能性の源として、想像界的《イマジナル》な天を求めようとする態度に、です。それは人類の発達に奉仕するために、それを神秘主義や、あるいはヘルメス的伝統と同一視しがちですが、しかし、その態度はそんな単純に分類できるものではありません。その特質において、それは神卜的 divinatory であり、神的な存在、あるいは大いなる存在より導きを求めるものだとは言えますが、その存在はなんと呼んでもよいのです。そう、女神でも、宇宙でも、無意識や元型でも、あるいはパターン、さらにはカルマ、でも。その性質は人間が五感で知覚できる範囲を超えています。

私たちは占星術に知的な好奇心を抱くこともあるでしょう。あるいはその正確さに魅了されたり、驚嘆させられたり、ときに恐れを抱くことすらあるかもしれません。私にとってみれば、知り得ていないことを占星術が告げるために感じる驚き、驚嘆、そして戸惑いがいまだに続いていること自体も、伝統の一部だと感じています。それは天空で生けるものだという点で神的存在、その完璧な美という点で真にコスミック[6]なもの、しかし、人間の知性ではとらえきることができないものなのです。

私たちの伝統には星の言葉を学ぶための方法が無数に存在します。ただ、ここで私たちは技

5 Vetius Valens , *Anthologies*, VI, 1.15 (end), 16; p. 232.6-10 Pingree (Dorian Greenbaum translation)

6 （訳注）コスモスという語には秩序という意味もある。転じて美。

法と伝統を混同してしまう危険があるのです。私たちの伝統には、確かに技術的な知識も含まれています。しかしそれは伝統の核心《ハート》ではない。占星術の伝統は数多くの技法、……そう、ときに変化し、ほかの伝統でもそうであるようにしばしば失われ、また再発見されるような技法や習慣がありますが……そうした技法をすべて抱え込む優美《エレガンス》さを持っているのです。技法は扉を開きます。しかし、私たちの伝統は、それらの技法を通してその向こうに何かを観てとる仕方にあるのです。ときには占星術の技法の複雑さに圧倒され、方法の多さに混乱し、また公式同士の矛盾に幻滅することもあるでしょう。しかしそれは占星術実践という儀式に参入するために必要なイニシエーションでもあるのです。私たちは、無数の方法論のなかから自分にあうものを探し出し振り分けてゆきます。ある技術の正確さや洗練さに目を見張ることがあったとしても、その技法がほかの方法よりも優れていると言うことはできません。もし考えてしまうなら、占星術を知的な論議や証明のレベルにおとしこむことになり、それを事実主義へ矮小化することになってしまいます。私たちの伝統はシンボルの知を内包します。それはもうひとつの知のありようへと私たちに扉を開くのです。それは合理を超えた認識への道です。

私たちの伝統はシンボルとの会話を含んでいます。占星術は私たちを、聖なるもの、神秘なるものを大切にする象徴的生へと誘います。私たちは日常の責任や日々の仕事にまみれて、しばしば象徴的な生き方を見失うものです。しかし、象徴はいつも私たちを取り囲んでいて、日常の仕事や世俗の雑務の只中にあったとしても占星術のホロスコープは見事なシンボルの配置を見せて私たちを再び想像界《イマジナル》的な世界へと招き入れます。こうしたホロスコープのシンボルを総合するアートによって、あなたも占星術の伝統を担ってゆくことになります。

シンボルとは名づけえぬものへの仲介人であり、曖昧なるものへの大使です。だからこそ知性はシンボルに重要性を見出しています。哲学的、あるいは概念的枠組みによっては伝えることができないものに象徴は価値を与えることができるからです。ひとつの象徴は何か特定のひとつの事柄だけを指し示すことはありません。象徴は価値を判断したり、倫理的に審判を下したりもしないのです。象徴は意味や啓示へと私たちを指し示し、私たちが本来そうであるような、忘れていた真実にかたちを与えます。何十年も前、私の先生であったイザベル・ヒッキーがこうおっしゃったのを覚えています。

「占星術はシンボルを扱います。そして魂はシンボルを語り、シンボルにおいて考えるのです」[7]彼女はシンボルが自らをあらわにさせるかを見つけることがいかに重要か、ずっと強調していました。そして実際、40年たった今も、ホロスコープの同じシンボルがその深い意味を、何層も何層も深めながら顕にし続けていると、ここで言っておきましょう。シンボルはけっして固定されていません。生き続けて、息吹を持っていて、その時々で生命を吹き込まれるのです。それは私たちがシンボルを探求することによって、です。

象徴の言語やイメージはあらゆる宗教が神的な、あるいは人間の理解を超えた領域に敬意を払うために用いてきたものです。シンボルは、魂にとっての詩的な言語です。それぞれのシンボルは、合理的な認識の彼方にある内的なリアリティの次元を……ただし、その次元は外的な事象とも照応関係にあるのですが……開示することになります。そこでホロスコープのシンボルは二つの顔を持つことになります。ひとつは現実を開示し、もうひとつは魂を開示することに

7　これはイザベル・ヒッキー Isabel Hickey が以下の本の序文で書いていることと似ている。*Astrology A Cosmic Science*, Altieri Press, Bridgeport, CT: 1972, 6.

なるのです。[8]

占星術のシンボルは諸刃の剣です。占星術の言語は天と地、夜と昼、字義的《リテラル》な世界と想像力《イマジナル》の世界を結ぶ精緻な象徴言語であり、字義通りの世界と魂をともに顕示してゆくのです。私たちの占星術の伝統は、シンボルに意味を見出していきますが、けっしてそれを固定化したり、定義づけたりはしません。ただシンボルが私たちの想像力を掻き立てるのです。私たちの伝統は想像的なもの。天体の巡り、循環、移ろいという知識が生み出す想像力によります。ですからそれを、知識に満ちたイマジネーション（informed imagination）、あるいは熟考された直感と呼ぶこともできるでしょう。技法は熟考すべきこと、その領域や特質、そしてその属性などを示しますが、その可能性の扉を開いてゆくのはイマジネーションなのです。

もうひとつの文脈を見てみましょう。天職（vocation）ということについてです。ざっくりと言えば、私たちの伝統にとってのミドヘブンやＩＣは何にあたるか、ということです。その現実的なあるいはルートメタファーはなんでしょう。私たちの伝統は合理主義が立ち現れる以前に生まれています。満天の星空は、それが計測され、客観的にとらえられるより以前から、私たちを魅了してきたのです。惑星たちは、私たちが最初に見上げたときと変わらず、今なお神的であり続けています。

星たちの啓示に与かり、その神性に触れるためには、ただ星を見上げるだけでは足りません。星の向こうの、宇宙の永遠とその神秘を見透かすことが必要なのです。そしてこのメタファーの精髄こそが、どのような学派であるかを問わず、占星術家を突き動かしてるのです。星の輝く

8 Paul Tillich, “ The Nature of Religious Language” , Theology of Culture, Oxford University Press (Oxford: 1959), 56-7.

天空は私たちの理解をはるかに超えた世界の体験を常に与え続けてくれます。星の輝く天空は私たちの知性を超え、私たちの内的な存在に秩序の感覚を与えています。天をなんと呼ぼうと、私たちは自分たちを超えた知的存在を誉め、宇宙に生命を与えているスピリットの神秘と聖性に与かるのです。占星術は前―合理の心を涵養《かんよう》します。そこでは神的なるものが満天の夜空においていまだ感知されるのです。

星の空の占星術のルートメタファーは、学派によらずその技法や方法を凌駕します。占星術に関わるものは、その占星術が経済的なものであれ心理的なものであれ、伝統派であれ現代占星術であれ、魔法（魔術）を経験するものなのです。しかし、私たちは合理主義者を納得させたり、懐疑主義者からの批判をかわすことはできません。想像的な真実は計測も計量もできないのですから。またそれは試験管の中や顕微鏡では見ることはできません。そのメタファーを聴くのは第3の耳であり、計測される字義的な天空の向こうに霊感に満ちた啓示を見通すことができるのは第3の目なのですから。占星術のミューズであるウラニアは、私たちが物理的に星を計測するようになる以前から、星の明るい夜が私たちを楽しませ、感動させてきたこと、そしてその不思議な同調性に感嘆させてきたことを思い出させるのです。この神秘を容易い言葉で説明することは不可能ですし、またそうする必要もないでしょう。この深淵な啓示に心揺さぶられたことがあるなら、占星術は、経験で証明することが必要な外的な世界ではなく、私たちの胸の内に生を得ることでしょう。

ここで召命《ヴォケイション》としての職業と専門職《プロフェッション》を区別しておこうと思います。

私たちの歴史を通して、いくつかの注目すべき例外はあるものの占星術は基本的にメインストリームではありませんでした。占星術はたいてい、支流のほうへと流れておりました。想像力が大切にされない文化の内においてはとりわけそうです。現代においては占星術家はしばしば、互いに孤立、周縁化していると感じています。そこでいま、私たちがやっているように皆で集って私たちの伝統を賀《ことほ》ぐことをするのです。FAA（オーストラリア占星術連盟）がその例であるように、団体を作って私たちのアイデンティティを示し、倫理基準をつくって伝統に責任を持とうと、専門職《プロフェッション》としての占星術家の帰属先を作ることもあるでしょう。しかし、天命の職業としては占星術はあくまでも召命に基づくものであり、占星術家はそれぞれ独自の道を、有給休暇や疾病手当も、最低賃金も保証もないまま、1人進んでいくものでもあります。

　占星術家は占星術の道へと召命を受けるものです。とはいえ、それはとくにフルタイムの仕事であることを意味はしません。私にとってそれは、占星術の伝統に対して責任を持つということを意味します。初心者の時、私たちは誰かのチャートを見るとき「ちゃんとできているかどうか」と大きな責任を感じるでしょう。しかし、皮肉なことに「ちゃんとできる」のはほかの誰でもない、あなただけなのです。火星が牡羊座の支配星であり、天秤座の15度から蠍座の15度までがヴィアコンバスタ、〝炎の道〟であることを知っているなら（つまりは伝統的な占星術のルールを一通り学んでいるなら）、あなたはご自身の、あるいは誰かのチャートのシンボルを見るときに自分の足で立っているのです。しかしその一方、伝統を歩いている先達もいるわけです。同じ道を歩き、やがてあなたがそうするであろうように、同じ秘密を見出してきた人々です。私がスーパーヴィジョンを推奨するのはそのためです。伝統は知識の口伝を大切にし、先達たちの価値ある知恵を通しての知識の継承を尊ぶのです。占星術は偉大な先達からの遺産を引き継いでいます。それは深く価値ある知恵を与えてくれます。私たちは自分の教師を見出しますが、また、私の先生の１人が言ったように、生徒はやがて教師を越えていくでしょう。それが伝統の中の伝統なのです。先達を認識すること、そして私たちがときに理解しない、あるいは受け入れることができないと先達が言う場合があると覚えておくのは、重要です。しかし、これもまた知恵の道でしょう。

占星術はひとつの道ですが、そこをどのように行くかは一人一人違います。頑丈な靴を履いて、食料や水をリュックに入れて準備万端で行く人もいれば、私のように、ときにどの道を歩いているか忘れて、セブンイレブンに入り込んでしまうような人もいるでしょう。万人のための正しい方法や唯一の道はありません。あなたの資質、テンペラメントによっても変わるでしょう。もしかしたらイザベル（ヒッキー）の言うように前世によるのかもしれません。占星術の道を行くときには、理解を助けてくれるガイド、教師、友はいます。しかし、私たちの経験と洞察は、そうした人々のものとは異なったものとなるでしょう。

さきほど、占星術の魔術についても触れました。ここで「魔術」を二通りに分けてみることにしましょう。組織だった、あるいはフォーマルな魔術と、自然に起こってくる魔術とを区別したいのです。占星術は確かに、魔術と歴史の上でつながっています。ギリシャの魔術パピルスやピカトリクスはすぐに頭に浮かびますね。占星術の伝統は組織的な魔術に手を染めることもありましたし、また、占星術はそれ自体が魔術的です。ただし、それは魔術の技法や呪法、あるいは呪文や満月のときの魔術という意味ではありません。占星術が魔術的だというのは、シンボルへの参与、あるいは感受性という意味でのなのです。魔術、心霊主義、オカルトやそのほか私たちを魅了するさまざまな形態の神秘を実践する占星術家も多くいます。しかし、占星術における魔術の伝統というのはシンボルに対しての自発的かつ、即融的な実践のなかに存在するものです。占星術的な魔術は、けっして操作の対象ではありません（「使う」ものではない）。しかし、私たちがシンボルを知性を持って、そして敬意を抱いて扱うときに星の魔術は私たちを通して作動し始めるのです。

　魔術の実践者は、マギでした。そして古来より、マギは占星術家を含んでいます。私たちの伝統は司祭や見者のそれとつながっています。ときとして占星術は魔術の具体的な実践とも組み合わさることもありますが、しかし、占星術の魔術とは「見透かす」Seeing through のことだったのです。占星術の魔術は文字通りのものではありません。星の魔法なのです。

　ウィリアム・リリーも魔術に参入しています。リリーが魔術を実践しはじめたとき、彼は護符魔術、水晶透視、精霊召喚など「驚異の技」（インクレディビリア）とリリーが呼んださまざまな形態のオカルティズムを試していました。しかし、リリーは、こうした実験をやっているうちに彼の健康状態が悪化していったのです。「日に日に痩せこけていってしまった」[9]のでした。これがきっかけになってリリーは魔術から手を引き、数年後には魔術書を焼却することになります。

　リリーが魔術を実践していたことが、リリーがホラリー占星術で大きな成功をした理由だと考えることができるでしょうか？　私個人は、ある人々がシンボルやスピリチュアリティに生まれながらに同調する素質を持っていることがあるように、リリーは魔術的なものへの素質があったのだと思っています。占星術という伝統を実践するときには、魔術が起こり、シンボルが語りだし、スピリットたちが動くことはありま

9　https://classicalastrologer.files.wordpress.com/2012/12/tl_thelifeofwilliamlilly.pdf [accessed 29 12 2017]

す。しかし、魔術を作動させようと人為的なことをしたり、強制したりする必要はありません。シンボルに対して開かれると、そうしたことは自然に起こってくるのです。ときとして、そのような魔法はだんだんとはっきりしてくるでしょう。どんな伝統でもそうですが、魔法はその人に応じた速度で育ってゆきます。

ギリシャ神話の神格では、魔術と関連するのはヘカテであることを思い出しましょう。ヘカテはアストリアの娘にあたります。アストリアとは、「星のような存在」だとか「星の」といったくらいの意味で、ギリシャ語の星を意味するアスターasterから来ています。魔術はつねに星とつながっていたのです。面白いことに、神託の神であるアポロはアステリアの甥で、ヘカテの最初の従兄弟にあたるのです。ですから魔術と神託、そして星はギリシャ神話においてはみな、関連しあっています。

ここで魂についても触れておきましょう。魂について触れましたでしょうか？　私は、占星術の実践は魂づくり（ソウルメイキング）だと感じています。シンボルと深く関わることは魂を取り込み、魂をかきたて、そして魂に静かな敬意を示すことでもあるからです。私たちは占星術のシンボルと深く関わることでこの世界に魂を吹き込みます。そしてこの世界が魂で満ちたときに、この世界はより豊かで、意味に満ちて、そしてソウルフルになるのです。魂については さまざまな考え方があるでしょうし、その探求の道についてもさまざまでしょう。しかし、究極的には占星術の伝統とは魂とその神秘に関わることであると言えるのです。

ただ、私たちのパーソナリティと魂は別物で、魚座の二匹の魚のように別方向に泳いでいます。占星術を提示するその仕方が難しいのはこのためです。私たちの洞察や理解は、占星術の伝統を支え、発達させていくことになるのでしょうか。あるいはそれは私たち自身や私たちの野心を支え、発達させることになっているのでしょうか？

ほかのどんな伝統でもそうですが、私たちが答えを知っていると考え始めたり、あるいはもっと悪いことに、すべてに応えられると考え始めたりするときに、自己肥大、誇大、そして原理主義といった影の面、危険が出てきてしまいます。

ジェイムズ・ヒルマンは2005年にバースにおいて占星術家たちのグループの前で講演しました。そのとき、占星術の危険についても触れていました。「占星術は元型的である、元型的であるということは強制力を持つほどに強力で、ゆえに危険」であるので、「情緒を強烈に動かす」危険があるというのです。占星術の知は、ときとしてある力、催眠的とも言える力を開放します。それは私たちを高揚させるけれど、救うことはない、そんな力です。その力にいったん囚われると、私たちは自分が知っていること、あるいは知っていると思い込んでいることによって肥大してしまい、自信を過剰につけて支援（アシスタンス）ではなく、忠告（アドバイス）を提供しはじめてしまいます。このような自我肥大に陥ると、私たちは本当は何も知らない、ということを知っていることから生まれてくる神託の知から離れ、二元論的な思考に囚われることになってしまうのです。

ですから、まずは私たちは自己の涵養や繊細さを発達させることに注力するのが大事です。禅の寓話にあるように占星術を日常世界に入れ込む前に、まずは皿を洗い、家を掃除し、自分自身の面倒を見られるようになることが大切です。

デルフィのアポロン神殿に掲げられていた嘆願は「汝自身を知れ」だったことが思い出されます。占い divination の技芸（アート）においては、結果が明らかになる前に自分を振りかえり、熟考《コンシダー》することが必要になるのです。

ヒルマンが述べていた危険は、字義主義です。ヒルマンは「私が何年も、さまざまなやり方で、そして何度も格闘してきた危険」[10]だとその字義主義のことを言っています。占星術家はしばしば、字義的、事実主義的、そして予言的になるように強要されてしまうことがあります。クライアントが聞きたいことを言わせられることもあるものです。シンボルに声を与えることも私たちの伝統の一部でありますが、そのためには、それを見透かし、それを超えて、神託的になることが必要です。占星術のイメージを客観的な時間、あるいは現実的な時間の中に存在すると考えるようになるのは大きな危険です。すでに述べたように、占星術家はしばしば、字義主義的になるのは一種のアイロニーでもあるのですが、しかし占星術が働くのは因果律や土星のトランジットのせいではなく、占星術のイメージに私たちが深く関わっていくときに神話的、象徴的訴求を通して起こってくる、簡単には説明のつかない現象なのです。

私は占星術を科学や哲学には収まりきらない、一種の言語、宗教、魔術として語ってきました。また魂についても言及し、性格分析などについては無視しました。私たちの伝統はひとつのものではなく、これらすべての複合です。そしてどんな複合物もそうであるように、総和はつねに部分よりも大きいのです。占星術の本質は啓示的であり洞察に富んでいます。とはいえ、その深みと精髄を説明し尽くすことができる言葉はありません。占星術は観察することもできますが、より重要なのは経験すべきだということです。すでに申し上げたように、占星術の霊感は情報化され、その想像力には焦点が当てられ、

10 Hillman, James, '*Heaven Retains within Its Sphere Half of All Bodies and Maladies*', at http://www.springpub.com/astro.htm [accessed 15/01/2004; すでに閲覧不可 ; a lecture given at the Alchemical Sky conference in Bath, UK in May 2005

その啓示は熟考されます。占星術の啓示は天なるものではありますが、私たちの手の届かないものでもないのです。

占星術は広大無辺な宇宙、天の美しさへの畏敬を呼び覚まします。その伝統は天空への想像力、私たちの頭上にかかるマジカルな傘を支えて、人生の大いなる神秘へと私たちを誘います。軽く、あるいはユーモアの感覚で占星術と戯れるときですら、占星術は私たちをもうひとつの知のありようへ連れ出します。驚き、敬い、そして尊さへと私たちを導くのです。

ご清聴ありがとうございました。

本書でチャート作成に使用した
アプリケーション、ポータルサイト

Astro Gold
p.37

IO Edition
p.141-177

Janus
p.200-244

Starlight
p.132

Astrodienst（Astro.com）
https://www.astro.com
p.71-121, 157, 182, 185, 263, 264

Astro-Seek
https://www.astro-seek.com/
p.78

いけだ笑み（いけだ　えみ）
宇宙のからくりと人間存在の謎について、物心ついたころから考え続け、古代占星術と錬金術思想にたどりつく。主にホラリー占星術の研究と実践に取り組みながら、東京、大阪、仙台、福岡などで講師活動やイベントを開催。著書は『基本の「き」目からウロコの占星術入門①』『基本の「き」目からウロコの占星術入門②』『ホラリー占星術』（説話社）、西洋占星術 (説話社占い選書)、『フレンドリー・タロット』（太玄社）など。
いけだ笑み★占いサイト http://astro.secret.jp/

田中要一郎（たなか　よういちろう）
1974 年和歌山県生まれ。早稲田大学卒。西洋伝統占星術、インド占星術、七政四余など東西の占星術を比較研究する。2022 年日本占星術協会会長に就任。
＜書籍＞翻訳：ウィリアム・リリー『クリスチャン・アストロロジー第 1 書 & 第 2 書、第３書』、ベンジャミン・ダイクス『現代占星術家のための伝統占星術入門』、アラン・レオ『アラン・レオの占星術　出生図判断の秘訣』(すべて太玄社刊) 他。
ホームページ：田中要一郎の占術世界　http://uranaigeinin.com/

石塚隆一（いしづか　りゅういち）
心理占星術研究家。1964 年東京生まれ。1992 年より占星術の研究を始める。松村潔氏に師事。ノエルティル・マスターコース卒業。2000 年以降、講座や執筆などを通じて後進の育成にあたる。定期的な研究会・勉強会の開催他、個人レッスンにも力を入れている。訳書はノエル・ティル『心理占星術１＆２』（ARI 占星学総合研究所）、著書は『子ギツネ心理占星術』（Kindle）など。
大倉山占星術研究会　https://www.astro-okurayama.com/
星の部屋　http://ryuz.seesaa.net/
ノエルティル心理占星術を日本語で学ぼう！　http://tyljapan.ciao.jp/

チャンドラケイ
占星術研究家。セッション、講座、完全版恒星パランレポート他。
ガブリエルのラッパ　https://www.gabriel-no-rappa.com/

ブライアン・クラーク（Brian Clark）
国際的に著名な占星術家。カナダ占星術連盟、オーストラリア占星術連盟などの国際的占星術団体の会長を歴任。ギリシャ神話、ユング心理学への深い造詣を背景としたその著述は世界中の占星術の学徒を魅了している。著書も多数。
Astro ★ Synthesis　https://www.astrosynthesis.com.au/

鏡 リュウジ（かがみ　りゅうじ）

占星術研究家、翻訳家。国際基督教大学卒業、同大学院修士課程修了（比較文化）。占星術の心理学的アプローチを日本に紹介し、従来の「占い」のイメージを一新。占星術の歴史にも造詣が深い。英国占星術協会会員。日本トランスパーソナル学会理事。平安女学院大学客員教授。京都文教大学客員教授。主な著書に『鏡リュウジの占星術の教科書Ⅰ～Ⅳ』『占星術の文化誌』（原書房）、『占星綺想』（青土社）、『占星術夜話』（説話社）、『タロットの秘密』（講談社現代新書）、訳書に『ユングと占星術』（青土社）、『魂のコード』（河出書房新社）、監訳書に『世界史と西洋占星術』（柏書房）、『占星医術とハーブ学の世界』『［ヴィジュアル版］タロットと占術カードの世界』（以上原書房）など多数。

鏡リュウジの東京アストロロジー・スクール
https://yakan-hiko.com/meeting/tokyo_ast/home.html
鏡リュウジによる占星術コースやイベントはこちらで随時開催中。

鏡《かがみ》リュウジの占星術《せんせいじゅつ》の教科書《きょうかしょ》 V
ハイテクニック編《へん》②

2024 年 3 月 19 日　第 1 刷

編著者　鏡《かがみ》 リュウジ
著者　いけだ笑《え》み、田中要一郎《たなかよういちろう》、
石塚隆一《いしづかりゅういち》、チャンドラケイ、ブライアン・クラーク
ブックデザイン　原田恵都子（Harada + Harada）
発行者　成瀬雅人
発行所　株式会社原書房
〒 160-0022 東京都新宿区新宿 1-25-13
電話・代表　03(3354)0685
http://www.harashobo.co.jp/
振替・00150-6-151594
印刷・製本　シナノ印刷株式会社

ISBN 978-4-562-07395-5 printed in Japan